U0743807

　　本书由2021年天津市哲学社会科学规划重点委托项目资金资助（TJWT21-03），是国家自然科学基金（71774115）和2020年度国家社会科学基金（20BSH144）的前期研究成果。

全面深化改革以来取得历史性成就研究

王晓霞 等◎著

天津出版传媒集团

天津人民出版社

图书在版编目（CIP）数据

全面深化改革以来取得历史性成就研究 / 王晓霞等
著. -- 天津：天津人民出版社，2021.11
ISBN 978-7-201-17811-0

Ⅰ．①全… Ⅱ．①王… Ⅲ．①改革开放—成就—中国
Ⅳ．①D61

中国版本图书馆 CIP 数据核字(2021)第 226604 号

全面深化改革以来取得历史性成就研究
QUANMIAN SHENHUA GAIGE YILAI QUDE LISHIXING CHENGJIU YANJIU

出　　版　天津人民出版社
出 版 人　刘　庆
地　　址　天津市和平区西康路 35 号康岳大厦
邮政编码　300051
邮购电话　(022)23332469
电子信箱　reader@tjrmcbs.com

策划编辑　王　康
责任编辑　郑　玥
特约编辑　郭雨莹
装帧设计　汤　磊

印　　刷　天津新华印务有限公司
经　　销　新华书店
开　　本　710 毫米×1000 毫米　1/16
印　　张　22
插　　页　2
字　　数　350 千字
版次印次　2021 年 11 月第 1 版　2021 年 11 月第 1 次印刷
定　　价　89.00 元

版权所有　侵权必究
图书如出现印装质量问题,请致电联系调换（022-23332469）

序 言

习近平总书记在关于《中共中央关于坚持和完善中国特色社会主义制度 推进国家治理体系和治理能力现代化若干重大问题的决定》的说明中指出："在改革开放 40 多年历程中，党的十一届三中全会是划时代的，开启了改革开放和社会主义现代化建设历史新时期；党的十八届三中全会也是划时代的，开启了全面深化改革、系统整体设计推进改革的新时代，开创了我国改革开放的新局面。"自党的十八届三中全会提出全面深化改革以来，中国开启了全面深化改革的历史新进程。经过近十年的全面深化改革实践，中国社会取得了骄人的历史性成就。这些成就的取得，离不开习近平总书记高瞻远瞩的顶层设计与全面深化改革的理论指导。因此，深入研究全面深化改革以来中国取得的历史性成就以及习近平总书记全面深化改革的重要思想意义重大。

早期研究中国改革开放思想的书籍并不多见，但借 2018 年庆祝改革开放 40 周年契机，陆续出版了一些书籍。这些书籍基本上是从历史的角度，重点探讨了 1978—2018 年的改革开放 40 年的历程，只有少数研究专著对中国改革开放经验进行了总结与归纳。对全面深化改革进行系统的、专门的研究论著不多。关于全面深化改革的研究，主要散见在论文中。其中，研究最多的是习近平总书记关于全面深化改革的方法论（杜飞进，2014；陈曙光，2015；杨先农、肖柯，2015；韩玉芳、何军，2015；金里伦，2016；李永胜，2016；陈曙光，2018；王公龙，2018；周小平，2018；韩振峰，2018；陈绍义，2019）。也有涉及全面深化改革的价值探讨（白雪秋，2013；谢迪斌，2013；臧乃康、张士威，2018；方世南，2018），分析改革本质论（李洁琼，2016）、改革认识论（陈俊松，2016）、改革"阶段论"（王子晖，2019），等等。还有一些文章主要是叙述党的十八大以来全面深化改革取得的成就；关于全面深化改革的理论研究仅见《红旗文稿》发表的《习近平同志关于全面深化改革的十个重要论点》（赵凌云、苏娜，2014），《当代中国马克思主义》发表的《试论习近平全面深化改革重要论述的基本特点》（侯悦、柳建辉，2021）。综上，关于"全面深化改革"专门的研究论著目前的文献检索仅见2本，论文探讨也相对有限。特别是未见将全面深化改革以来取得的历史性成就及取得历史性成就的理论基础探讨结合起来进行深入研究的论著，而且既有研究时间维度聚集在2018年，近三年来关于全面深化改革取得的历史性成就以及习近平总书记提出的有关论述没有得到充分体现。

本书力图在上述学术研究中的薄弱环节开展深入研究和探讨，并获得了天津市哲学社会科学规划重点委托项目的支持。全面深化改革的提出是习近平总书记在邓小平同志改革开放思想基础上的进一步深化。从经济改革，到经济体制改革，再到全面深化改革，中国开启了"五位一体"以及其他领域全方位改革。习近平总书记指出，"这些年，全面深化改革从夯基垒台、立柱架梁，到全面推进、积厚成势，再到系统集成、协同高效，一路蹄疾步稳、勇毅笃行，在新起点上实现了新突破"。这些改革进程充分体现了习近平总书记治国理政的鲜明特点。因此对全面深化改革以来取得的历史性成就进行系统梳理，对习近平总书记全面深化改革论述进行深入解读，挖掘出支撑中国全面深化改革取得历史性成就的治国理政的理论基础,具有重要的学术意义和实践意义。本书对全面深化改革以来中国取得历史性成就进行系统梳理与分析;对习近平总书记关于全面深化改革的重要论述进行深入解读,并概括出其对实践指导的理论基础及重要意义。

　　本书包括绪论和上下两篇。绪论为"全面深化改革"的提出与内涵。上篇主要概括了全面深化改革以来取得的历史性成就,具体包括:经济体制改革持续深入,经济建设取得重大成就;政治体制改革不断深入,改革主要领域取得重大突破;文化体制改革深入推进,思想文化建设取得重大进展;社会体制改革紧紧围绕保障和改善民生,人民获得感显著增强;生态文明体制改革注重人与自然和谐发展,生态文明建设成效显著;党的建设制度改革深入推进,全面从严治党成效卓著。下篇主要围绕全面深化改革以来取得历史性成就的理论与思想基础进行分析,重点对习近平总书记关于"全面深化改革"论述从理论层面进行系统的梳理,主要包括:改革的价值论——以人民为中心是全面深化改革的价值导向,以人民为中心的价值理念贯彻改革始终,全面深化改革的出发点和落脚点都是为了人民,是站在人民立场上把握和处理好改革重大问题,人民是全面深化改革的主体力量;改革的方向论——全面深化改革是党在新的历史条件下带领人民进行的一场新的伟大革命,改革无论如何改,都要坚持和加强党的全面领导,这样才能够把握好全面深化改革的正确方向,才不会改弦易辙;改革的目标论——全面深化改革的总目标"坚持和完善中国特色社会主义制度,推进国家治理体系和治理能力现代化",两句话组成的一个整体,确定了中国改革发展的政治定位,国家治理体系和治理能力现代化是新时代治理国家的创造性探索;改革的本质论——全面深化改革必须高举旗帜,坚持中国特色社会主义制度,要以道路的鲜明导向把握全面深化改革的走向,广大人民选择的社会主义道路不会改航转向;改革的动力论——全面深化改革必须以创新为动力,中国改革开放的重要启示就是,国家要振兴、民族要兴盛,就必须在时代发展中不断创新;改革的历史论——新时代全面深化改革是中国发展史上的新起点,全面深化改革继承与发展了邓小平的改革思想,是在社会主义市场经济体制改革的基础上提出来的系统性、整体性的改革,是从改革开放和社会主义现代化建设历史新时期,发展到全面深化改革、系统整体设计推进改革的新时代;改革的系统论——全面深化改革突出整体性、系统性、协同性,"五位一体"以及党的建设等全方位改革,缺一不可,要坚持系统概念统筹全局性问题,注重抓好改革方案、改革落实、改革效果的协同,实现改革举措系统集成,提高改革整体效益;改革的行动论——一分部署九分落实,改革的关键在于落实,"改革重在落实,也难在落实",而落实要强化担当意识;改革的方法论——改革是在马克思主义唯物辩证法的方法论指导下进行的,改革必须遵循规律,坚持解放思想和实事求是相统一,从实际出发,以问题为导向,突出顶层设计与基层探索良性互动,以法治思维和法治方式推进改革。

本书由 2021 年天津市哲学社会科学规划重点委托项目资金资助(TJWT21 - 03),也是国家自然科学基金(71774115)和 2020 年度国家社会科学基金(20BSH144)的前期研究成果。本书作者为王晓霞、唐巍、王健、徐爱好、刘学、乔艳阳、周超、顾群、郭贝贝、徐芳芳。王晓霞负责全书的审稿工作,唐巍负责协助王晓霞统稿工作。

本书得以付梓首先要感谢天津市哲学社会科学规划领导小组办公室给予重点资助,以及中共天津市委党校重点学科建设的资助;其次要感谢天津人民出版社的鼎力相助,总编王康,编辑郑玥、郭雨莹付出了大量心血。

目录
CONTENTS

绪论
"全面深化改革"的提出与内涵

实践创新需要理论创新的指导与引领。新时代深化改革必须以理论创新为先导。进入新时代,国内外环境发生了广泛而深刻的变化,我国的发展也面临一系列突出矛盾和挑战,改革进入"深水区",新旧矛盾交织,深层问题愈发凸显。中国还要不要改革? 改革向何处去? 为谁改? 改什么? 不仅中国人民关心,世界上许多国家也予以高度关注。因此党的十八届三中全会举世瞩目。"改革开放是我们党的一次伟大觉醒,正是这个伟大觉醒孕育了我们党从理论到实践的伟大创造。改革开放是中国人民和中华民族发展史上一次伟大革命,正是这个伟大革命推动了中国特色社会主义事业的伟大飞跃!"而"全面深化改革是一场思想理论的深刻变革,科学回答了在新时代为什么要全面深化改革、怎样全面深化改革等一系列重大理论和实践问题"。① 自党的十八届三中全会通过《中共中央关于全面深化改革若干重大

---

① 习近平主持召开中央全面深化改革委员会第十七次会议并发表重要讲话[EB/OL]. http://www.gov.cn/xinwen/2020 – 12/30/content_5575462. htm? tdsourcetag = s_pcqq_aiomsg.

问题的决定》以来,中国全面深化改革不断推进,并取得了巨大成就。中国全面深化改革之所以发生了历史性变革、取得了历史性成就,离不开习近平总书记全面深化改革重要思想的理论指导。

(一)全面深化改革的提出

以1978年党的十一届三中全会为标志,由农村改革为起点,开启了中国改革开放的历史征程。党的十八大之后,习近平总书记第一次调研就选择了改革开放前沿深圳市,并宣布:"要到在我国改革开放中得风气之先的地方,现场回顾我国改革开放的历史进程,宣示将改革开放继续推向前进的坚定决心。"①广东之行后短短时间内,习近平总书记在不同场合、从不同角度深刻回答了关于改革的一系列重大问题,逐步形成了时代特色鲜明的全面深化改革思想。

中国面临的现实是:"发展中不平衡、不协调、不可持续问题依然突出,科技创新能力不强,产业结构不合理,发展方式依然粗放,城乡区域发展差距和居民收入分配差距依然较大,社会矛盾明显增多,教育、就业、社会保障、医疗、住房、生态环境、食品药品安全、安全生产、社会治安、执法司法等关系群众切身利益的问题较多,部分群众生活困难,形式主义、官僚主义、享乐主义和奢靡之风问题突出,一些领域消极腐败现象易发多发,反腐败斗争形势依然严峻,等等。"而"解决这些问题,关键在于深化改革"②。"面对新形势新任务,我们必须通过全面深化改革,着力解决我国发展面临的一系列

---

① 习近平在广东考察时强调:做到改革不停顿开放不止步[EB/OL]. http://www. xinhuanet. com/politics/2012 - 12/11/c_113991112. htm.

② 习近平谈治国理政[M]. 北京:外文出版社,2014:72.

突出矛盾和问题,不断推进中国特色社会主义制度自我完善和发展。"①在这种背景下,习近平总书记率领新一届中央领导集体吹响了全面深化改革的伟大号角。习近平总书记明确提出:"当前和今后一个时期,新一届中央领导集体的首要政治任务,就是全面贯彻落实党的十八大精神,为实现党的十八大确定的目标任务而努力奋斗。"其中强调要突出抓好六个方面工作,强调所有工作的落实和推动,归根到底都靠深化改革开放。②

习近平总书记亲自谋划,在2013年4月召开的中央政治局会议上决定,以一次中央全会专题讨论全面深化改革问题,并成立了文件起草组,习近平亲任组长。经过征求意见、专题讨论、调查研究,对文件内容进行了反复修改,最终形成了《中共中央关于全面深化改革若干重大问题的决定(草案)》,该决定在党的十八届三中全会上通过,上升为全党意志。中央全面深化改革领导小组成立,习近平总书记担任组长,挂帅出征,亲自谋划和部署新时代改革的整体布局、重大问题、关键任务,在改革实践中不断丰富其理论,逐步形成了习近平总书记全面深化改革的重要思想。习近平总书记的全面深化改革思想,是在改革实践经验总结的基础上,将中国的改革理论进行了重大创新,是推进新时代新一轮改革的理论指导,为全面深化改革提供了强大的理论武器和深刻的思想指导。

《中共中央关于全面深化改革若干重大问题的决定》对全面深化改革作出了总体部署。由此,中国开启了顶层设计、系统谋划、整体推进的全面深化改革新时代,并在重要领域和关键环节改革取得实质性的突破。进入新时代以来,中国取得了历史性成就、实现了历史性变革,这得益于"全面深化改革"的提出与推进。在党的十九大报告中,习近平总书记将全面深化改革

---

① 习近平谈治国理政[M].北京:外文出版社,2014:71.

② 习近平.全面贯彻落实党的十八大精神要突出抓好六个方面的工作[J].求是,2013(1).

总目标作为新时代中国特色社会主义思想和基本方略之一，同时将全面深化改革总目标载入党章。党的十九届四中全会将全面深化改革总目标进一步深化，通过了《中共中央关于坚持和完善中国特色社会主义制度 推进国家治理体系和治理能力现代化若干重大问题的决定》。习近平总书记在关于《中共中央关于坚持和完善中国特色社会主义制度 推进国家治理体系和治理能力现代化若干重大问题的决定》的说明中指出："在改革开放 40 多年历程中，党的十一届三中全会是划时代的，开启了改革开放和社会主义现代化建设历史新时期；党的十八届三中全会也是划时代的，开启了全面深化改革、系统整体设计推进改革的新时代，开创了我国改革开放的新局面。"[1]

在习近平总书记领导下，中国以前所未有的力度全面深入推进改革，取得了历史性成就，发生了历史性变革。全面深化改革以来，改革集中推进、全面深入、成果显著。"党的十八届三中全会以来，党中央以前所未有的决心和力度冲破思想观念的束缚，突破利益固化的藩篱，坚决破除各方面体制机制弊端，积极应对外部环境变化带来的风险挑战，开启了气势如虹、波澜壮阔的改革进程。""蹄疾步稳、有力有序解决各领域各方面体制性障碍、机制性梗阻、政策性创新问题。"[2]上海浦东新区建立 30 周年、海南建省办经济特区 30 周年、深圳经济特区建立 40 周年取得的巨大成效表明，改革开放是实现中华民族伟大复兴的必由之路。改革开放是一项长期、艰巨的事业。"十三五"期间，中国与时俱进全面推进深化改革，取得了重大成就。党的十九届五中全会高度评价了决胜全面建成小康社会取得的决定性成就，"全面深化改革取得重大突破"是其中决定性成就之一。"十四五"期间更要用足用好全面深化改革关键一招，推动更深层次的改革。在中央全面深化改革

---

① 习近平谈治国理政(第三卷)[M].北京:外文出版社,2020:111.
② 习近平主持召开中央全面深化改革委员会第十七次会议并发表重要讲话[EB/OL]. http://www. gov. cn/xinwen/2020 – 12/30/content_5575462. htm? tdsourcetag = s_pcqq_aiomsg.

委员会第十八次会议上,习近平总书记指出:"全面深化改革同贯彻新发展理念、构建新发展格局紧密关联,要完整、准确、全面贯彻新发展理念,发挥全面深化改革在构建新发展格局中的关键作用。"①全面深化改革是实现全面建设社会主义现代化国家、实现2035年远景目标的重要法宝。

(二)全面深化改革的内涵

究竟要不要改?习近平总书记强调,"保持我国经济社会发展良好势头,实现'两个一百年'奋斗目标,都需要进一步深化改革,下大气力解决体制机制弊端"②。改革究竟往哪儿改?习近平总书记强调,"在方向问题上,我们头脑必须十分清醒,不断推动社会主义制度自我完善和发展,坚定不移走中国特色社会主义道路"③。究竟怎么改?习近平总书记在全面系统总结中国过去30多年改革开放经验的基础上,从改革规律的认识和把握角度,第一次提出正确处理改革的"五大关系"问题④,指出,"面对未来,要破解发展面临的各种难题,化解来自各方面的风险和挑战,更好发挥中国特色社会主义制度优势,推动经济社会持续健康发展,除了深化改革开放,别无他途"⑤。

全面深化改革突出的是"全面",因此全面深化改革涉及"五位一体"以及国防、军队建设等领域,还包括党的自身建设。习近平总书记指出,全面深化改革问题"不是推进一个领域改革,也不是推进几个领域改革,而是推

① 习近平主持召开中央全面深化改革委员会第十八次会议并发表重要讲话[EB/OL]. http://www.gov.cn/xinwen/2021-02/19/content_5587802.htm.
② 习近平在天津考察[EB/OL]. http://politics.people.com.cn/n/2013/0515/c1001-21496513.html.
③ 习近平主持政治局集体学习:以更大的政治勇气和智慧深化改革[N].人民日报,2013-01-02.
④ 习近平在鄂考察:全面深化改革要处理好五大关系[N].武汉晚报,2013-07-24.
⑤ 习近平谈治国理政[M].北京:外文出版社,2014:86.

进所有领域改革，就是从国家治理体系和治理能力的总体角度考虑的"①。"因为要解决我们面临的突出矛盾和问题，仅仅依靠单个领域、单个层次的改革难以奏效，必须加强顶层设计、整体谋划，增强各项改革的关联性、系统性、协同性。只有既解决好生产关系中不适应的问题，又解决好上层建筑中不适应的问题，这样才能产生综合效应。"②全面深化改革是一项复杂的系统工程，单靠某一个或某几个部门往往力不从心，这就需要建立更高层面的领导机制。为此中央成立全面深化改革领导小组，负责改革总体设计、统筹协调、整体推进、督促落实。这是为了更好发挥党总揽全局、协调各方的领导核心作用，保证改革顺利推进和各项改革任务落实。领导小组的主要职责是：统一部署全国性重大改革，统筹推进各领域改革，协调各方力量形成推进改革合力，加强督促检查，推动全面落实改革目标任务。

习近平总书记创造性地提出，全面深化改革的总目标是"完善和发展中国特色社会主义制度，推进国家治理体系和治理能力现代化"。"全面深化改革，全面者，就是要统筹推进各领域改革。"③可见，全面深化改革就是要统筹推进各领域改革，系统整体设计改革。既解决全面深化改革为了什么的动力问题，也明确怎样进行全面深化改革的方法问题，还落实到全面深化改革应该取得的结果是什么。在 2013 年中央政治局第十一次集体学习时，习近平总书记说明了为什么党的十八届三中全会要提出全面深化改革："我们考虑这次三中全会议题时，就提出要制定一个全面深化改革的方案，而不是只讲经济体制改革，或者只讲经济体制和社会体制改革。这样考虑，是因为要解决我们面临的突出矛盾和问题，仅仅依靠单个领域、单个层次的改革难

① 习近平谈治国理政［M］.北京：外文出版社，2014：90.
② 习近平.切实把思想统一到党的十八届三中全会精神上来［N］.人民日报，2013 - 11 - 12.
③ 习近平在省部级主要领导干部学习贯彻十八届三中全会精神全面深化改革专题研讨班开班式上发表重要讲话［EB/OL］. http://www.gov.cn/jrzg/2014 - 02/18/content_2610940.htm.

以奏效,必须加强顶层设计、整体谋划,增强各项改革的关联性、系统性、协同性。只有既解决好生产关系中不适应的问题,又解决好上层建筑中不适应的问题,这样才能产生综合效应。"①党的十八届三中全会意义重大,影响深远,主要体现在制度变革和体制创新上。在全面深化改革思想指引下,中国统筹推进"五位一体"总体布局、协调推进"四个全面"战略布局,取得了历史性成就、发生了历史性变革。

《中共中央关于全面深化改革若干重大问题的决定》明确了全面深化改革五大体制改革要点:经济体制改革是全面深化改革的重点,其核心问题是如何处理好政府和市场的关系,使市场在资源配置中起决定性作用和更好地发挥政府作用;政治体制,中央成立全面深化改革领导小组,负责改革总体设计、统筹协调、整体推进、督促落实,各级党委要切实履行对改革的领导责任,并围绕提高科学执政、民主执政、依法执政水平,深化党的建设制度改革,加强民主集中制建设,完善党的领导体制和执政方式等,为改革开放提供坚强政治保障;文化体制,围绕建设社会主义核心价值体系、社会主义文化强国深化文化体制改革,推动社会主义文化大发展大繁荣;社会体制,围绕更好保障和改善民生、促进社会公平正义深化社会体制改革,改革收入分配制度,促进共同富裕,推进社会领域制度创新,推进基本公共服务均等化,加快形成科学有效的社会治理体制,确保社会既充满活力又和谐有序;生态文明体制,围绕建设美丽中国深化生态文明体制改革,加快建立生态文明制度,推动形成人与自然和谐发展的现代化建设新格局。

这是一场思想理论的深刻变革,科学回答了在新时代为什么要全面深化改革、怎样全面深化改革等一系列重大理论和实践问题。习近平总书记在中央全面深化改革委员会第十五次会议上指出:"这些年,全面深化改革

---

① 习近平.坚持历史唯物主义不断开辟当代中国马克思主义发展新境界[J].求是,2020(1).

从夯基垒台、立柱架梁，到全面推进、积厚成势，再到系统集成、协同高效，一路蹄疾步稳、勇毅笃行，在新起点上实现了新突破。"①在中央全面深化改革委员会第十七次会议上，习近平总书记指出，回顾这些年的改革工作，我们提出的一系列创新理论、采取的一系列重大举措、取得的一系列重大突破都是革命性的，开创了以改革开放推动党和国家各项事业取得历史性成就、发生历史性变革的新局面。"党的十八届三中全会确定的目标任务全面推进，各领域基础性制度框架基本确立，许多领域实现历史性变革、系统性重塑、整体性重构，为推动形成系统完备、科学规范、运行有效的制度体系，使各方面制度更加成熟更加定型奠定了坚实基础，全面深化改革取得历史性伟大成就。要坚定改革信心，汇聚改革合力，再接再厉，锐意进取，推动新发展阶段改革取得更大突破、展现更大作为。"②

（三）改革是实现中华民族伟大复兴的关键一招

习近平总书记在《关于〈中共中央关于全面深化改革若干重大问题的决定〉的说明》中指出："党的十八大以来，中央反复强调，改革开放是决定当代中国命运的关键一招，也是决定实现'两个一百年'奋斗目标、实现中华民族伟大复兴的关键一招"，"只有改革开放才能发展中国、发展社会主义、发展马克思主义"。③ 中国正是通过改革开放，步入了快速发展的轨道，步入了新时代。第二个百年目标的实现同样必须依靠改革开放。

---

① 习近平主持召开中央全面深化改革委员会第十五次会议强调：推动更深层次改革实行更高水平开放[EB/OL]. https://www.12371.cn/2020/09/01/ARTI1598965669220472.shtml.

② 习近平主持召开中央全面深化改革委员会第十七次会议强调：坚定改革信心汇聚改革合力推动新发展阶段改革取得更大突破[EB/OL]. https://www.12371.cn/2020/12/30/AR-TI1609327087287111.shtml.

③ 习近平谈治国理政[M].北京：外文出版社，2014：71.

唯有改革才能推进中国发展。"我们以巨大的政治勇气和智慧,提出全面深化改革总目标是完善和发展中国特色社会主义制度、推进国家治理体系和治理能力现代化,着力增强改革系统性、整体性、协同性,着力抓好重大制度创新,着力提升人民群众获得感、幸福感、安全感,推出一千六百多项改革方案,啃下了不少硬骨头,闯过了不少急流险滩,改革呈现全面发力、多点突破、蹄疾步稳、纵深推进的局面。"①"党的十八大以来,党中央团结带领全党全国各族人民,全面审视国际国内新的形势,通过总结实践、展望未来,深刻回答了新时代坚持和发展什么样的中国特色社会主义、怎样坚持和发展中国特色社会主义这个重大时代课题,形成了新时代中国特色社会主义思想。"②习近平总书记在十九届中央政治局第十七次集体学习中指出:"党中央统筹推进经济、政治、文化、社会、生态文明等各领域体制机制改革,将长远制度建设与解决突出问题、整体推进与重点工作、顶层设计与试点探路、改革创新与法律法规立改废释、破除体制机制顽疾与解决新矛盾结合起来,重大改革方案不断出台,触及利益之深、推进力度之大前所未有,为构建系统完备、科学规范、运行有效的制度体系打下了坚实基础。"③"这是一场思想理论的深刻变革。我们坚持以思想理论创新引领改革实践创新,以总结实践经验推动思想理论丰富和发展,从改革的总体目标、主攻方向、重点任务、方法路径等方面提出一系列具有突破性、战略性、指导性的重要思想和重大论断,科学回答了在新时代为什么要全面深化改革、怎样全面深化改革等一系列重大理论和实践问题。"④"无论从改革广度和深度看,还是从党和国家各项事业发展对改革的实际检验看,取得的重大成就都具有鲜明的时代性

①② 习近平.论坚持全面深化改革[M].北京:中央文献出版社,2018:505.

③ 政治局就"新中国国家制度和法律制度的形成和发展"举行第十七次集体学习[J].求是,2019(23).

④ 习近平主持召开中央全面深化改革委员会第十七次会议并发表重要讲话[EB/OL]. http://www.gov.cn/xinwen/2020-12/30/content_5575462.htm? tdsourcetag=s_pcqq_aiomsg.

和实践性。"①全面深化改革的重要思想,解决了改革"顶层设计不足"的掣肘问题,避免了改革"碎片化"推进,对于中国新一轮改革具有极其深远的影响。

(四)坚持以问题为导向深化改革

马克思曾说过,"问题就是时代的口号"。在 2015 年全国政协新年茶话会上,习近平总书记强调,"问题是时代的声音,人心是最大的政治。推进党和国家各项工作,必须坚持问题导向,倾听人民呼声"②。因此改革必须直面问题,而"解决这些问题,关键在于深化改革",尤其是改革已经进入深水区。问题是改革的先声,问题也是改革的导向。习近平总书记提出改革方法,都是源于对中国问题的精准把握。马克思曾说过:"问题就是公开的、无畏的、左右一切个人的时代声音。问题就是时代的口号,是它表现自己精神状态的最实际的呼声。"③改革的目的是为了解决问题。因此习近平总书记要求各级干部,"要有强烈的问题意识,以重大问题为导向,抓住关键问题进一步研究思考,着力推动解决我国发展面临的一系列突出矛盾和问题。我们中国共产党人干革命、搞建设、抓改革,从来都是为了解决中国的现实问题。可以说,改革是由问题倒逼而产生,又在不断解决问题中得以深化"④。

中国共产党干革命、搞建设、抓改革,最终是为了解决发展中的现实问题。一是在制定方案上,改革要直奔问题,提出的措施有针对性。二是在部

①　习近平主持召开中央全面深化改革委员会第十七次会议并发表重要讲话[EB/OL]. http://www. gov. cn/xinwen/2020 – 12/30/content_5575462. htm? tdsourcetag = s_pcqq_aiomsg.

②　习近平. 在全国政协新年茶话会上的讲话[EB/OL]. http://www. cppcc. gov. cn/zxww/2017/12/16/ARTI1513309244162370. shtml.

③　马克思恩格斯全集(第40卷)[M]. 北京:人民出版社,1982:289.

④　习近平谈治国理政[M]. 北京:外文出版社,2014:74.

署推动上,要聚焦主要问题和关键环节,重点抓矛盾和问题最突出的改革。三是在督促落实上,要在解决突出问题、难点问题上下功夫。"35 年来,我们用改革的办法解决了党和国家事业发展中的一系列问题。同时,在认识世界和改造世界的过程中,旧的问题解决了,新的问题又会产生,制度总是需要不断完善,因而改革既不可能一蹴而就、也不可能一劳永逸。"①问题性质决定了改革的方法。改革方法是否管用,改革措施是否得当,取决于是否抓住了问题的要害。改革已经进入深水区,2014 年习近平主席在接受俄罗斯电视台专访时指出:"在中国这样一个拥有 13 亿多人口的国家深化改革,绝非易事。中国改革经过 30 多年,已进入深水区,可以说,容易的、皆大欢喜的改革已经完成了,好吃的肉都吃掉了,剩下的都是难啃的硬骨头。这就要求我们胆子要大、步子要稳。胆子要大,就是改革再难也要向前推进,敢于担当,敢于啃硬骨头,敢于涉险滩。步子要稳,就是方向一定要准,行驶一定要稳,尤其是不能犯颠覆性错误。"②

　　问题即矛盾。矛盾无所不在,问题也无所不在。改革开放只有进行时,全面深化改革必须勇于突破利益固化的藩篱。推进改革矛盾多、难度大,但不改不行。全面深化改革必须坚持具体问题具体分析,善于从个性问题中寻找共性问题,善于从普遍性问题中抓住其特性,善于从杂乱的问题中把握要害问题,善于从问题的趋向中洞悉问题的转变。要"抓住重点,围绕解决好人民群众反映强烈的问题,回应人民群众呼声和期待,突出重要领域和关键环节,突出经济体制改革牵引作用"③。习近平总书记强调:"改革面临的矛盾越多、难度越大,越要坚定与时俱进、攻坚克难的信心,越要有进取意识、进取精神、进取毅力,越要有'明知山有虎,偏向虎山行'的勇气。改革既

---

①③　习近平谈治国理政[M].北京:外文出版社,2014:74.
②　习近平谈治国理政[M].北京:外文出版社,2014:101.

<<< 11

不可能一蹴而就，也不可能一劳永逸。全面深化改革，啃硬骨头、涉险滩，更需要领导干部敢于担当，尤其要牢固树立进取意识、机遇意识、责任意识。"① 我们用改革的办法解决了党和国家事业发展中的一系列问题。但在认识世界和改造世界的过程中，旧的问题解决了，新的问题又会产生，因而改革永远在路上。在庆祝改革开放 40 周年大会上，习近平总书记指出，改革应坚持问题导向，聚焦我国发展面临的突出矛盾和问题，深入调查研究，鼓励基层大胆探索，坚持改革决策和立法决策相衔接，不断提高改革决策的科学性。

（五）以全面深化改革迎接新发展阶段

改革永远在路上。新时代开启现代化新征程，必须以习近平总书记全面深化改革重要思想为指引，把握改革方向，保持改革定力，将全面深化改革推向更高境界。进入新发展阶段，中国将在更高起点上全面推进改革开放，为构建新发展格局提供强大动力。开启全面建设社会主义现代化国家新征程，中国又到了一个关键节点和新的历史关头。改革的复杂、艰巨程度不亚于 40 多年前。新发展阶段，面对世界百年未有之大变局，面对前所未有的新问题，重点领域、关键环节的改革任务更加艰巨，也更加需要注重改革的系统性、整体性、协同性，而只有通过全面深化改革，才能提高改革的综合效能。在党的十九届五中全会召开之前，习近平总书记就提出："加快形成以国内大循环为主体、国内国际双循环相互促进的新发展格局，是根据我国发展阶段、环境、条件变化作出的战略决策，是事关全局的系统性深层次变革。要继续用足用好改革这个关键一招，保持勇往直前、风雨无阻的战略定

---

① 习近平治国理政关键词（十五）［EB/OL］. https://www.12371.cn/2016/06/23/ARTI1466668773094954.shtml.

力,围绕坚持和完善中国特色社会主义制度、推进国家治理体系和治理能力现代化,推动更深层次改革,实行更高水平开放,为构建新发展格局提供强大动力。"①在中央全面深化改革委员会第十七次会议上,习近平总书记指出:"要坚持问题导向,立足新发展阶段,解决影响贯彻新发展理念、构建新发展格局的突出问题,解决影响人民群众生产生活的突出问题,以重点突破引领改革纵深推进……打通制度堵点、抓好制度执行,推动解决实际问题。"②在中央全面深化改革委员会第十八次会议上习近平总书记再次强调:"坚持问题导向,立足新发展阶段,解决影响贯彻新发展理念、构建新发展格局的突出问题,解决影响人民群众生产生活的突出问题,以重点突破引领改革纵深推进。"③

新发展阶段,要以全面深化改革促进"双循环"发展格局构建。以习近平同志为核心的党中央创造性地提出,在新发展阶段要构建以国内大循环为主体、国内国际双循环相互促进的新发展格局。加快形成新发展格局,需要全面深化改革助力。以全面深化改革落实新发展理念。走创新驱动发展之路,实现高质量发展,需要新发展理念的引导,而全面深化改革是落实新发展理念的必由之路。只有坚定不移地不断推进全面深化改革,才能破除制约社会主义现代化建设新征程中高质量发展的体制机制障碍,从而调动全社会的积极性,使经济社会发展的动力和活力持续增强。到2035年,通过全面深化改革的深入,中国定能实现社会主义现代化远景目标,"定当有让世界刮目相看的新成就"。

---

① 推动更深层次改革实行更高水平开放 为构建新发展格局提供强大动力[N].人民日报,2020－09－02.

② 习近平主持召开中央全面深化改革委员会第十七次会议并发表重要讲话[EB/OL].http://www.gov.cn/xinwen/2020－12/30/content_5575462.htm? tdsourcetag = s_pcqq_aiomsg.

③ 习近平主持召开中央全面深化改革委员会第十八次会议并发表重要讲话[EB/OL].http://www.gov.cn/xinwen/2021－02/19/content_5587802.htm.

习近平总书记关于全面深化改革的重要论述是内涵丰富、思想深邃、系统完善的科学理论体系。这一重要理论贯穿着非凡的政治勇气、深厚的人民情怀、深邃的历史眼光、宽广的国际视野、科学的辩证思维、强烈的创新精神，既是改革实践的重要经验总结，也是改革理论的重大创新，科学回答了为什么改、为谁改、怎么改等重大理论和实践问题，把中国特色社会主义改革理论推进到新的广度和深度，为全面深化改革提供了强大的思想和理论武器。

上 篇

全面深化改革以来取得的历史性成就

一、经济体制改革持续深入，经济建设取得重大成就

在改革开放新的重要关头，党中央始终牢牢扭住经济建设这个中心，坚定不移贯彻新发展理念，坚决端正发展观念、转变发展方式，着力把握发展规律、创新发展理念、破解发展难题。党的十八届三中全会审议通过的《中共中央关于全面深化改革若干重大问题的决定》，是中国共产党坚定不移高举改革开放大旗的重要宣示，是改革开放的又一次总部署、总动员，树起了中国改革发展航程上的新航标，对推动中国特色社会主义事业具有重大而深远的影响。该决定明确指出："经济体制改革是全面深化改革的重点，核心问题是处理好政府和市场的关系，使市场在资源配置中起决定性作用和更好发挥政府作用。"①从党的十一届三中全会到党的十七届三中全会，党中央都站在历史潮头，果敢抉择，科学部署，引领改革阔步前行，经历了由"确立以公有制为基础的有计划的商品经济"，到"把建立社会主义市场经济体制作为改革的方向"，再到"制定了进一步完善社会主义市场经济体制的新

---

① 中共中央关于全面深化改革若干重大问题的决定[M].北京：人民出版社，2013：5.

思路和新举措"。党的十八大以来,党中央始终坚持稳中求进工作总基调,进一步拓展改革开放的广度和深度,陆续推出数以千计的改革项目、举措,重要领域和关键环节改革取得突破性进展,主要经济和社会领域的体制框架基本成型,开放型经济水平全面提高,中国特色社会主义在道路、理论、制度、文化各个领域不断发展,取得了改革开放和社会主义现代化建设更加辉煌、灿烂的历史性成就。

(一)国民经济上大台阶,国家实力与竞争力不断提升

面对世界经济复苏乏力、局部冲突和动荡频发、全球性问题加剧的外部环境,面对我国经济发展进入新常态等一系列深刻变化,党的十八大中作出了"我国发展仍处于可以大有作为的重要战略机遇期"的重要研判,在"确保到二〇二〇年实现全面建成小康社会宏伟目标"基础上,提出了"转变经济发展方式取得重大进展,在发展平衡性、协调性、可持续性明显增强的基础上,实现国内生产总值和城乡居民人均收入比二〇一〇年翻一番"。[①] 的新要求。党的十九大明确作出"中国特色社会主义进入了新时代"这一新的历史方位的研判,提出"三步走"战略目标,即"到建党一百年时建成经济更加发展、民主更加健全、科教更加进步、文化更加繁荣、社会更加和谐、人民生活更加殷实的小康社会,然后再奋斗三十年,到新中国成立一百年时,基本实现现代化,把我国建成社会主义现代化国家"[②]。这是党中央在经济建设领域中长期理论创新和实践发展的智慧结晶,是党中央把握世界发展大势、

①　胡锦涛.坚定不移沿着中国特色社会主义道路前 为全面建成小康社会而奋斗——在中国共产党第十八次全国代表大会上的报告[N].人民日报,2012 – 11 – 18.

②　习近平:决胜全面建成小康社会 夺取新时代中国特色社会主义伟大胜利——在中国共产党第十九次全国代表大会上的报告[EB/OL]. http://www. gov. cn/zhuanti/2017 – 10/27/content_5234876. htm.

立足当前、着眼长远作出的战略布局,也是统筹中华民族伟大复兴战略全局和世界百年未有之大变局的战略抉择。

1. 经济总量呈现快速扩张,国家实力得到稳步提升

自党的十八大以来,中国综合国力稳步提升,经济的快速增长使经济总量呈现加速扩张态势。整体来看,中国国内生产总值(GDP)从 2012 年的53.86 万亿元增长至 101.60 万亿元,年均增速为 8.29%。从全球比较来看,中国自 2010 年跃升至世界第二大经济体,并始终保持这一世界排名,且与世界第一大经济体的差距逐渐缩小。据统计,中国 GDP 由 2012 年的 8.54 万亿美元升至 2020 年的 14.86 万亿美元,年增长率为 7.25%。中国 GDP 占美国 GDP 比重由 2012 年的 52.72%扩大至 2020 年的 71.41%。同时,与其他主要国家相比,2020 年中国 GDP 分别是日本的 3.03 倍、德国的 3.93 倍、英国的 5.63 倍、印度的 5.72 倍、法国的 5.82 倍、意大利的 8.03 倍、俄罗斯的10.11 倍和巴西的 10.93 倍(见图 1 - 1)。可见,中国经济实力在全球范围保持着强大活力与竞争力,正稳定地逐步追赶美国并有望在未来超过美国,实现中国特色社会主义现代化强国的目标。

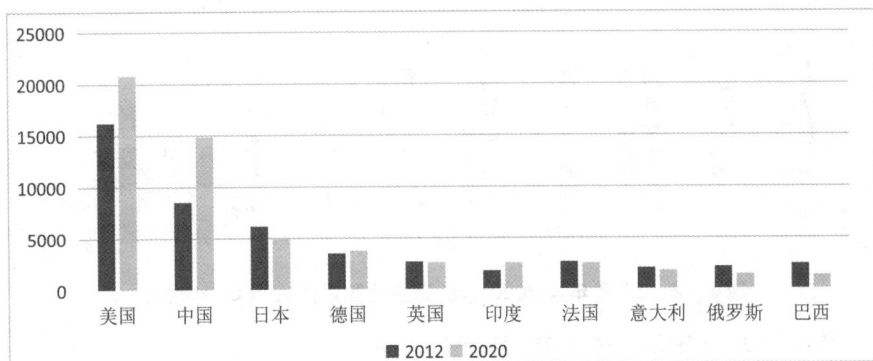

图 1 - 1　2012 年与 2020 年世界主要国家的 GDP 规模

单位:十亿美元(现值) 数据来源:世界银行(WDI)

2.人均 GDP 呈现稳定提升,不断缩小与发达国家差距

自 2012 年以来,中国人均 GDP 规模呈现稳定提升,在 2019 年突破了 1 万美元大关。据统计,中国人均 GDP 规模从 2012 年的 0.63 万美元升至 2020 年的 1.06 万美元,年均增速为 6.76% ,处于中等偏上收入国家行列。按照世界银行的划分标准,中国已经自 2009 年由低收入国家跃升至世界中等偏上收入国家行列。对于中国这样一个经济发展起点低、人口基数庞大的国家,能够取得这样的进步,是一个了不起的成绩。从全球比较来看,尽管中国的经济规模已位列世界第二位,但中国人均 GDP 水平与发达国家相比仍存在较大差距。以 2020 年为例,美、英、德、法、日等发达国家人均 GDP 处于在 3 万美元到 6 万美元之间的水平,分别是中国人均 GDP 的 5.95 倍、3.7 倍、4.29 倍、3.71 倍和 3.68 倍。在"金砖国家"中,中国人均 GDP 排名为第一位,其次是俄罗斯与巴西(见图 1-2)。不过中国人均 GDP 已由 2000 年的 141 位提升至 71 位,中国与发达国家的人均收入差距正在逐步缩小。

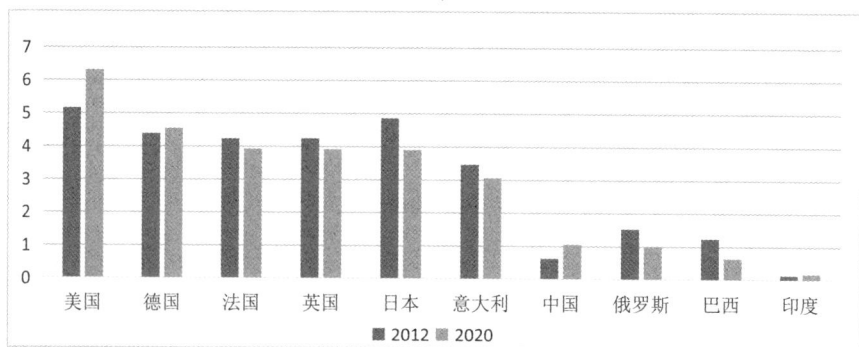

图 1-2　2012 年与 2020 年世界主要国家的人均 GDP 规模

单位:万美元(现值) 数据来源:世界银行(WDI)

3.经济保持中高速发展,经济发展保持强劲

近年来全球经济增速趋于放缓,甚至出现停滞与衰退的情况。从国际比较来看,中国经济增速始终保持在全球前列,经济发展依旧强劲。据统计,2012—2020 年,在世界主要国家经济的年平均增速中,中国处于最高增速,为 6.05%,其次是印度与美国,分别为 4.39% 与 2.18%;再者是英国、德国、日本与法国,分别为 1.33%、1.31%、0.99% 与 0.51%;其他地区则出现年均负增长。具体来看,2012 年,中国在世界主要国家中经济增速位列第一,为 7.34%;其次是印度,为 5.46%。即使在 2020 年因新冠肺炎疫情导致全球经济下滑的情况下,中国经济增速仍保持在 1.9%,而其他主要国家却均出现衰退状态,其中巴西、俄罗斯与印度出现较大衰退,超过 -9%;而主要发达国家除了意大利为 -7.66% 以外,其他国家均处于 -7% 至 -2% 区间(见图 1-3)。

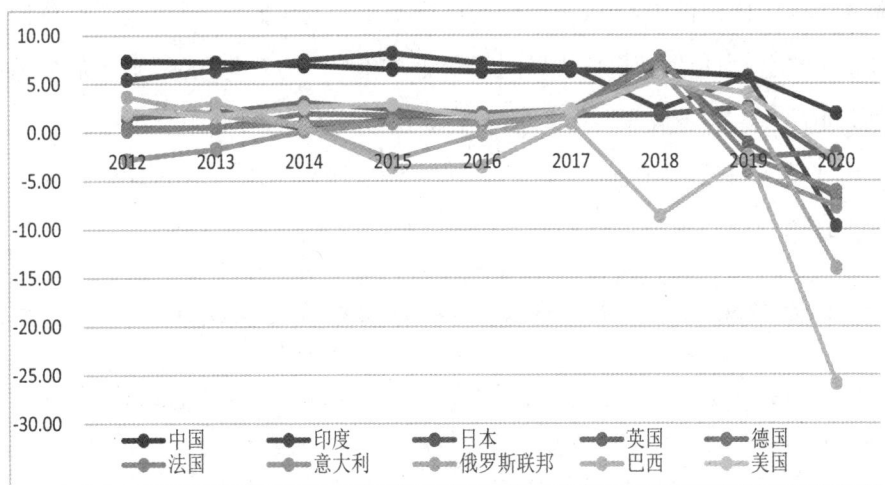

图 1-3　2012—2020 年世界主要国家的 GDP 增长率

单位:%　数据来源:世界银行(WDI)

（二）创新发展不断强化，国家创新驱动能力明显增强

科技是国家强盛之基，创新是民族进步之魂。"创新"成为习近平总书记近几年在不同场合讲话中提及的高频热词，创新驱动发展成为国家战略，强调"把创新摆在国家发展全局的核心位置"①。创新发展理念是把握历史、立足现实、面向未来作出的科学判断。按照习近平总书记关于创新发展的要求，党的十八大以来，牢固树立创新发展理念，以创新为核心促进我国全面高速发展；实施了创新驱动发展战略，适应和引领经济发展新常态；紧紧牵住科技创新牛鼻子，加快创新成果转化；坚持走自主创新道路，掌握创新发展主动权；高度重视人才队伍建设，不断推进创新发展举措；持续推进科技体制改革，构建了产学研用创新体系；积极融入全球创新网络，加快推进创新型国家建设。②

新时代推动高质量发展，提升社会生产力，建设社会主义现代化强国，根本就在于依靠科技创新，必须瞄准科技创新的主攻方向，全面提升科技创新能力，集中力量推动科技成果的不断涌现和生产力转化；必须坚持走自主创新道路，攻克"卡脖子"技术，推动关键核心技术探索；必须牢牢把握人才队伍建设，尤其是突出创新人才的教育和培养；必须主动融入全球创新的国际大环境，要在竞争合作中提高我国科技创新能力。

1. 创新投入力度不断增大，创新产出能力稳步提升

人类的一切文明成果都是创新思维的果实和创新智慧的结晶，大创新

---

① 习近平. 为建设世界科技强国而奋斗——在全国科技创新大会、两院院士大会、中国科协第九次全国代表大会上的讲话[M]. 北京：人民出版社，2016：13.

② 李琳琳. 习近平总书记关于创新发展的重要论述及其意义[N]. 中国社会科学报，2020 – 10 – 15.

大成就,小创新小成就,不创新没成就。党的十八大以来,党中央高度重视科技强国建设,坚持把创新作为引领发展的第一动力。习近平总书记曾深刻指出,"建设世界科技强国,不是一片坦途,唯有创新才能抢占先机","实现高质量发展,必须实现依靠创新驱动的内涵型增长"①,明确强调要大力提升自主创新能力,尽快突破关键核心技术,以科技创新催生新发展动能。党的十九届五中全会强调,"加快建设创新型国家",更是首次明确提出"坚持创新在我国现代化建设全局中的核心地位",强调"把科技自立自强作为国家发展的战略支撑",提出"完善国家创新体系,加快建设科技强国"。② 目前,我国创新型国家建设成果丰硕,天宫、蛟龙、天眼、悟空、墨子、大飞机等重大科技成果相继问世,激励着广大科技工作者迎难而上。

随着经济体制改革的不断深化,创新驱动在经济发展中发挥着越来越重要的作用。为进一步确保国家科技发展战略和各项科技发展计划的顺利实施,我国对科技事业的投入力度不断增强,科技经费投入大幅度增长。从投入规模来看,中国研究与试验发展(R&D)经费投入规模从 2012 年6230.61 亿元扩大到 16226.97 亿元,增长了 2.6 倍,年均增速 13.98%。从投入占比来看,中国 R&D 经费投入规模占 GDP 的比重从 2012 年的 1.16%升至 2020 年 1.40%,增长了 0.24 个百分点。从投入增速来看,中国 R&D经费投入增速呈现降低趋势,从 2012 年的 23.33% 降至 2020 年的 13.99%,降低了 9.34%(见图 1 - 4)。

---

① 习近平主持召开经济社会领域专家座谈会强调 着眼长远把握大势开门问策集思广益 研究新情况作出新规划[EB/OL]. https://www.ccps.gov.cn/xtt/202008/t20200824_142910.shtml.

② 中共中央关于制定国民经济和社会发展第十四个五年规划和二〇三五年远景目标的建议[EB/OL]. http://www.gov.cn/zhengce/2020 - 11/03/content_5556991.htm.

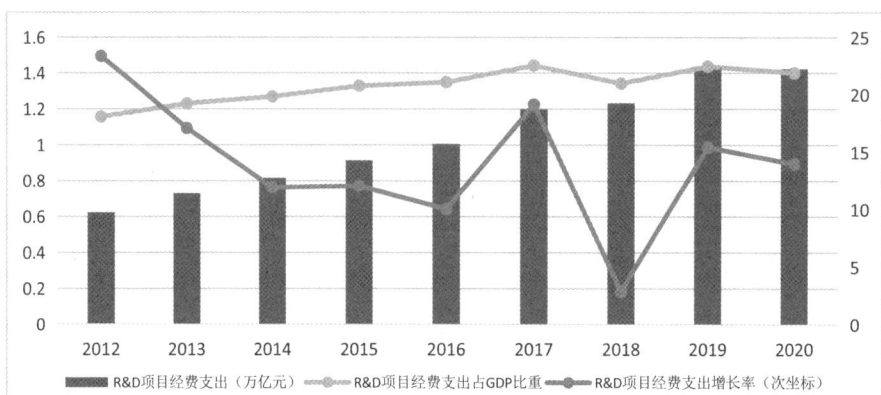

图 1-4　中国规模以上工业企业 R&D 项目经费支出的发展情况

数据来源：国家统计局

注：2020 年数值是以 2012—2019 年均增速计算所得。

但从板块区域来看，东部地区的三大经济圈（泛京津冀地区、泛珠三角地区和泛长三角地区）多数省份的规模以上工业企业 R&D 经费支出普遍较高，东北地区的处于中等水平，西部地区的多数省份规模以上工业企业 R&D 经费支出普遍较低。以 2020 年为例，处于第一阵营的是广东省、江苏省和浙江省，均超过 45 万亿元。这与该地区的工业发展规模和集中大量高新技术企业、大量高校、科研机构密切相关。而黑龙江省、内蒙古自治区、吉林省、甘肃省、宁夏回族自治区、新疆维吾尔自治区、青海省、海南省和西藏自治区等省份处于最低阵营，均低于 2 万亿元，且明显低于 2012 年的投入强度（见图 1-5）。

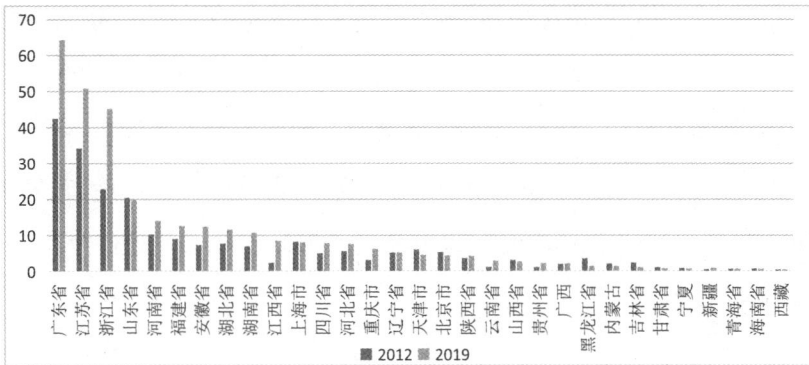

图 1-5　中国大陆 31 省份规模以上工业企业 R&D 项目经费支出规模的发展情况

单位:万亿元　数据来源:国家统计局

专利授权量能够反映一个国家的科技实力。党的十八大以来,我国创新产出能力稳步提升,专利成果丰硕,专利申请与授权量出现快速增长。全国科技成果登记数由 2012 年 5.17 万项增至 2020 年的 7.65 万项,年均增速6.44%;专利申请数由 2012 年的 205.06 万项增至 2020 年的 443.78 万项,年均增速 12.16%;专利申请授权数也由 2012 年的 125.51 万项增至 363.90万项,年均增速 16.97%;专利成果申报成功率由 2012 年 61.21% 增至 2020年 82%,增长了 20.79%(见图 1-6)。

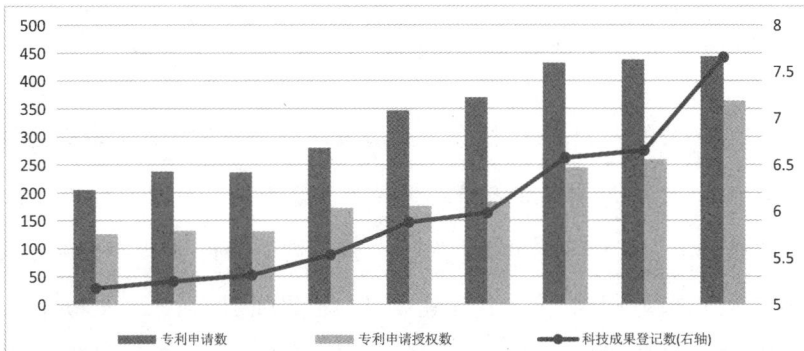

图 1-6　2012—2020 年中国专利成果申报与科技成果登记的基本情况

单位:万项　数据来源:WIND,国家统计局

在不断完善体系、优化功能、促进产业发展的基础上,中国技术市场成交额呈现稳步提升;高新技术产业经营效益实现了快速增长,主营业务收入保持较高增速水平。据统计,高新技术企业主营业务收入由 2012 年的 8.75 亿元增长至 2020 年的 19.05 亿元,年均增速为 10.26%;技术市场成交额也由 2012 年的 6437.7 亿元增长至 2020 年的 28252 亿元,年均增速为 22.10%(见图 1-7)。

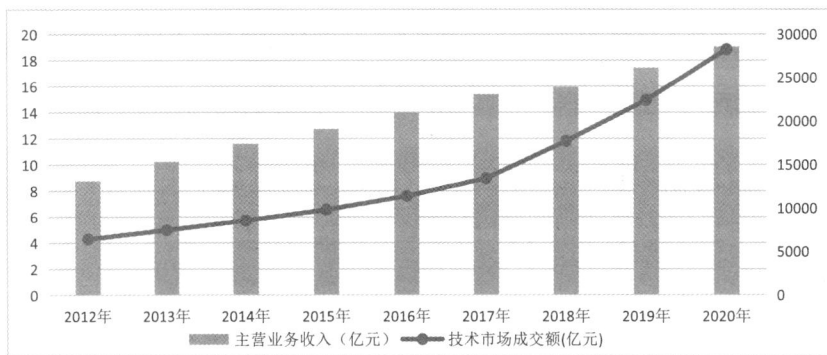

图 1-7 2012—2020 年中国高新技术企业主营业务收入与技术市场成交额

数据来源:WIND,国家统计局

注:2019 与 2020 年的主营业务收入按照近五年平均增速计算所得。

2. 国民教育质量有效改善,创新技术人才不断壮大

在知识经济的今天,人类社会正经历着深刻的变革。人力资源已经异军突起,成了一国经济和社会发展最重要的战略资源。习近平总书记指出,"国家科技创新力的根本源泉在于人"①。推进创新发展,最根本的就是要贯彻落实"人才强国"战略,为将我国建设成为世界强国筑牢"人才基石"。加

—————————

① 习近平在科学家座谈会上的讲话[EB/OL]. http://www.gov.cn/xinwen/2020-09/11/content_5542862.htm.

快人力资源建设是中国实施人才强国战略的重要保证。教育是国之大计、党之大计,也是推进创新发展的根本保障。习近平总书记明确指出,"要从党和国家事业发展全局的高度,全面贯彻党的教育方针,坚持优先发展教育事业,坚守为党育人、为国育才,努力办好人民满意的教育",强调"我国高校要勇挑重担,聚焦国家战略需要,瞄准关键核心技术加快技术攻关",在加快推进教育现代化的新征程中培养担当民族复兴大任的时代新人。①

现阶段,中国国民的受教育规模不断扩大,高等教育大众化也取得了积极的进展。截至 2019 年,中国大专以上人口占受教育人口比重为 14.58%,相较于 2012 年的 10.59% 增长了 3.99 个百分点。同时,高层次人才教育不断改善和提升。据统计,全国研究生招生人数从 2012 年的 58.97 万人增至 2020 年的 110.66 万人,年均增速达到 8.07%;研究生在学人数从 2012 年的 171.98 万人增至 2020 年的 313.96 万人,年均增速达 7.79%;研究生毕业人数也由 2012 年的 48.65 万人增至 2020 年的 72.86 万人,年均增速达 6.11%(见图 1 - 8)。

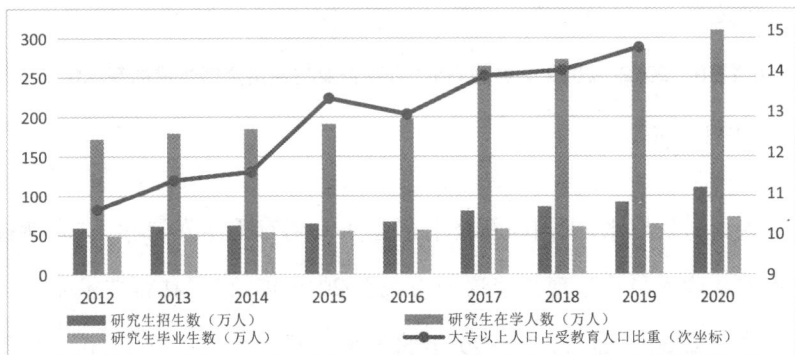

图 1 - 8　2012—2020 年中国国民教育质量的基本情况

数据来源:国家统计局

---

①　习近平.全面推进教育文化卫生体育事业发展 不断增强人民群众获得感幸福感安全感[EB/OL].http://www.gov.cn/xinwen/2020 - 09/22/content_5546100.htm.

党的十八大以来,国民教育质量得到有效改善,为中国由要素驱动向创新驱动转变的发展战略起到了积极的影响。中国科技人力投入不断增加,有 R&D 活动的企业数量也逐年增加,科技研发人员的素质与投入研发时量也不断提高,逐步形成了一支具有较大规模和较高水平的科技人才队伍。据统计,全国 R&D 活动企业占比由 2012 年的 13.7% 增至 2019 年的34.21%,增长了 20.51 个百分点;企业 R&D 人员全时当量也由 2012 年的224.62 万人增至 2019 年的 315.18 万人(见图 1-9)。

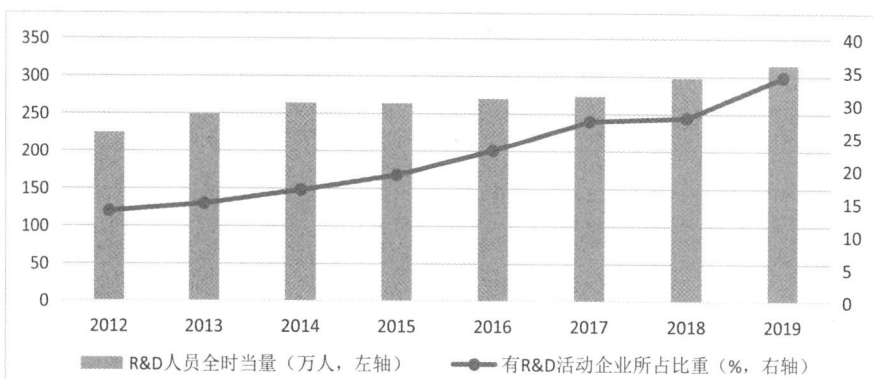

图 1-9 2012—2019 年中国 R&D 活动企业与人员全时当量的基本情况

数据来源:国家统计局

进入新时代以来,中国高新技术企业从无到有不断发展壮大,高新技术企业年末从业人员也呈现快速增长。截至 2016 年,我国高新技术企业年末从业人员为 2360.7 万人,较 1996 年的 214.2 万人增长了近 11.02 倍,年均增速为 13.44%(见图 1-10)。创新技术企业从业人员的不断增加,对于创新能力和创新质量稳步提升起到了重要作用,对于落实我国创新驱动发展战略和"大众创业、万众创新"战略打下了坚实的人才保障,继续推进创新体系不断完善和创新型国家的建设。

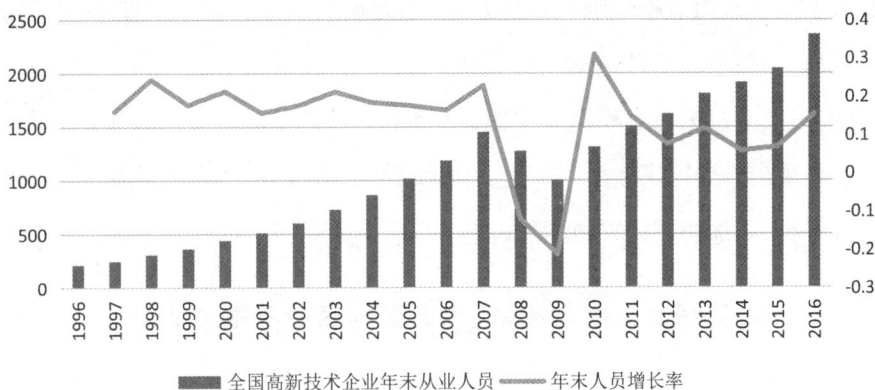

图 1-10　1995—2016 年中国高新技术企业年末从业人员

单位:万人　数据来源:WIND,国家统计局

(三)协调发展成效显著,区域协同发展水平逐渐提高

"协调发展"作为党的十八届五中全会提出的"五大发展理念"之一,对于平衡发展结构具有重要意义。当今时代,经济社会发展的领域越来越多、层次越来越多,各领域各层次之间关联互动越来越紧密。以协调发展理念引领经济社会发展,必须增强大局意识、协同意识、补短意识,把协调发展贯穿于发展各方面、全过程,让协调出动力、出生产力、出合力。① 习近平总书记曾强调,协调既是发展手段又是发展目标,同时还是评价发展的标准和尺度,是发展两点论和重点论的统一,是发展短板和潜力的统一。② 为推动我国协调发展,习近平总书记多次进行深入调研。而今,"全国一盘棋"的经济

① 任理轩. 坚持协调发展——"五大发展理念"解读之二[N]. 人民日报,2015-12-21.
② 习近平在省部级主要领导干部学习贯彻十八届五中全会精神专题研讨班开班式上发表重要讲话[EB/OL]. https://www.ccps.gov.cn/xxsxk/xldxgz/201908/t20190829_133857. shtml.

社会发展新蓝图清晰呈现。西部开发、东北振兴、中部崛起、东部率先,"四大板块"协调发展的战略进一步推进,长江经济带发展、京津冀协同发展步入快车道,乡村振兴战略深入实施,社会主义精神文明建设深入推进,军民融合发展上升为国家战略……我国协调发展正在全面布局,扎实推进,向着更加平衡、更加协调的方向不断迈进。①

1. 区域协调发展有所改善,中西部地区增长潜力凸显

区域协调发展战略是党的十六届三中全会提出的"五个统筹"之一,同时也是协调发展中的重要内容。习近平总书记在党的十九大报告中指出,实施区域协调发展战略,加大力度支持革命老区、民族地区、边疆地区、贫困地区加快发展,强化举措推进西部大开发形成新格局,深化改革加快东北等老工业基地振兴,发挥优势推动中部地区崛起,创新引领率先实现东部地区优化发展,建立更加有效的区域协调发展新机制。② 2018 年 11 月,《中共中央国务院关于建立更加有效的区域协调发展新机制的意见》出台。近年来,我国加快推动区域协调发展,深入实施西部开发、东北振兴、中部崛起、东部率先的区域发展总体战略,深入推动京津冀协同发展、长江经济带发展、粤港澳大湾区建设、长三角一体化发展等。进入"十四五"时期,区域协调发展体制机制更加健全,区域重大战略、区域协调发展战略、主体功能区战略更加明晰。

据统计,2020 年我国经济总量已经突破百万亿规模。其中,处于第一阵营的广东、江苏、山东与浙江,均超过 6 万亿元经济规模。但从区域板块来

---

① 思力.一起学新发展理念③:协调发展有多重要?[EB/OL]. http://www. qstheory. cn/wp/2019 - 05/22/c_1124526338. htm? ivk_sa = 1024320u.

② 习近平.决胜全面建成小康社会 夺取新时代中国特色社会主义伟大胜利——在中国共产党第十九次全国代表大会上的报告[EB/OL]. http://www. gov. cn/zhuanti/2017 - 10/27/content_5234876. htm.

看,四大板块地区差距也在逐渐拉大。据统计,2020 年经济规模最高地区是广东,为 11.08 万亿元,是最低地区西藏(0.19 万亿元)的 58.32 倍。泛长三角地区作为我国经济发展的桥头堡,发展效益最高,增长幅度最高。其次为泛京津冀地区,但受华北地区环境治理的影响,自 2015 年以来,泛珠三角地区反超泛京津冀地区,成为第二大发展地区;而西部地区和东北地区一直处于较低发展幅度。2020 年,处于第一阵营的省份均超过 6 万亿元经济规模。处于最低阵营的甘肃、海南、宁夏、青海与西藏,均低于 1 万亿元经济规模(见图 1 - 11)。

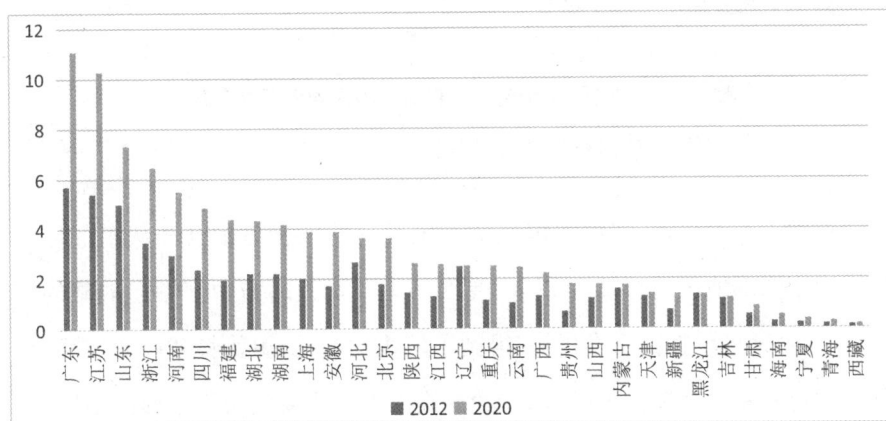

图 1 - 11　中国 31 个省/市/自治区的地区生产总值

单位:万亿元(现值)　数据来源:国家统计局

从国内比较来看,中国人均 GDP 规模呈现快速增长。整体来看,中国人均 GDP 从 2012 年的 3.977 万元增长至 2020 年的 7.2 万元,年均增速为 7.73%。但从区域板块来看,四大板块地区还存在一定的收入分配不均现象,由东向西呈现梯度式分布状态,即东部地区财富水平明显高于其他地区。以 2020 年为例,北京人均 GDP 最高,达到 16.49 万元,是最低省份甘肃(3.60 万元)的 4.58 倍。处于第一阵营的地区均为东部地区省份,分别是北京、上海和江苏,均超过 12 万元;而河北、贵州、广西、黑龙江与甘肃均低于 5 万元(见图 1 - 12)。

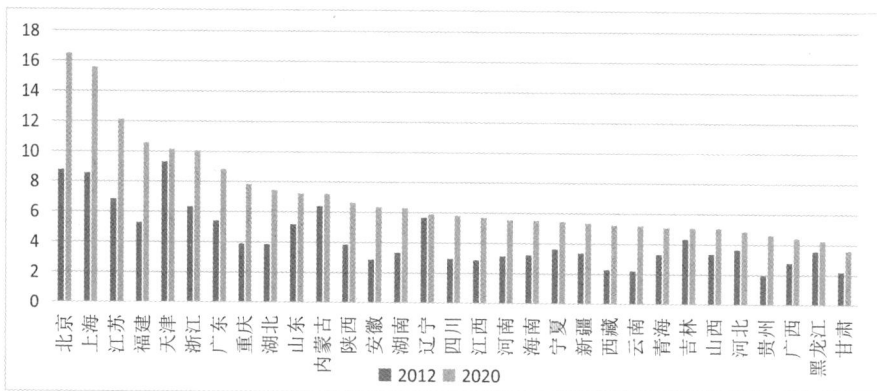

图 1 - 12 中国 31 个省/市/自治区的人均地区生产总值

单位:万元(现值) 数据来源:国家统计局

党的十八大以来,支撑中国经济稳定发展的中坚力量已经从东部地区转变为中西部地区。2012 年以来,受西部大开发战略与中部崛起战略的支持,中西部地区发挥其后发优势,得到了较快发展,资源优势和产业转移、承接作用得到有效发挥。2012 年,增速最高的地区主要集中于中西部地区,位于前五的分别是天津、贵州、重庆、云南与陕西,位于后五位的分别是海南、广东、浙江、北京与上海。2020 年,增速最高的地区依旧集中于中西部地区,分别是西藏、贵州、云南、河北与安徽,位于后五位的分别是北京、黑龙江、辽宁、内蒙古与湖北。而东北地区作为老工业地区,受体制机制和资源约束,发展增速相对较低,2012 年以后,该地区的经济下滑形势不容乐观,尤其是辽宁省。辽宁省在 2012—2020 年间年均增速仅为 4.5%,远远低于全国平均 GDP 增速水平(见图 1 - 13)。

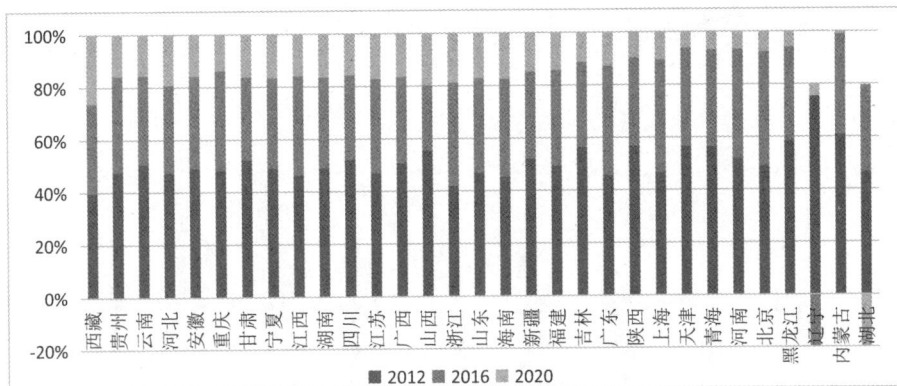

图 1-13　党的十八大以来中国 31 个省/市/自治区的经济增长率

数据来源：国家统计局

2. 三次产业结构明显改善,服务业迅速壮大与优化

迈入新时代之后,伴随中国改革进程的加快和经济的快速增长,进一步促进了产业结构的不断优化升级。无论是经济发展方式还是增长模式,均呈现发展新格局。特别是三次产业在调整中得到长足发展,基本形成以农业为基础、工业为主导、服务业迅速发展壮大与优化的协同发展的产业格局。从产业规模来看,三次产业均呈现稳定增长趋势,其中第三产业增加值已经超过第二产业。据统计,第三产业增加值从 2012 年的 24.48 万亿元增长至 2020 年的 55.4 万亿元;第二产业增加值从 2012 年的 24.46 万亿元增长至 2020 年的 38.43 万亿元;第一产业增加值从 2012 年的 4.91 万亿元增长至 2020 年的 7.78 万亿元。从产业增速来看,第三产业增速明显高于第一、二产业。据统计,2012 至 2020 年,第三产业年平均增速为 11.06%,而第一、二产业年平均增速分别为 6.36% 与 6.08%。从发展趋势来看,第三产业增速呈现下降趋势,第二产业增速呈现"S 型"波动趋势,第一产业增速呈现"U 型"趋势。截至 2020 年,产业增速由高到低分别是第一产业(10.33%)、

第三产业(3.48%)与第二产业(0.94%)(见图1-14)。

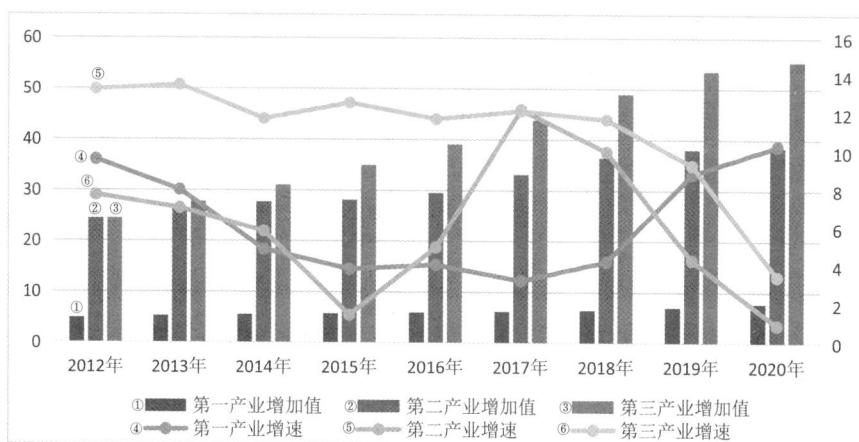

图1-14 2012—2020年三次产业增加值与增速

数据来源:国家统计局

从产业占比来看,第三产业占比呈现稳步增长,第一产业呈现小幅降低,第二产业则趋于大幅降低。2012年至2020年,第一产业从9.1%降至7.7%,减少了1.4个百分点;第二产业从45.4%降至37.8%,减少了7.6个百分点;第三产业从45.5%增至54.5%,提升了9个百分点(见图1-15)。

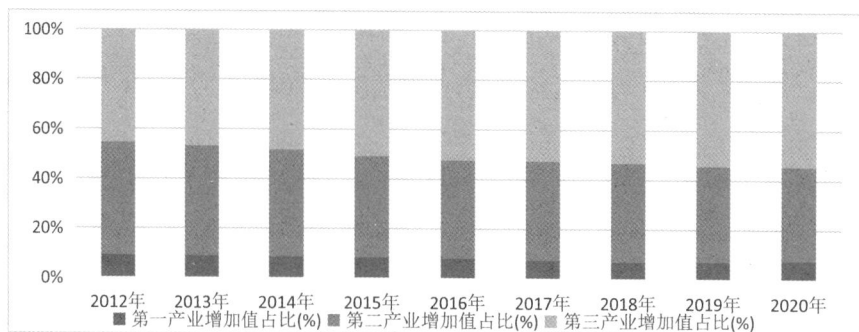

图1-15 2012—2020年三次产业占GDP比重

数据来源:国家统计局

从产业贡献来看,第三产业呈现"倒 U 型"变化趋势,第二产业呈现"U型"变化趋势,第一产业呈现小幅提升。2012 年至 2020 年,第一产业从 5%增至 9.5%,提升了 4.5 个百分点;第二产业从 50%降至 2019 年的 32.6%,又提升至 2020 年的 43.3%,整体上减少了 6.7 个百分点;第三产业从 45%增至 2019 年的 63.5% 个百分点,又降至 2020 年的 47.3%,整体上提升了2.3 个百分点。从产业拉动来看,随着经济增速的下滑,三大产业拉动作用也呈现降低趋势,其中第三产业拉动效应明显高于第一、二产业。第三产业呈现小幅上升后大幅降低的趋势,由 2012 年的 3.5 个百分点增至 2018 年的4.2 个百分点,后降至 2020 年的 1.1 个百分点;第二产业呈现持续下降趋势,由 2012 年的 3.9 个百分点降至 2020 年的 1.0 个百分点;第一产业保持基本稳定,由 2012 年的 0.4 个百分点小幅降至 0.2 个百分点(见图 1-16)。

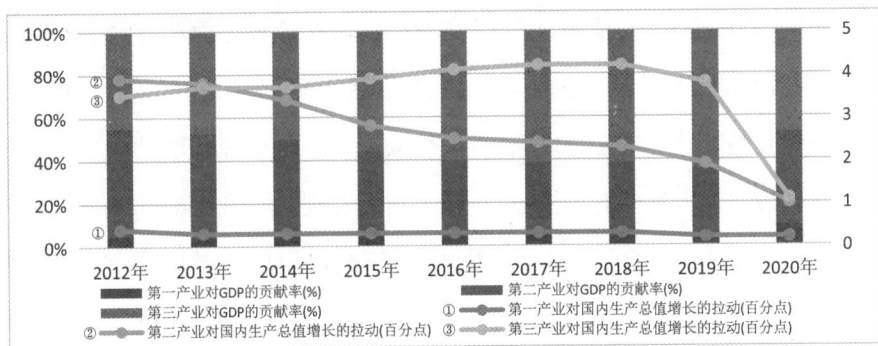

图 1-16　2012—2020 年三次产业对 GDP 规模与增速的贡献与拉动

数据来源:国家统计局

注:其中贡献率以左轴坐标为准,拉动作用以右轴为准。

3. 二元城乡协调稳步优化,城市群发展新格局初现

促进城乡区域协调发展是协调发展理念的重要组成部分。国内外实践证明,协调发展是有效推进城乡发展一体化的成功之路。推进城乡协调发

展,逐步缩小城乡差距,实现城乡居民收入均衡化、基本公共服务均等化和生活质量等值化,既是共同富裕的内在要求,也是形成强大国内市场、构建新发展格局的重要基础。习近平总书记指出:"推进城乡发展一体化,是工业化、城镇化、农业现代化发展到一定阶段的必然要求,是国家现代化的重要标志。"同时还强调"推进城乡发展一体化要坚持从国情出发,从我国城乡发展不平衡不协调和二元结构的现实出发,从我国的自然禀赋、历史文化传统、制度体制出发,既要遵循普遍规律、又不能墨守成规,既要借鉴国际先进经验、又不能照抄照搬"。① 推进城乡发展一体化,不是以城市为中心,单纯地推进新型城镇化、把农民变市民,也不是以乡村为中心,单一地建设社会主义新农村、把农村变城市,而是要坚持城乡并重,把工业与农业、城市与乡村、城镇居民与农村居民作为一个有机整体统筹推进。促进城乡在发展理念、规划布局、要素配置、产业发展、公共服务、生态保护等方面相互融合、共同发展,在城市能品味到乡村的生活品质,在乡村能享受到城市的现代文明。

城镇化是现代化的必由之路,是解决农业、农村、农民问题的重要途径,是推动区域协调发展的有力支撑,是扩大内需和促进产业升级的重要抓手。党的十八大以来,中国的城市数量较快增长,城市规模不断扩大,小城镇建设快速发展,全国各地区城镇化率稳步提升,城市群发展格局基本初步形成。中国城市群发展格局正由传统的省域经济和行政区经济逐步向城市群经济过渡,尤其是京津冀、长三角和珠三角三大城市群,区域集聚效应日益凸显,逐步向世界级城市群迈进。据统计,中国城镇人口规模从 2012 年的 7.22 亿人增至 2020 年的 9.02 亿人,增加了 1.8 亿人;城镇化率水平也由 2012 年的 53.10% 提升至 2020 年的 63.89%(见图 1 - 17)。

---

① 习近平. 健全城乡发展一体化体制机制 让广大农民共享改革发展成果[EB/OL]. http://www.gov.cn/xinwen/2015 - 05/01/content_2856122.htm.

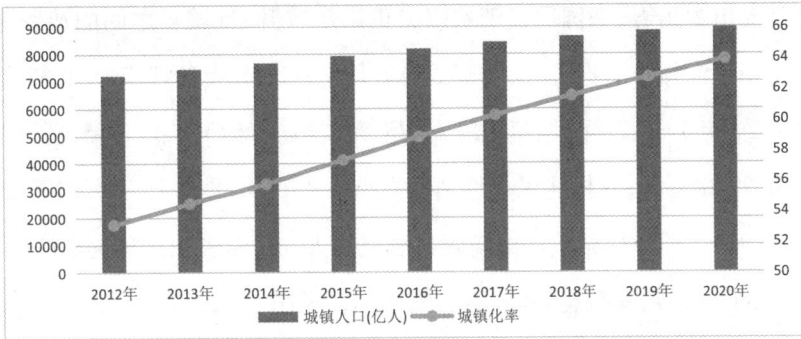

图 1 - 17　2012—2020 年中国城镇人口与城镇化率水平

数据来源：国家统计局

注：其中城镇人口以左轴坐标为准，城镇化率以右轴为准。

从收入来看，居民人均可支配收入无论是城镇还是农村，均呈现上涨趋势，且城镇与农村之间的收入差距趋于缩小。据统计，全国居民可支配收入从 2013 年的 1.83 万元增至 2020 年 3.21 万元；城镇居民可支配收入从 2013 年的 2.65 万元增长至 2020 年 4.38 万元；农村居民可支配收入从 2013 年的 0.94 万元增长至 2020 年 1.71 万元。同时，城镇居民与农村居民的可支配收入之比逐渐缩小，从 2013 年的 2.81 倍缩减至 2020 年的 2.56 倍（见图 1 - 18）。

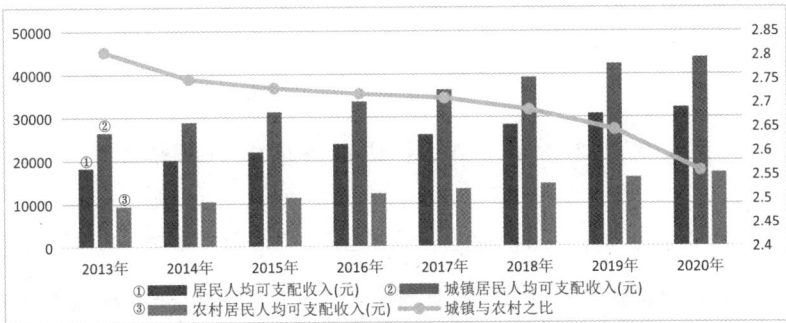

图 1 - 18　2013—2020 年中国居民人均可支配收入的基本情况

数据来源：国家统计局

注：其中可支配收入以左轴坐标为准，同比增长以右轴为准。

从支出视角看,中国居民消费能力正稳步提升,且城乡之间的消费能力差距也正逐渐缩小。据统计,全国居民人均消费支出从 2013 年的 1.32 万元增至 2020 年 2.12 万元;城镇居民人均消费支出从 2013 年的 1.85 万元增至 2020 年 2.70 万元;农村居民人均消费支出从 2013 年的 0.75 万元增至 2020 年 1.37 万元。同时,城镇居民与农村居民的人均消费支出之比逐渐缩小,从 2013 年的 2.47 倍缩减至 2020 年的 1.97 倍(见图 1－19)。

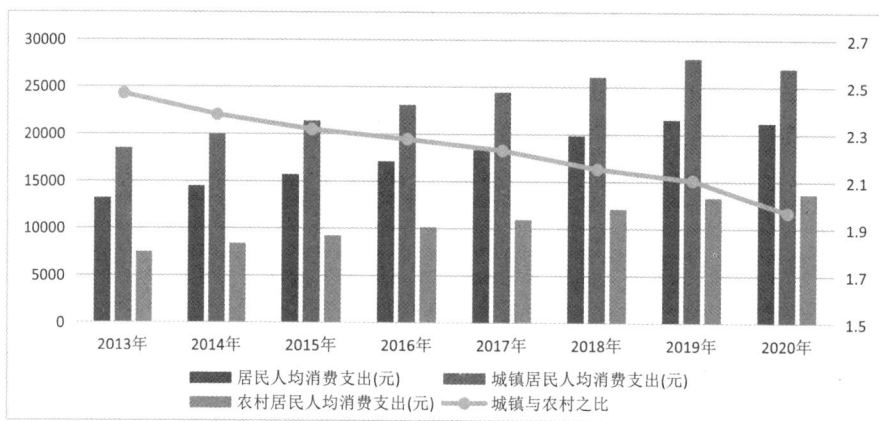

图 1－19 2013—2020 年中国居民人均消费支出的基本情况

数据来源:国家统计局

注:其中人均消费支出以左轴坐标为准,城镇与农村之比以右轴为准。

4. 虚实协同发展有效优化,金融市场化进一步推进

党的十八大以来,中国金融业在改革创新中不断发展壮大,金融机构和从业人员数量大幅增加,金融规模明显扩大,金融业从单一的存贷款功能发展为适应市场经济要求的现代化金融体系,形成了银行、证券、保险等功能比较齐全的金融机构体系。从产业增加值来看,中国金融业增加值规模从 2012 年的 3.53 万亿元增至 2020 年的 8.41 万亿元,是 2012 年规模的 2.38

倍,年均增速为 11.91%。金融业产值增速在 2012 年至 2020 年间呈现上
升—下降—小幅上升的趋势,即从 2012 年的 14.72% 增至 2015 年的
20.16%,再大幅降至 2016 年的 6.51%,后又小幅上升至 2020 年的
10.26%;总体来看,中国金融业发展始终保持在较高增速水平。金融业增加
值占 GDP 比重也由 2012 年的 6.55% 增至 2020 年的 8.27%,提升了 1.72 个
百分点(见图 1-20)。这说明中国金融业在经济发展中的作用越来越凸显。

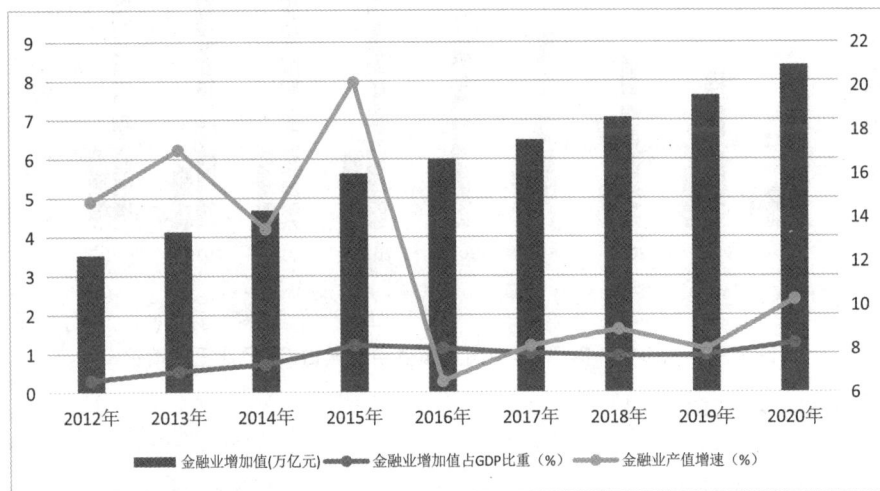

图 1-20　2012—2020 年中国金融业增加值及其占 GDP 比重的情况

数据来源:国家统计局

　　广义货币占 GDP 比重通常能够反映一国的多个方面特征,包括金融发
展程度、货币化程度、广义杠杆率、金融结构等各方面。广义货币短时间内
快速增长,往往预示着宏观稳定性的下降和金融风险的增加。从货币供给
来看,中国货币和准货币(M2)供应量呈现快速增长。据统计,2020 年中国
M2 达到 218.68 万亿元,是 2012 年 97.41 万亿元的 2.24 倍,年均增速达到
11.02%;广义货币 M2 占 GDP 比重也由 2012 年的 180.87% 增至 2020 年的
215.24%,增长了 34.37 个百分点。同时,M2 与 M1 的之比由 2012 年的

10.48 倍降至 2020 年的 8.3 倍(见图 1 - 21)。这意味着中国货币风险正在不断积累。但在国家强金融监管政策下,广义货币 M2 占 GDP 的比重的上升趋于减缓。

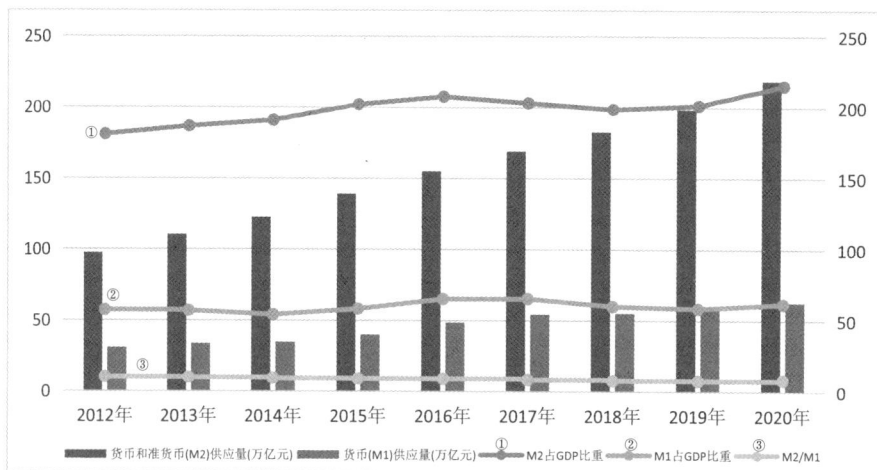

图 1-21 2012—2020 年中国货币供给及其占 GDP 比重的情况

数据来源:国家统计局

　　银行信贷发放量占 GDP 的比重可以反映一个国家间接融资的水平。2020 年中国银行信贷发放量占 GDP 的比重达到 253.42%,较 2012 年的 190.14% 增长了 63.28 个百分点,信贷扩张速度较快。股票市场交易额占 GDP 的比重一方面显示了一国的资本市场发展水平,另一方面也受到资本市场泡沫期交易活跃的扰动。通常资本市场越发达,市场交易越活跃,股票的交易额占 GDP 的比重也越高。中国股票市场交易额占 GDP 的比重呈现"Z 型"上升趋势,从 2012 年的 58.41% 升至 2015 年的 370.26%,之后又降至 2018 年的 98.09%,后又上升至 203.57%。银行信贷与股票成交额的比值反映了一国的金融结构的发展情况。通常来说,银行信贷与股票成交额的比值越小,则一国金融结构市场化程度就越高。整体来看,中国金融结构正由银行主导型向市场主导型转变,金融市场化发展进一步推进。2020年中国银行信贷与股票成交额的比重为124%,较2012年的326%降低了202个百分点(见图1-22)。

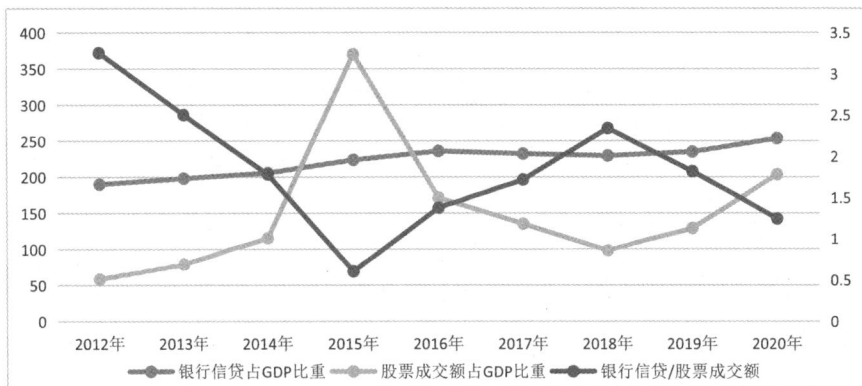

图1-22　2012—2020年中国银行信贷、股票成交额占GDP比重的情况

数据来源:国家统计局

(四)绿色发展有序推进,集约型增长模式已初步显现

随着我国经济社会发展不断深入,也面临着一个突出矛盾和问题,即资源环境承载力逼近极限,高投入、高消耗、高污染的传统发展方式已不可持续。习近平总书记强调,"单纯依靠刺激政策和政府对经济大规模直接干预的增长,只治标、不治本,而建立在大量资源消耗、环境污染基础上的增长则更难以持久"①。对此,党的十八大把生态文明建设纳入中国特色社会主义事业总体布局,使生态文明建设的战略地位更加明确,有利于把生态文明建

① 习近平.共同维护和发展开放型世界经济——在二十国集团领导人峰会第一阶段会议上关于世界经济形势的发言[EB/OL].http://syss.12371.cn/2015/07/01/ARTI1435713358423139.shtml.

设融入经济建设、政治建设、文化建设、社会建设各方面和全过程。随后在党的十八届五中全会上,习近平总书记提出创新、协调、绿色、开放、共享"五大发展理念",将绿色发展作为关系我国发展全局的一个重要理念。在绿色发展理念的指引下,我国集约型增长模式已初步显现。

1. 能源消耗呈现逐年降低,节约型发展正逐步形成

党的十八大以来,随着经济步入新常态,为缓解能源压力、应对气候变化,转变发展方式,我国经济发展逐步从粗放型增长模式向节约型增长模式的转变,全国单位国内生产总值能源消耗量增速趋于"S 型"下降趋势。能源消耗增速由 2012 年的 3.90% 降至 2015 年的 1.35%,后上升至 2018 年的 3.53%,又降至 2020 年的 2.16%,整体降低了 1.74 个百分点。受国内经济由要素驱动向创新驱动的转变,单位 GDP 能源消耗呈现高效降低,由 2012 年的 0.75 吨标准煤/万元降低至 2020 年的 0.49 吨标准煤/万元,降幅高达 34.67%(见图 1 – 23)。

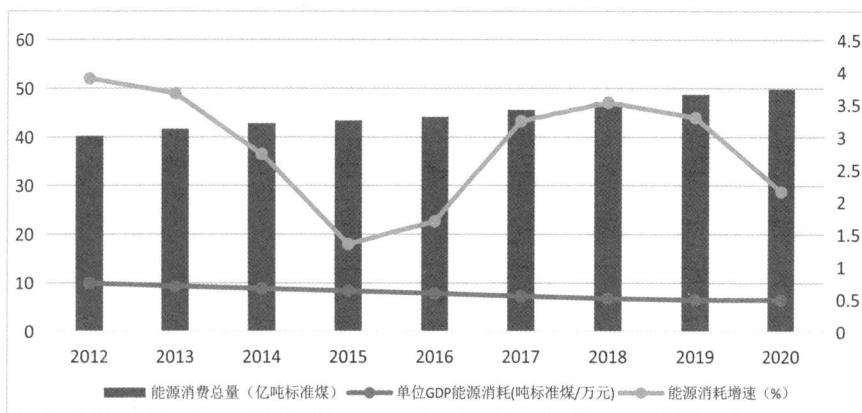

图 1 – 23 2012—2020 年中国单位国内生产总值能源消费量(吨标准煤/万元)

数据来源:国家统计局

　　从能源结构来看,化石能源消耗趋于降低,清洁能源消耗得以大幅提升。2012 年至 2020 年,原煤消耗比重由 68.5% 降至 56.8%,原油消耗比重始终保持在 17% 至 19%;而天然气消耗比重从 9.7% 上升至 15.9%,水电、核能、风能消耗比重从 4.8% 提升至 8.4%(见图 1-24)。但是也要正视到,我国东部地区虽已进入后工业化阶段,服务业成为推动经济增长的主导产业,使得单位地区生产总值电力消费量水平较低;但西部地区仍处于工业化中期,经济发展主要依赖高能耗的钢铁、石化能源、电力等重工业的拉动,因此未来将面临更大的能耗和环保压力。

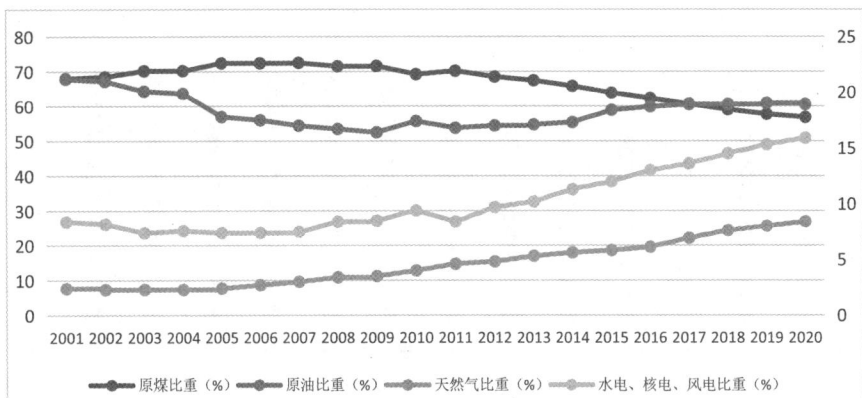

图 1-24　2012—2020 年中国单位国内生产总值能源消费量

单位:吨标准煤/万元　　数据来源:国家统计局

注:原煤比重以左轴为准,其他比重以右轴为准。

2. 废物排放趋于稳步减少,废物治理效率显著提高

　　党的十八大以来,我国废物排放趋于稳步减少。水资源是居民生活和工业发展的重要资源,水资源的污染与浪费以及过度利用将会对环境造成重大的污染,破坏了生态系统的稳定;同时,废水排放量与地区产业结构和

经济规模密切相关。整体来看,中国废水排放已经达到历史峰值,并转向稳步降低阶段。据统计,中国废水排放量已经在 2015 年达到历史最高值735.32 亿吨。2016 年废水排放量为 711.10 亿吨,较 2015 年降低了 24.22亿吨。中国废水排放量增速也呈现持续降低,由 2012 年的 12.67% 降至2016 年的 9.56%,减少了 3.11 个百分点。尽管我国废水排放量占 GDP 比重逐年减少(见图 1－25),但现阶段污水排放量依然十分巨大。我国工业企业用水效率不高,导致我国工业企业用水量大,工业废水排放进一步加剧了我国水资源短缺的困境。

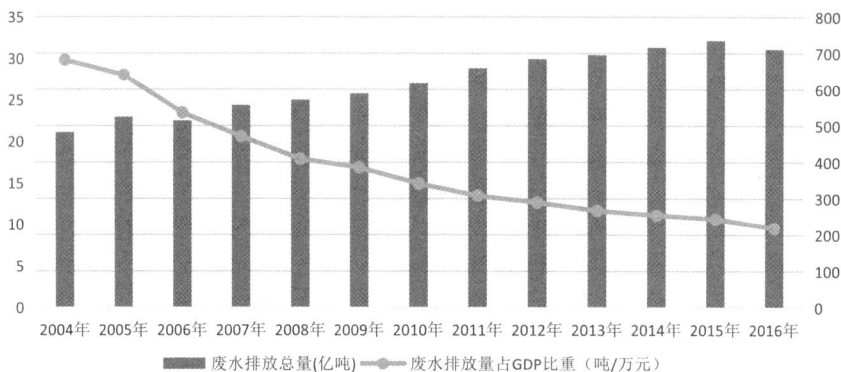

图 1－25 2004—2016 年全国废水排放总量及占 GDP 比重

数据来源:国家统计局

随着我国环保意识的不断提升,一般工业固体废物的排放带来的污染问题也愈来愈引起人们的高度重视。近年来,中国从国情出发,对多数污染严重的老企业特别是大中型企业采取利用资源和能源综合处理、加强污染治理工程的建设,清理整顿、取缔关闭违法企业,采取"区域限批"等措施,从发展源头控制污染,减轻对环境的污染程度,实现达标排放,工业企业固体废物治理效率进一步提高。整体来看,中国一般工业固体废物排放量在经历了一段快速上升的趋势后,自 2012 年以来呈现稳步降低趋势,由 2012 年的 32.9 亿吨降至 2016 年的 30.92 亿吨。单位 GDP 一般工业固体废物产量也由 2012 年的 0.61 吨/万元降低至 2016 年的 0.42 吨/万元;一般工业固体废物产量增速呈现大幅降低,实现由正转负,即由 2012 年的 1.94% 降至 2016 年的 −5.46%(见图 1 −26)。

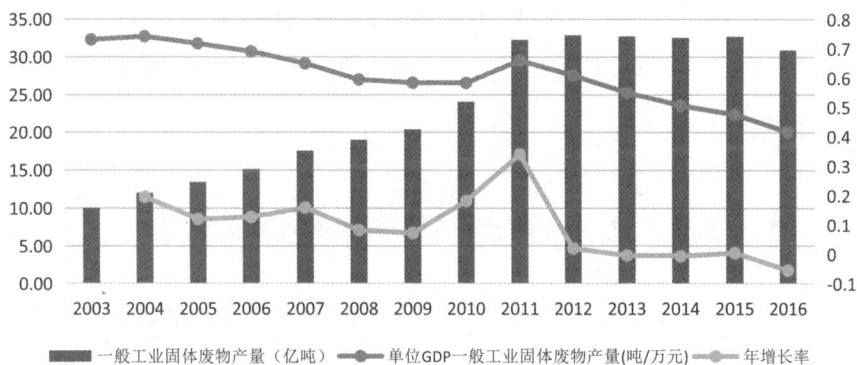

图 1 −26　2003—2016 年全国一般工业固体废物产量

数据来源:国家统计局

　　党的十八大以来,我国的生产效率与废物治理效率也显著提高。从生产效率来看,单位 GDP 用水量从 2001 年的 512 立方米/万元降至 2015 年的 101 立方米/万元;单位工业增加值用水量从 2001 年的 261 立方米/万元降至 2015 年的 200.86 立方米/万元。从废物治理来看,工业固体废物综合利用量由 2001 年的 47.29 千万吨提升至 2015 年的 200.85 千万吨;工业固体废物综合利用率也由 2001 年的 52.1% 提升至 2015 年的 60.2%,增长了 8.1 个百分点(见图 1 −27)。

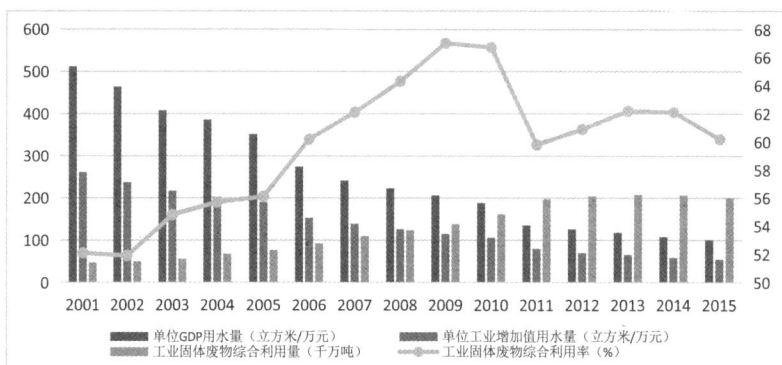

图 1-27 2001—2015 年中国生产效率与废物治理的基本情况

数据来源:国家统计局

3. 环境承载力进一步提升,环境质量得到有效改善

党的十八大以来,中国空气质量有了明显改善,大气污染物的排放总量均呈现降低趋势。从二氧化硫排放量来看,中国有害气体排放呈现大幅下降趋势,由 2012 年的 2117.6 万吨降至 2019 年的 457.3 万吨,降幅达 78.4%;单位 GDP 二氧化硫排放量也由 2012 年的 39.32 吨/亿元降至 2019 年的 4.64 吨/亿元,降幅达 88.2%(见图 1-28)。

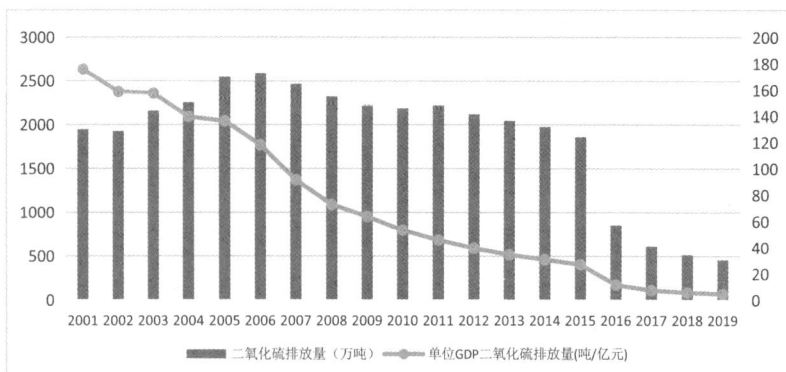

图 1-28 2001—2015 年中国二氧化硫气体排放情况

数据来源:国家统计局

空气中可吸入颗粒物浓度大小对人体健康具有很大影响。根据颗粒大小，可划分为 PM10 与 PM2.5，前者是空气中的可吸入颗粒物，后者是空气中的可入肺颗粒物。近年来，PM2.5 逐步取代 PM10 作为空气质量的重要指标。据统计，中国可吸入颗粒物呈现"S 型"降低趋势，从 2003 年的 0.12 毫克/立方米降至 2012 年的 0.09 毫克/立方米，后上升至 2013 年的 0.13 毫克/立方米，随后又降至 2016 年的 0.09 毫克/立方米（见图 1 - 29）。

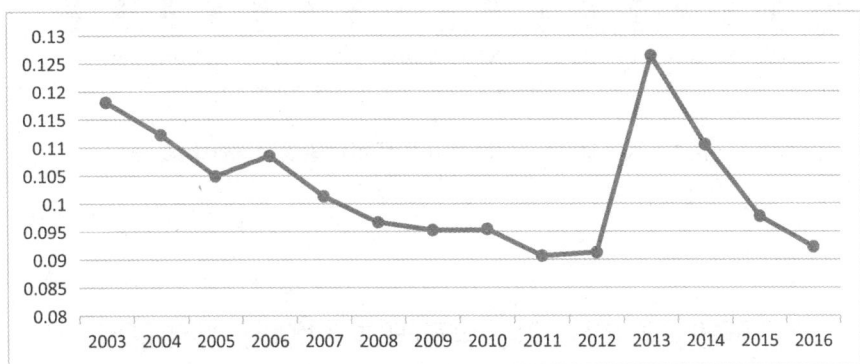

图 1 - 29　2003—2016 年中国空气中可吸入颗粒物浓度情况

数据来源：国家统计局

注：空气中可吸入颗粒物浓度是根据 31 省市自治区省会城市浓度大小计算的平均值。

党的十八大以来，中国空气治理的有效投入不断增加，使环境质量得到有效改善。据统计，中国环境污染治理投资总额由 2002 年的 1367.2 亿元增至 2017 年的 9538.95 亿元，其中在 2012 年至 2017 年间，环境污染治理投资总额呈现波动式上升趋势，先由 2012 年的 8253.5 亿元增至 2014 年的 9575.5 亿元，后又从 2015 年的 8806.3 亿元增至 2017 年的 9538.95 亿元。从投资增速来看，环境污染治理投资增速在 2012 年至 2017 年间呈现"V 型"变化趋势，先由 2012 年的 16.02% 降至 2015 年的 - 8.03%，后又升至 2017

年的 3.46%（见图 1－30）。

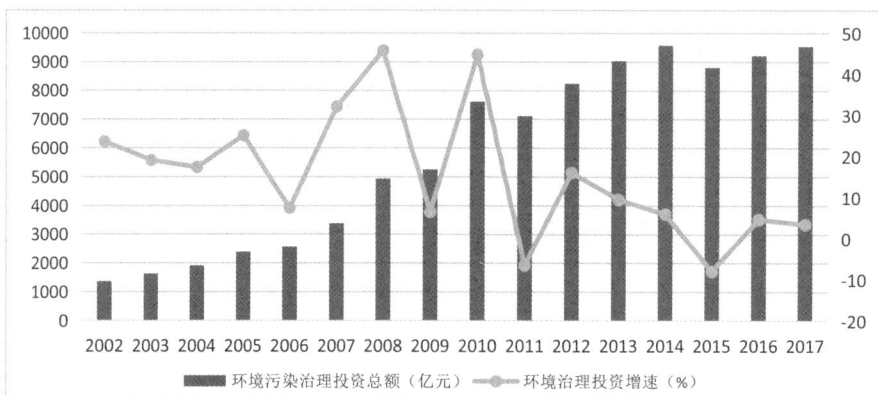

图 1－30　2002—2017 年中国环境污染治理投资情况

数据来源：国家统计局

（五）开放发展持续深化，全面开放新格局正逐步形成

经济全球化是社会生产力发展的客观要求和科技进步的必然结果，是谋划发展所要面对的时代潮流。正如习近平总书记指出的，"一个国家能不能富强，一个民族能不能振兴，最重要的就是看这个国家、这个民族能不能顺应时代潮流，掌握历史前进的主动权"①。党的十一届三中全会是我国对外开放的重要节点，改革开放经历了从经济特区到自由贸易区，从加入世界贸易组织到参与全球经济治理，从"引进来"到"走出去"的历史演变。站在新的历史起点上，习近平总书记把开放作为引领我国发展的"五大发展理念"之一，向世界表明中国开放的大门永远不会关上，中国经济发展将继续

---

① 习近平在省部级主要领导干部学习贯彻党的十八届五中全会精神专题研讨班上的讲话［N］．人民日报，2016－05－10．

为世界带来巨大的正面外溢效应。① 早在 2016 年二十国集团工商峰会开幕式上,习近平主席便指出,"中国对外开放,不是要一家唱独角戏,而是要欢迎各方共同参与;不是要谋求势力范围,而是要支持各国共同发展;不是要营造自己的后花园,而是要建设各国共享的百花园"②;在博鳌亚洲论坛 2018 年年会开幕式上他强调,"中国开放的大门不会关闭,只会越开越大"③;在首届中国国际进口博览会开幕式上,他形象地把中国经济比作大海,并向世界宣示,"面向未来,中国将永远在这儿"④。这些重大论断意蕴深远,表明了中国坚持开放发展的坚定决心,得到国际社会广泛认同。开放发展理念是党中央准确把握当今世界和我国发展大势,直面我国对外开放中的突出矛盾和问题所提出的新理念,为提高我国对外开放的质量和发展的内外联动性提供了行动指南。

党的十八届三中全会明确指出,"必须推动对内对外开放相互促进、'引进来'和'走出去'更好结合,促进国际国内要素有序自由流动、资源高效配置、市场深度融合,要求放宽投资准入、加快自由贸易区建设、扩大内陆沿边开放"⑤。中国分别于 2012 年和 2013 年提出"人类命运共同体"倡议和"一带一路"倡议,为全球经济治理提供了中国方案与中国理念。这是我国首次独立自主提出的全球合作倡议,具有广泛而深远的影响,也标志着我国将以"一带一路"倡议推动建立全面开放新格局。为了更好地与全球市场、规则接轨,党的十九大报告中明确提出"给予自贸区更大的改革自主权,探索建

---

① 任理轩.坚持开放发展——"五大发展理念"解读之四[N].人民日报,2015 - 12 - 23.

② 习近平.中国发展新起点 全球增长新蓝图——在二十国集团工商峰会开幕式上的主旨演讲[EB/OL].http://cpc.people.com.cn/n1/2016/0905/c64094 - 28690521.html.

③ 习近平.在博鳌亚洲论坛 2018 年年会开幕式发表主旨演讲[EB/OL].http://www.gov.cn/xinwen/2018 - 04/10/content_5281303.htm.

④ 习近平.共建创新包容的开放型世界经济——在首届中国国际进口博览会开幕式上的主旨演讲[EB/OL].http://www.gov.cn/xinwen/2018 - 11/05/content_5337594.htm.

⑤ 中国共产党第十八届中央委员会第三次全体会议公报[N].人民日报,2015 - 11 - 13.

设自由贸易港"①。2018 年中央经济工作会议,党中央更是提出"制度型开放"的战略决策,明确要求"推动全方位对外开放,要适应新形势、把握新特点,推动由商品和要素流动型开放向规则等制度型开放转变"②。

1. 国际贸易保持稳定增长,进出口贸易差距趋于缩小

对外贸易是拉动国民经济发展的"三驾马车"之一,在国民经济全局中发挥着非常重要的作用。党的十八大以来,按照党中央、国务院的决策部署,商务部会同各地方、各部门狠抓外贸政策的落实,扎实推进优进优出、贸易产业融合、贸易畅通三大计划,推动外贸创新发展,外贸实现较快增长。据统计,中国货物进出口贸易总额从 2012 年的 24.42 万亿元增至 2020 年的 32.16 万亿元,较 2012 年提升了 31.7%,年均增速为 3.64%。进出口贸易对经济发展的拉动作用逐渐趋于减弱,表明中国对外贸易的依存度在逐渐降低,从外需驱动向内需驱动转变。据统计,中国货物进出口占 GDP 的比重从 2012 年的 45.33% 持续降至 31.65%,其中从 2016 年以来,基本保持相对稳定的外贸依存度。从贸易增速来看,中国货物进出口贸易增速呈现"S 型"的波动变化,贸易发展受到国际经济形势的影响较严重,尤其是自 2017 年以来中美贸易摩擦的不断恶化,更是推进了贸易增速的降低。据统计,进出口贸易增速从 2012 年的 3.28% 降至 2015 年的 −7.09%,后升至 2017 年的 14.26%,后又降至 2020 年的 1.88%(见图 1 − 31)。

---

① 习近平.决胜全面建成小康社会 夺取新时代中国特色社会主义伟大胜利——在中国共产党第十九次全国代表大会上的报告[EB/OL]. http://www. gov. cn/zhuanti/2017 − 10/27/content_5234876. htm.

② 习近平在 2018 年中央经济工作会议上发表重要讲话[EB/OL]. http://www. gov. cn/xinwen/2018 − 12/21/content_5350934. htm.

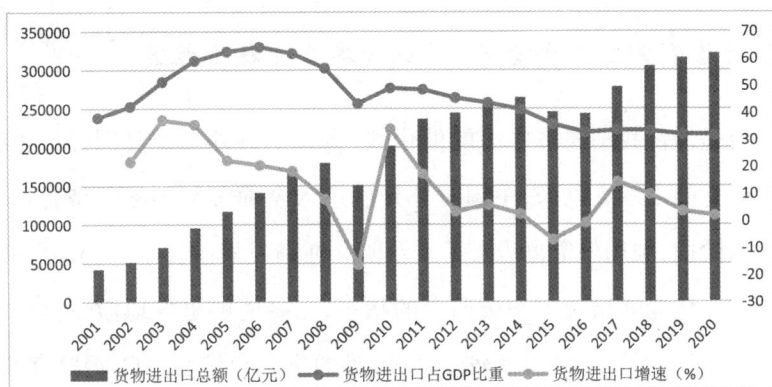

图 1-31 2001—2020 年中国货物进出口总额的基本情况

数据来源:国家统计局

具体来看,相比于贸易"走进来",贸易"走出去"成效更加显著,进出口贸易差距持续拉大。目前,中国仍然是以贸易出口为导向的对外开放,出口占进出口比重始终高于进口占进出口比重,从 2012 年的 52.98% 增至 2020 年的 55.77%。出口规模从 2012 年的 12.94 万亿元增至 2020 年的 17.93 万亿元,进口规模也由 2012 年的 11.48 万亿增至 2020 年的 14.22 万亿(见图 1-32)。

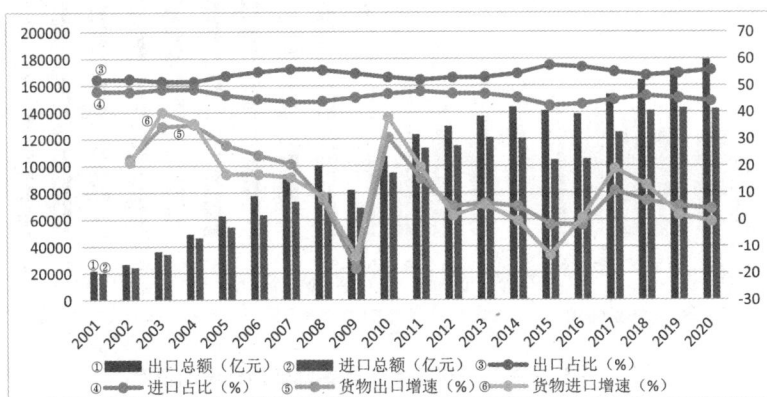

图 1-32 2001—2020 年中国进口与出口贸易的基本情况

数据来源:国家统计局

2. 外资利用迈上新台阶，国际经济合作稳步推进

外资是加快我国经济发展的催化剂，合理引进外资是我国经济工作一个重点。党的十八大以来，中国对外开放进入全面参与国际经济合作与竞争的崭新阶段，利用外资也迈上了新台阶。在新发展阶段下，实际利用外资的提升与优化能够显现出积极向上的状态，无疑能够更好地激发全国上下发展经济、稳定增长的热情，增强战胜困难的决心和信心。自 2012 年以来，中国实际使用外资从 1132.94 亿美元增至 2020 年的 1443.7 亿美元，相较于 2012 年增长了 27.43%。实际使用外资主要包括对外借贷与外商直接投资两个部分。对外借贷自 2006 年以来逐年下降，其中 2012—2014 年分别为 15.78 亿美元、11.35 亿美元与 1.43 亿美元，此后均未产生对外借款；外商直接投资从 2012 年的 1117.16 亿美元增至 2020 年的 1443.7 亿美元，相较于 2012 年增长了 29.22%，年均增速为 2.5%（见图 1 – 33）。

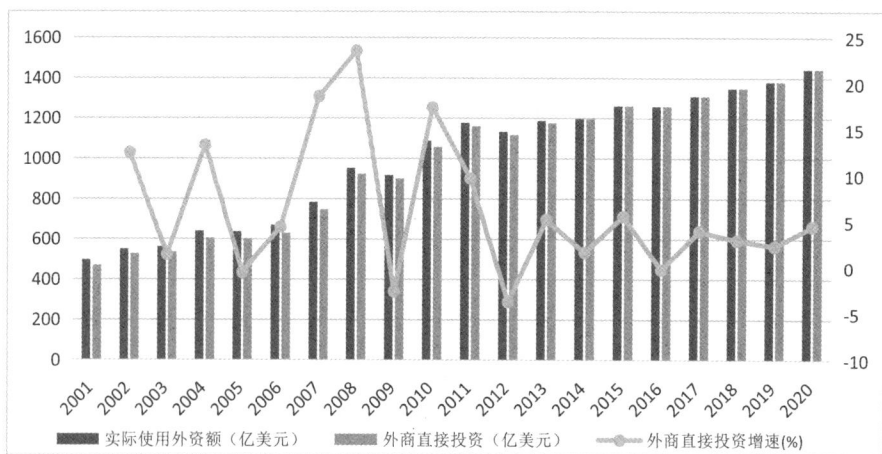

图 1 – 33　2001—2020 年中国实际使用外资的情况

数据来源：国家统计局

　　从外资企业来看,中国经济发展质量不断提升、营商环境不断优化,吸引了更多的外资企业进入中国市场。据统计,外资企业数量从 2012 年的 44.06 万家增至 2019 年的 69.72 万家,较 2012 年增幅为 58.24%,年均增速为 4.39%。从股权投资额来看,外资企业投资总额从 2012 年的 3.26 万亿美元增至 2019 年的 8.84 万亿美元,较 2012 年增幅为 171.17%,年均增速为 14.78%。具体来看,外资企业投资增速呈现"倒 V 型"变化趋势,在 2012 年至 2017 年呈现增速不断上升,由 8.95% 提升至 34.65%;此后受中美贸易摩擦、逆全球化发展以及发达国家的制造业回归政策的影响,投资增速又再次降至 2019 年的 13.72%(见图 1 - 34)。

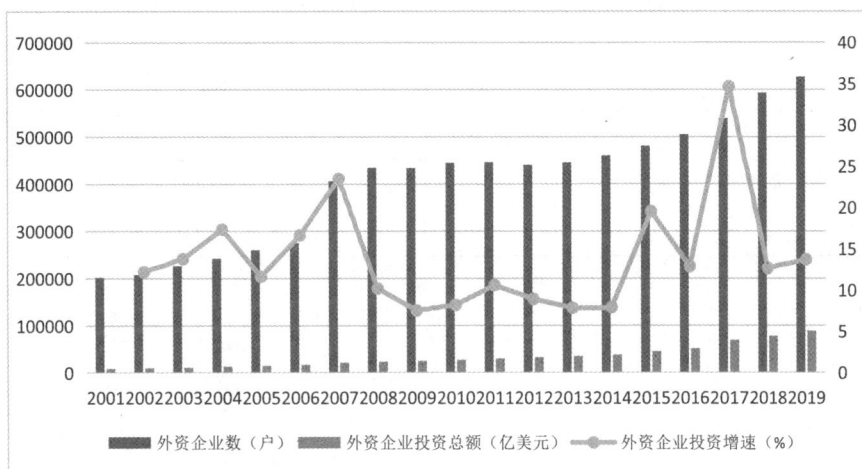

图 1 - 34　2001—2019 年中国外资企业的投资情况

数据来源:国家统计局

3. 对外投资呈现稳步增长,发展质量稳步提升

　　新时代以来,中国经济运行总体平稳,对外开放水平不断提升,在政策积极引导下有效促进了中国企业"走出去",发展质量稳步提升。这得益于

"一带一路"倡议的提出,有效推进了中国跟"一带一路"沿线国家的经贸合作与发展。据统计,中国对外投资净额从 2012 年的 878.04 亿美元增至 2019 年的 1369.08 亿美元,其中 2016 年达到历史峰值为 1961.49 亿美元,年均增速为 9.29%。根据联合国贸发会议(UNCTAD)《2020 世界投资报告》显示,2019 年全球外国直接投资流出流量 1.31 万亿美元,年末存量 34.57 万亿美元。以此为基数计算,2019 年,中国对外直接投资分别占全球当年流量、存量的 10.4% 和 6.4%,流量位列全球国家(地区)排名的第 2 位,存量列第 3 位。截至 2019 年底,中国 2.75 万家境内投资者在国(境)外共设立对外直接投资企业(以下简称"境外企业")4.4 万家,分布在全球 188 个国家(地区),年末境外企业资产总额 7.2 万亿美元(见表 1-1,图 1-35)。

表 1-1 2019 年世界主要国际的对外投资额度

	日本	中国	美国	荷兰	德国	加拿大	英国
对外投资净额(亿美元)	2266.5	1369.1	1249	1246.5	987	766	314.8
对外投资累计额(亿美元)	18181	21989	77217	25653	17194	16525	19494

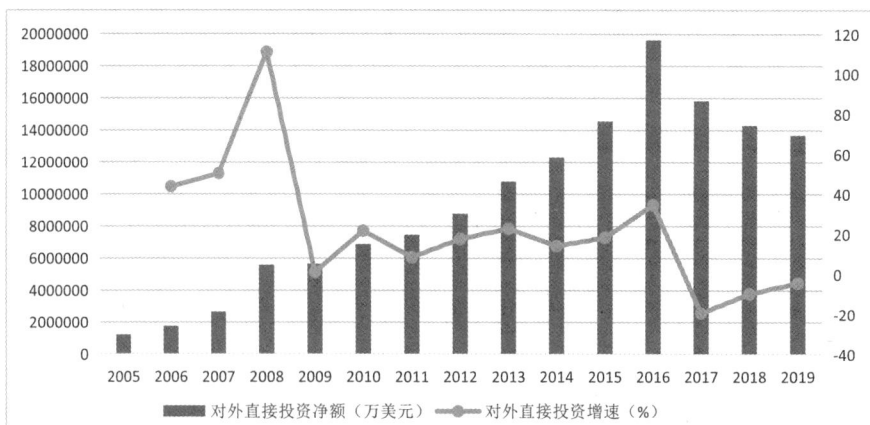

图 1-35 2005—2019 年中国对外直接投资的基本情况

数据来源:国家统计局

　　从投资去向来看,中国对外直接投资主要集中于亚洲,其次是欧洲。从2016年以来,中国对北美洲的境外投资趋于大幅减少。据统计,2019年流向欧洲的投资为105.2亿美元,同比增长59.6%,占当年对外直接投资流量的7.7%,较上年提升3.1个百分点。主要流向荷兰(38.9亿美元)、瑞典(19.2亿美元)、德国(14.6亿美元)、英国(11亿美元)、卢森堡(6.9亿美元)、瑞士(6.8亿美元)、意大利(6.5亿美元)等国家。流向亚洲的投资为1108.4亿美元,同比增长5.1%,占当年对外直接投资流量的80.9%。其中,对中国香港投资905.5亿美元,同比增长4.2%,占对亚洲投资的81.7%;对东盟10国投资130.2亿美元,同比下降4.9%,占对亚洲投资的11.8%(见图1-36)。

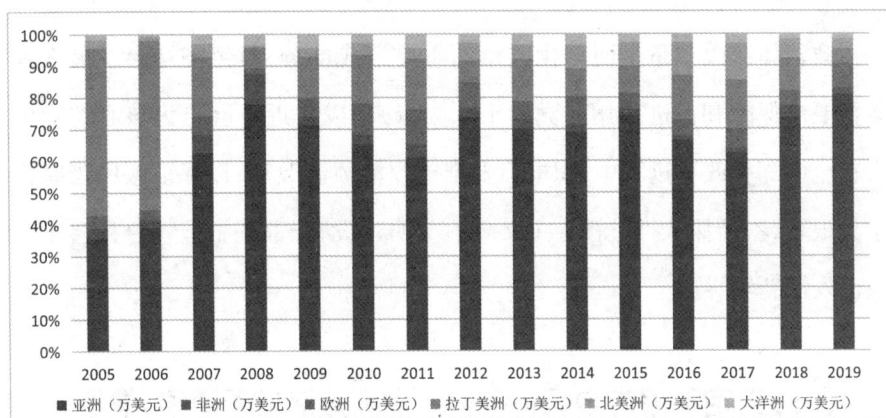

图1-36　2005—2019年中国对外直接投资的地区分布

数据来源:国家统计局

二、政治体制改革不断深入，改革主要领域取得重大突破

政治体制改革是全面深化改革的重要组成部分，对经济社会发展发挥着重要的保障和促进作用。党的十八大以来，以习近平同志为核心的党中央在全面深化改革进程中，积极稳妥推进政治体制改革，以保证人民当家作主为根本，不断深入推进社会主义政治文明建设，开辟了中国特色社会主义政治发展新境界。

（一）坚定不移走中国特色社会主义政治发展道路，推进国家治理体系和治理能力现代化

1. 中国特色社会主义政治发展道路的理论进一步升华

习近平总书记指出："中国特色社会主义政治发展道路，是近代以来中国人民长期奋斗历史逻辑、理论逻辑、实践逻辑的必然结果，是坚持党的本质属性、践行党的根本宗旨的必然要求。世界上没有完全相同的政治制度

模式,政治制度不能脱离特定社会政治条件和历史文化传统来抽象评判,不能定于一尊,不能生搬硬套外国政治制度模式。"①而坚持党的领导、人民当家作主、依法治国的有机统一是社会主义政治发展的必然要求。"党的领导是人民当家作主和依法治国的根本保证,人民当家作主是社会主义民主政治的本质特征,依法治国是党领导人民治理国家的基本方式,三者统一于我国社会主义民主政治伟大实践。"②在我国政治生活中,中国共产党是居于领导地位的。走中国特色社会主义民主政治道路,发展社会主义民主政治,关键在于坚持发挥党总揽全局、协调各方的领导核心作用。一方面,党的领导是人民当家作主的根本保证。从诞生之日起,中国共产党就以实现人民当家作主为己任,这也是党的先进性的体现和要求。成为执政党以后,党的所有主张皆体现人民的意志,并通过法定程序使其成为国家意志,从而有效保证人民当家作主。另一方面,党的领导是依法治国的根本保证。党既领导人民制定宪法法律、执行宪法法律,又自觉在宪法法律范围内活动,做到党领导立法、保证执法、带头守法。

人民当家作主是社会主义民主政治的本质特征,是坚持党的领导和依法治国的坚实基础。习近平总书记指出:"人民民主是中国共产党始终高举的旗帜。"③只有坚持人民当家作主,人民才会更加拥护和支持党的领导,才会更加自觉地在党的领导下全面推进依法治国,聚合起发展社会主义民主政治的磅礴伟力。一方面,人民当家作主是坚持党的领导的坚实基础。人民是历史的创造者,是决定党和国家前途命运的根本力量。另一方面,人民当家作主是坚持依法治国的坚实基础。人民是依法治国的主体和力量源

---

①②　习近平.决胜全面建成小康社会夺取新时代中国特色社会主义伟大胜利——在中国共产党第十九次全国代表大会上的报告[M].北京:人民出版社,2017:10.

③　习近平.在庆祝全国人民代表大会成立六十周年大会上的讲话[N].人民日报,2014-09-06.

泉。只有实现了人民当家作主,才能保证广大人民群众参与立法、执法和司法活动,监督法律的实施,确保良法善治落到实处,全面依法治国方略才能扎实推进。

党的十八大以来,以习近平同志为核心的党中央始终把法治放在党和国家工作大局中来考虑、谋划和推进,坚持将党的领导、人民当家作主、依法治国三者有机统一于我国社会主义民主政治伟大实践,鲜明地揭示了我国社会主义政治制度的本质属性,科学回答了当代中国发展什么样的民主政治、怎样发展社会主义民主政治等重大问题,为坚持党的领导和人民当家作主提供了坚强的保障。我国宪法以根本法的形式反映了党带领人民进行革命、建设、改革取得的成果,更加明确了在历史和人民选择中形成的中国共产党的领导地位。全面推进依法治国,始终坚持把法治作为治国理政的基本方式。同时,依法治国为实现人民当家作主提供了坚强法治保障,保障了人民依法享有平等参与国家政治生活的权利,从而真正实现社会主义法治为了人民、依靠人民、造福人民、保护人民。通过加强党的集中统一领导,不断改进党的领导方式和执政方式,支持人民代表大会、政府、政治协商会议和法院、检察院依法依规履行职能、开展工作、发挥作用。坚持使党的主张通过法定程序成为国家意志,善于使党组织推荐的人选通过法定程序成为国家政权机关的领导人员,善于通过国家政权机关实施党对国家和社会的领导,善于运用民主集中制原则维护党和国家权威、维护全党全国团结统一,不断提高党科学执政、民主执政、依法执政的水平,使中国特色社会主义政治发展道路的理论得到进一步完善和升华。①

2. 国家治理体系不断完善,治理能力进一步提升

在社会主义现代化的不断探索中,中国共产党始终在丰富拓展社会主

---

① 傅达林、岳智慧. 坚持党的领导人民当家作主依法治有机统一[N]. 解放军报,2018 – 01 – 22.

义现代化的内涵,逐渐认识到推进国家治理体系和治理能力现代化既是坚持和发展中国特色社会主义的必然要求,也是实现社会主义现代化的题中应有之义,要适应社会主义现代化总进程,应从各个领域推进国家治理体系和治理能力现代化。党的十八届三中全会第一次提出了"国家治理体系和治理能力现代化"概念:"全面深化改革的总目标,就是完善和发展中国特色社会主义制度、推进国家治理体系和治理能力现代化。"①党的十九大进一步提出,到 21 世纪中叶,我国物质文明、政治文明、精神文明、社会文明、生态文明将全面提升,实现国家治理体系和治理能力现代化,成为综合国力和国际影响力领先的国家。党的十八大以来,经过不断努力,我国"推动中国特色社会主义制度更加完善、国家治理体系和治理能力现代化水平明显提高,为政治稳定、经济发展、文化繁荣、民族团结、人民幸福、社会安宁、国家统一提供了有力保障"②。

党的十八大以来,党中央通过推动政府机构改革,以优化政府结构体系、改革创新行政审批制度为抓手,进一步激发、释放了行政效能,充分发挥市场在资源配置中的决定性作用。同时,通过推行全面依法治国、全面深化改革等举措,营造了良好的制度环境,推动了国家治理水平的进一步提升。

(二)坚持和完善人民当家作主制度体系,社会主义民主政治达到新高度

人民代表大会制度是符合中国国情、体现中国社会主义国家性质、保证我国人民当家作主的根本政治制度。党的十八大以来,习近平总书记就人

---

① 中国共产党第十八届中央委员会第三次全体会议公报[J].实践(党的教育版),2013(12).

② 中共中央关于坚持和完善中国特色社会主义制度 推进国家治理体系和治理能力现代化若干重大问题的决定[N].人民日报,2019-11-06.

民代表大会制度和工作发表了一系列重要讲话、作出了一系列重要指示,拓展了人民代表大会制度和我国社会主义民主政治的科学内涵、基本特征和本质要求,成为习近平新时代中国特色社会主义思想的重要组成部分,为不断完善人民代表大会制度提供了科学理论指导。全国人民代表大会及其常委会也制定了一系列重要文件,出台了一系列重大举措,人民代表大会制度实践创新取得了重大进展。①

1. 不断丰富和完善人民代表大会理论和制度

一个国家的政治制度取决于这个国家的经济社会基础,同时又反作用于这个国家的经济社会基础,乃至起到决定性作用。在一个国家的各种制度中,政治制度是关键。坚定中国特色社会主义制度自信,首先要坚定对中国特色社会主义政治制度的自信,增强走中国特色社会主义政治发展道路的信心和决心。党的十八大以来,习近平总书记在各种重要场合发表的重要讲话、重要论述和重大部署,为新的历史条件下长期坚持、全面贯彻、不断发展人民代表大会制度,推进社会主义民主政治建设,提供了科学理论指导和行动指南。习近平总书记指出:"人民代表大会制度是符合中国国情和实际、体现社会主义国家性质、保证人民当家作主、保障实现中华民族伟大复兴的好制度。"②深刻揭示了我国实行人民代表大会制度的历史必然性和重大历史意义。一个国家实行什么样的政治制度、走什么样的政治发展道路,是由这个国家的具体国情和历史文化条件决定的,必须与这个国家的国情和性质相适应。中国特色社会主义民主道路,不是中国传统政治的"再版",也不是西式民主的"翻版",而是经过反复比较、长期探索、实践验证的"原

---

① 徐振光.党的十八大以来人大制度的理论与实践创新[J].上海党史与党建,2017(10).

② 习近平.在庆祝全国人民代表大会成立六十周年大会上的讲话[N].人民日报,2014 – 09 – 06.

版"。习近平总书记指出："世界上没有完全相同的政治制度模式，政治制度不能脱离特定社会政治条件和历史文化传统来抽象评判，不能定于一尊，不能生搬硬套外国政治制度模式。"①这些论述厘清了长期存在的一些错误认识，阐明了应当如何正确看待人民代表大会制度、如何吸收和借鉴西方政治文明的有益成果。

党的十八大以来，我国坚持不断发展我国社会主义民主政治，积极稳妥推进政治体制改革，推进社会主义民主政治制度化、规范化、程序化，保证人民依法通过各种途径和形式管理国家事务。党中央、全国人大陆续出台了一系列坚持和完善人民代表大会制度、加强和改进人大工作的具体措施，立法工作、法律实施工作、监督工作、同人大代表和人民群众的联系等各项工作不断得到加强，人民代表大会制度呈现出蓬勃生机与活力。

一是宪法实施取得了新进展。进一步健全了宪法实施监督机制和程序，健全了法规、规章、规范性文件备案审查制度，健全了社会普法教育机制，通过健全制度、改进工作，推动我国宪法实施取得新进展。②

二是健全了保证宪法实施的法律制度。包括设立国家宪法日、大力弘扬宪法精神、加强宪法宣传教育等；建立了宪法宣誓制度，规定国家工作人员就职时公开进行宪法宣誓，庄严承诺忠于宪法、忠于祖国、忠于人民；实施了宪法规定的特赦制度，在中国人民抗日战争暨世界反法西斯战争胜利70周年之际，作出对部分服刑罪犯实行特赦的决定；制定了国家勋章和国家荣誉称号法，落实宪法规定的国家功勋荣誉表彰制度；制定了国歌法，同国旗法、国徽法一道，成为维护宪法确立的国家重要象征和标志的尊严。

三是创新了立法体制和机制。积极落实党的十八届三中全会"逐步增

---

①　习近平.决胜全面建成小康社会夺取新时代中国特色社会主义伟大胜利——在中国共产党第十九次全国代表大会上的报告[M].北京：人民出版社，2017.10.

②　徐振光.党的十八大以来人大制度的理论与实践创新[J].上海党史与党建，2017（10）.

加有地方立法权的较大的市数量"①,赋予所有设区的市地方立法权。十二届全国人大三次会议通过了关于修改《中华人民共和国立法法》的决定,依法赋予设区的市地方立法权,明确地方立法权限和范围,享有地方立法权的主体在原有 31 个省(自治区、直辖市)和 49 个较大的市的基础上,又增加 274 个,包括 240 个设区的市、30 个自治州和 4 个未设区的地级市,进一步完善了我国立法体制。截至 2020 年,已有 322 个设区的市享有地方立法权,5年间新赋予 273 个设区的市地方立法权。②

四是发挥立法对改革的引领推动作用。党的十八届四中全会明确提出,要"发挥立法的引领和推动作用"③。全国人大完善了授权决定和改革决定工作机制,对于和现行法律规定不一致、修改法律尚不成熟、需要先行先试的改革举措,依法作出授权决定或改革决定。十二届全国人大常委会共作出 22 件授权和改革决定,涉及国家监察体制、自由贸易试验区、农村集体土地制度、司法体制国防和军队等方面。加强了涉及改革的法律立改废释工作,对相关法律不适应改革需要的个别条款,采取统筹修改法律的方式一并作出修改。十二届全国人大常委会共审议通过 15 个统筹修改法律的决定,涉及修改法律 95 件次,同时扩大了社会参与立法的途径。④ 刚刚结束的十三届全国人大常委会第三十次会议又表决通过了个人信息保护法、监察官法、法律援助法、医师法、新修订的兵役法,修改了关于人口与计划生育法的决定。⑤

---

① 习近平. 在庆祝全国人民代表大会成立六十周年大会上的讲话[N]. 人民日报,2014 - 09 - 06.

② 立法法颁布实施 20 周年 5 年新赋予 273 个设区的市地方立法权[N]. 法治日报,2020 - 11 - 10.

③ 习近平. 关于《中共中央关于全面推进依法治国若干重大问题的决定》的说明[J]. 理论学习,2014(12).

④ 张德江. 五年来涉及修改法律 95 件次[EB/OL]. http://www.rmzxb.com.cn/c/2019 - 03 - 01/2295940.shtml.

⑤ 十三届全国人大常委会第三十次会议审议多部法律草案[N]. 人民日报,2021 - 08 - 18.

五是创新了监督工作机制。创新了预算决算审查监督机制,充实了加强人大预算决算审查监督的法律规定,推动建立全面规范透明、标准科学、约束有力的预算制度;改进审计查出突出问题整改情况向全国人大常委会报告机制;完善预算审查监督制度。2016 年,完善了预算审查前听取人大代表和社会各界意见建议机制;①2017 年,建立了国务院向全国人大常委会报告国有资产管理情况制度,提出人大预算审查监督重点向支出预算和政策拓展的指导意见,明确了国务院向全国人大常委会报告国有资产管理情况和全国人大常委会审议报告的方式和重点,明确了人大对支出预算和政策开展全口径审查和全过程监管的主要内容、主要程序和方法。② 此外,还推进了人大预算联网监督,截至 2017 年底,全国 31 个省级人大当年实现了预算联网查询,全国人大预算联网监督系统(一期)也开始上线试运行,初步实现对预算决算的全口径审查和对预算执行全过程的实时在线监督。③

六是完善了执法检查机制。习近平总书记指出:"各级人大及其常委会要担负起宪法法律赋予的监督职责,维护国家法制统一、尊严、权威,加强对'一府两院'执法、司法工作的监督,确保法律法规得到有效实施,确保行政权、审判权、检察权得到正确行使。"④全国人大常委会把保证法律严格实施作为全面推进依法治国的重要抓手,持续加强和改进执法检查工作。十二届全国人大常委会共检查 26 件法律和 1 件决定的实施情况,探索形成包括选题、组织、报告、审议、整改、反馈 6 个环节的"全链条"工作流程。一是选

---

① 全国人大常委会预算工作委员会负责人就《关于建立预算审查前听取人大代表和社会各界意见建议的机制的意见》答记者问[EB/OL]. http://www.xinhuanet.com/fortune/2017 – 03/04/c_1120569000.htm.

② 张德江. 全国人民代表大会常务委员会工作报告——二〇一七年三月八日在第十二届全国人民代表大会第五次会议上[N]. 人民日报,2017 – 03 – 19.

③ 中共中央关于建立国务院向全国人大常委会报告国有资产管理情况制度的意见[N]. 人民日报,2017 – 12 – 30.

④ 习近平. 在庆祝全国人民代表大会成立六十周年大会上的讲话[N]. 人民日报,2014 – 09 – 06.

好执法检查题目,重点抓住经济社会发展中亟须解决、人民群众普遍关心的突出问题,检查相关法律的实施情况。二是搞好执法检查组织工作,由委员长、副委员长担任执法检查组组长,带队赴地方开展检查;坚持常委会直接检查与委托地方人大开展检查相结合,扩大执法检查的覆盖面;注重深入基层了解实际情况,把问题找准、把症结查清。三是全面报告执法检查情况,提出务实有效的建议,使执法检查报告成为解决问题、完善制度的重要依据。四是认真进行审议,常委会组成人员充分发表意见、集思广益;同时选择部分执法检查项目,结合审议开展专题询问,国务院及其有关部门负责同志到会听取意见、回答询问。五是推动改进实际工作,督促"一府两院"认真研究处理常委会执法检查报告和审议意见,切实解决突出矛盾和问题;有关专门委员会进行跟踪监督。六是要求"一府两院"报告整改落实情况,常委会根据实际情况安排进行审议。6个环节形成了对法律实施情况的"全链条"监督工作流程,切实增强了人大监督工作的系统性、针对性和有效性。①

2.民主协商机制进一步完善

党的十八大首次提出"社会主义协商民主是我国人民民主的重要形式",确立了"社会主义协商民主制度"概念。② 党的十八届三中全会进一步把"推进协商民主广泛多层制度化发展"作为"加强社会主义民主政治制度建设"的重要内容。③ 中共中央印发的《关于加强社会主义协商民主建设的意见》强调,社会主义协商民主"是在中国共产党领导下,人民内部各方面围绕改革发展稳定重大问题和涉及群众切身利益的实际问题,在决策之前和

① 张德江.全国人民代表大会常务委员会工作报告——2018年3月11日在第十三届全国人民代表大会第一次会议上[N].人民日报,2018-03-25.
② 胡锦涛.坚定不移沿着中国特色社会主义道路前进 为全面建成小康社会而奋斗——在中国共产党第十八次全国代表大会上的报告[J].求是,2012(22).
③ 中国共产党第十八届中央委员会第三次全体会议公报[J].实践(党的教育版),2013(12).

决策实施之中开展广泛协商,努力形成共识的重要民主形式",并对政党协商、人大协商、政府协商、政协协商、人民团体协商、基层协商、社会组织协商等作出了重要部署。①

2015 年 9 月 23 日,党中央颁布了《中国共产党统一战线工作条例(试行)》,统一战线在协商民主中的重要作用进一步发挥。特别是在中央政协工作会议暨庆祝中国人民政治协商会议成立 70 周年大会上,习近平总书记指出:"实现民主政治的形式是丰富多彩的,不能拘泥于刻板的模式。实践充分证明,中国式民主在中国行得通、很管用。新形势下,我们必须把人民政协制度坚持好、把人民政协事业发展好,增强开展统一战线工作的责任担当,把更多的人团结在党的周围。"②习近平总书记对人民政协工作提出了一系列新要求,包括加强党对人民政协工作的领导、准确把握人民政协性质定位、发挥好人民政协专门协商机构作用、坚持和完善我国新型政党制度、广泛凝聚人心和力量、聚焦党和国家中心任务履职尽责、坚持人民政协为人民、以改革创新精神推进履职能力建设 8 个方面。按照总书记提出的要求,人民政协工作不断拓展协商民主形式,重点推进政治协商、民主监督和参政议政的制度化、规范化、程序化,人民政协作为协商民主重要渠道作用进一步强化,充分发挥了协商民主的重要载体和主阵地作用。

3. 群团组织的政治性先进性群众性进一步增强

群团事业是党的事业重要组成部分。党的十八大以来,以习近平同志为核心的党中央将群团工作提到了前所未有的战略高度,围绕群团工作、共

---

① 中共中央印发《关于加强社会主义协商民主建设的意见》[EB/OL]. http://www.gov.cn/xinwen/2015－02/09/content_2816784.htm.

② 习近平.在中央政协工作会议暨庆祝中国人民政治协商会议成立 70 周年大会上的讲话[J].中国政协,2019(18).

青团工作和青少年作了一系列深刻论述和重大部署,有效增强了群团工作的政治性先进性群众性。

党的十八大以来,全国工会立足源头把好"方向盘"、明确"路线图",围绕职工素质建设、劳动和技能竞赛、发挥劳模创新工作室作用等方面,从"顶层设计"层面出台了一系列规划和文件,为凝聚工作合力提供了强大的行动指南。2017年6月,中共中央、国务院印发《新时期产业工人队伍建设改革方案》,就产业工人队伍建设改革专门进行谋划和部署,这在我们党和国家的历史上尚属首次,意义重大而深远。全国各级工会始终瞄准"主攻点""发力点",在培育高素质劳动者,建设新时期产业工人队伍的征程上,取得了卓越的成效。①

共青团联系的广大青年是配合党完成中心任务和应对危险挑战最坚实的力量。面对环境的变化、共青团自身的局限和不足以及青年新发展三重挑战,作为中国先进青年的群团组织,共青团如何才能摒弃"机关化、行政化、贵族化、娱乐化"等诟病,不断提升共青团的社会职能,成为共青团面临的重大理论和实践问题。2016年8月,中共中央下发了《共青团中央改革方案》。该方案坚持问题导向,以保持和增强政治性、先进性、群众性为基本要求,从政治性、思想性、组织性提出了改革措施。② 各地共青团组按照要求积极开展工作,在政治上,注重加强党对共青团工作的领导,加强共青团能力提升;在思想上,积极开展"我的中国梦"等主题教育实践活动,引导青年培育和践行社会主义核心价值观,自觉抵制西方的错误意识形态思潮;在组织上,积极加强团员和团干部队伍建设,拓展基层有效覆盖面,创新工作思路。

---

① 张悦. 党的十八大以来各级工会助推职工提素建功工作纪实[EB/OL]. https://www.sohu.com/a/195894026_257321.

② 中共中央办公厅印发《共青团中央改革方案》[EB/OL]. http://www.xinhuanet.com//politics/2016－08/02/c_1119325051.htm.

特别是党的十九大以来,围绕学习宣传贯彻党的十九大精神,各级团组织集中开展报告宣讲、理论培训、知识竞赛、征文演讲等多种形式的学习教育活动,推动党的十九大精神在青年团员中入脑入心。①

党的十八大以来,各级妇联组织牢记习近平总书记的嘱托,认真履行职责,充分发挥党和政府联系妇女群众的桥梁纽带作用。广大妇女的平等权利得到有力保障,获得感幸福感进一步增强,主体作用充分发挥,男女平等基本国策的实施取得一系列重大成果。中国妇女发展取得了举世瞩目的成就,受到国际社会的广泛赞誉。中国提前完成了《联合国千年发展目标》中减少极端贫困与饥饿、消除教育中的两性差距、降低孕产妇死亡率等目标。广大妇女把自身的奋斗追求融入实现中华民族伟大复兴中国梦的新征程,在大众创业、万众创新的时代浪潮中,在精准扶贫、精准脱贫的攻坚战中,在勇攀科技高峰、建设世界科技强国的火热实践中,在维护社会和谐稳定的基层一线,在日益广阔的国际舞台,展现了"半边天"的风采,创造了"巾帼不让须眉"的光辉业绩。各级妇联积极主动作为,创新活动载体,打造工作新亮点,在城乡社区"妇女之家"广泛开展寻找"最美家庭"等活动,在党员干部中开展"树清廉家风 创最美家庭"活动,引导广大妇女和家庭成员在参与中接受道德教育,激发崇德向善的内生动力,为推动形成爱国爱家、相亲相爱、向上向善、共建共享的社会主义家庭文明新风尚贡献力量。②

---

① 构筑青年一代的强大精神支柱——五年来共青团开展青年思想引导工作综述[EB/OL].ht-tp://www.ce.cn/xwzx/gnsz/gdxw/201806/08/t20180608_29376002.shtml.

② 中共全国妇联党组.巾帼心向党 共筑中国梦——党的十八大以来妇女事业和妇女工作的重大成就.中国妇运[J].2017.11.

（三）司法体制改革积极稳妥推进，法治社会建设取得显著成效

党的十八大以来，党中央对深化司法体制改革进行了系统化顶层设计，司法管理体制改革有序推进，司法体制改革取得了突破性进展和明显成效，有力推进了我国法治社会建设。中国社会主义法律体系走向成熟，有法可依问题基本解决。

1. 司法体制顶层设计日趋完善

为保障新时期司法改革的顺利推行，党中央从组织体制和路线指引两个方面采取了一系列重大举措。

一是建立了党对司法体制改革的直接领导机制。习近平总书记在党的十九大报告中指出："中国特色社会主义进入新时代，我国社会主要矛盾已经转化为人民日益增长的美好生活需要和不平衡不充分的发展之间的矛盾。"①在不平衡不充分的发展与人民对美好生活向往的矛盾背景下，国家治理体系和治理能力亟待提升。而治理体系与治理能力的现代化有赖于司法改革的顶层设计，通过以法治能力和体系建设为战略重点，发挥执政党的赋权增能和整体均衡功能，保证改革深化到哪儿，立法工作就跟进到哪儿。2013年12月，中共中央政治局召开会议，决定成立由习近平总书记任组长的中央全面深化改革领导小组，负责改革的总体设计、统筹协调、整体推进、

---

① 决胜全面建成小康社会 夺取新时代中国特色社会主义伟大胜利——在中国共产党第十九次全国代表大会上的报告[M].北京：人民出版社，2017－10－18.

督促落实,其中司法改革是一项重要议题。① 为进一步加强党中央对法治中国建设的集中统一领导,健全党领导全面依法治国的制度和工作机制,2017年党的十九大提出成立中央全面依法治国领导小组,加强对法治中国建设的统一领导。② 2018 年 3 月,中央全面依法治国领导小组调整为中央全面依法治国委员会,负责统筹协调全面依法治国工作,研究全面依法治国重大事项、重大问题,统筹推进科学立法、严格执法、公正司法、全民守法,协调推进中国特色社会主义法治体系和社会主义法治国家建设等,为全面建成小康社会、全面深化改革、全面从严治党提供了长期稳定的法治保障。③

二是发布了深化司法体制改革的纲领性文件。党的十八届四中全会通过了《中共中央关于全面推进依法治国若干重大问题的决定》④;中央深改组第二次、第三次会议通过了《关于深化司法体制和社会体制改革的意见及贯彻实施分工方案》《关于司法体制改革试点若干问题的框架意见》和《上海市司法改革试点工作方案》等。⑤ 其中,司法责任制改革是司法改革的"牛鼻子",是引领其他改革措施的重要抓手。2014 年《关于司法体制改革试点若干问题的框架意见》出台,提出要"完善司法人员分类管理、完善司法责任制、健全司法人员职业保障、推动法院检察院省以下人财物统管"。而完善司法人员分类管理的目的在于强化司法专业化,健全司法人员职业保障和

---

①　中央全面深化改革领导小组成立 习近平任组长[EB/OL]. http://theory. people. com. cn/n/2013/1231/c40531 - 23985246. html.

②　习近平.决胜全面建成小康社会夺取新时代中国特色社会主义伟大胜利——在中国共产党第十九次全国代表大会上的报告[M].北京:人民出版社,2017.38.

③　习近平主持召开中央全面依法治国委员会第一次会议强调 加强党对全面依法治国的集中统一领导 更好发挥法治固根本稳预期利长远的保障作用[J].实践(思想理论版),2018(9).

④　中共中央关于全面推进依法治国若干重大问题的决定(2014 年 10 月 23 日中国共产党第十八届中央委员会第四次全体会议通过)[N].人民日报,2014 - 10 - 29.

⑤　陈卫东.中国司法体制改革的经验——习近平司法体制改革思想研究[J].法学研究,2017(5).

省以下人财物统管,为依法独立行使司法权提供了外部保障。①

2. 法治社会建设取得新成效

第一,开辟了中国特色社会主义法治道路。习近平总书记指出:"具体讲我国法治建设的成就,大大小小可以列举出十几条、几十条,但归结起来就是开辟了中国特色社会主义法治道路这一条。"②中国特色社会主义法治道路,是社会主义法治建设成就和经验的集中体现,是建设社会主义法治国家的唯一正确道路。这条道路的核心要义是,坚持中国共产党的领导,坚持中国特色社会主义制度,贯彻中国特色社会主义法治理论。其基本要求是,坚持中国共产党的领导,坚持人民主体地位,坚持法律面前人人平等,坚持依法治国和以德治国相结合,坚持从中国实际出发。正是由于党领导人民坚定不移走中国特色社会主义法治道路,中国法治建设才能成功克服各种风险挑战取得历史性成就,为我国改革开放和社会主义现代化建设事业提供坚强的保障。

第二,形成和完善了中国特色社会主义法律体系。党的十八大以来,习近平总书记针对全面依法治国面临的新形势新任务新要求,围绕法治建设和立法工作,提出了一系列新理念新思想,提出全面依法治国首先要有法可依,坚持立法先行,发挥立法引领和推动作用;提出全面贯彻实施宪法是建设社会主义法治国家的首要任务和基础性工作;提出实现立法和改革决策相衔接,做到重大改革于法有据、立法主动适应改革发展需要;提出完善科学立法、民主立法机制,抓住提高立法质量这个关键,使社会主义法治成为良法善治;提出健全有立法权的人大主导立法工作的体制机制,发挥人大及

---

① 《关于司法体制改革试点若干问题的框架意见》出台[EB/OL]. http://www.legaldaily. com. cn/zt/content/2014 – 06/30/content_5639330. htm? node = 70568.

② 习近平. 论坚持全面依法治国[M]. 北京:中央文献出版社,2020:12.

其常委会在立法工作中的主导作用;提出立法人员必须具有很高的思想政治素质,具备遵循规律、发扬民主、加强协调、凝聚共识的能力,为新时期加强和改进立法工作提供了重要指导。全国人大及其常委会认真贯彻落实党中央关于加强党领导立法工作的意见,及时将党的路线方针政策和重大决策部署贯彻落实到立法中,使党的主张通过法定程序上升为国家意志,成为全社会一体遵循的行为规范和活动准则。积极贯彻落实党中央确定的立法工作目标任务,科学研究制定立法规划计划,加强和改进立法工作。坚持健全重大立法项目和立法中的重大问题向党中央请示报告制度,重要法律的起草修改和立法工作中的其他重大事项,都及时向党中央请示报告,并将党中央的指示要求认真贯彻落实到立法工作中,形成了立法工作重大立法项目和重大问题向党中央请示报告的常态化、制度化机制。同时,全国人大及其常委会还在保障宪法实施方面实现了历史性突破,坚持立法主动适应改革和经济社会发展的需要,适时修改或废止不适应改革要求的法律,并将需立法解决的重大改革举措列入立法规划,与时俱进地完善了立法体制,取得了显著成效。如 2020 年制定的《民法典》,是新中国成立以来第一部以"典"命名的基础性法律,是一部体现对生命健康、财产安全、交易便利、生活幸福、人格尊严等各方面权利平等保护的治国理政的大典,为实现人民群众对良法善治的美好期待提供了法治保障。《民法典》是以习近平同志为核心的党中央推进全面依法治国的重大成果,进一步促进了我国法律体系的完善。①

第三,构建了中国共产党党内法规制度体系。中国共产党是一个高度重视党内法规制度建设的纪律严明的马克思主义政党,十分注重以铁的纪

---

① 王利明,黄文艺.中国共产党领导法治中国建设的伟大成就和成功经验[J].中国人民大学学报,2021(3).

律规矩增强凝聚力和战斗力。党的十八大以来,以习近平同志为核心的党中央明确提出治国必先治党、治党必须从严、从严必依法度,加快党内法规制定步伐,与时俱进制订出台了一大批标志性、关键性、基础性的党内法规制度,形成了一个覆盖党的领导和党的建设各方面的党内法规制度体系。从纵向上看,这个法规制度体系是由党中央制定的中央党内法规、中央纪委和中央各部门制定的部委党内法规、省级党委制定的地方党内法规、党中央授权的副省级城市和省会城市党委制定的地方党内法规等四个层次构成。从横向上看,这个法规制度体系由党的组织法规制度、党的领导法规制度、党的自身建设法规制度、党的监督保障法规制度四大制度板块构成。作为中国特色社会主义法治体系的重要组成部分,党内法规体系与国家法律体系已形成了相辅相成、相互促进、相互保障的格局。

第四,实现了马克思主义法治理论中国化的第三次历史性飞跃。马克思主义法治理论是由马克思、恩格斯创立,并在国际共产主义运动中不断发展的科学法治思想。中国共产党在领导人民探索社会主义法治的伟大实践中,坚持把马克思主义法治理论与中国实际相结合,推动马克思主义法治理论中国化实现了三次历史性飞跃。在中国特色社会主义新时代,中国共产党提出了习近平法治思想,实现了第三次历史性飞跃。习近平法治思想作为当代中国马克思主义法治思想、21 世纪马克思主义法治思想,是一个系统完备、逻辑严密、内在统一的法治理论体系,是党和国家历史上最为全面、最为系统、最为科学的法治理论体系。

第五,有力保障和促进了经济社会发展。中国共产党坚持胸怀天下论法治、立足全局谋法治、着眼整体行法治,把法治贯穿改革发展稳定、内政外交国防、治党治国治军各方面,最大限度释放法治在经济社会发展中固根本、稳预期、利长远的重要功能。进入新时代后,全面依法治国贯穿"五位一体"总体布局和"四个全面"战略布局中,有力推进了国家治理体系和治理能力现代化进程,有力促进了政治稳定、经济发展、文化繁荣、民族团结、人民幸福、社会安宁、国家统一,有力维护了经济快速发展和社会长期稳定,取得了抗击新冠肺炎疫情、消除绝对贫困等伟大成就。①

3. 司法领域公平公正进一步提升

一是推进了以审判为中心的诉讼制度改革。党的十八届四中全会明确提出要"推进以审判为中心的诉讼制度改革,确保侦查、审查起诉的案件事实经得起法律的检验"②。随后,中央深改组审议通过了《关于推进以审判为中心的刑事诉讼制度改革的意见》,对这一改革目标再次确认。最高人民法院于 2016 年颁布了《关于全面推进以审判为中心的刑事诉讼制度改革的实施意见》,从庭前准备程序、普通审理程序和证据认定规则等多个方面对刑事庭审程序提出了规范性要求。③

二是司法配套制度改革明显跟进。首先,在司法公开方面,随着 2013 年《最高人民法院裁判文书上网公布暂行办法》正式实施,中国裁判文书网上公开工作发展迅速。截至 2020 年,作为官方网络公开平台的"中国裁判文书网"已累计上传各类裁判文书 7000 多万篇。其次,在信息技术的推动下,中国司法信息化和大数据建设被提上日程,杭州、北京等地互联网法院相继成立。以国务院《关于促进大数据发展行动纲要》的出台为标志,中国司法信息化改革进入快速发展时期。党的十八届四中全会通过的《中共中央关于全面推进依法治国若干重大问题的决定》指出,改革必须与立法相衔接,

---

① 王利明、黄文艺.中国共产党领导法治中国建设的伟大成就和成功经验[J].中国人民大学学报,2021(3).
② 中国共产党第十八届中央委员会第三次全体会议公报[J].实践(党的教育版),2013(12).
③ 郑涛.中国司法改革七十年的逻辑与进路[J].哈尔滨工业大学学报(人文社科版),2020(2).

做到于法有据。① 全面深化改革以来,我们注重吸取以往改革中制度冲突引发改革停滞的教训,将改革框定在宪法法律之内,兼顾了改革的合法性和对司法规律的尊重。在加快建设社会主义法治国家的攻坚期,司法改革被认为是中国政治体制改革的重要组成部分。2019 年 2 月,以"司法体制综合配套改革"为主题的《人民法院第五个五年改革纲要(2019—2023)》发布,开启了新一轮的司法改革。

(四)行政体制改革不断深化,市场活力和社会创造力得到有效释放

党的十八大以来,以习近平同志为核心的党中央从全局出发,把转变政府职能作为深化行政体制改革的核心,把简政放权等改革作为供给侧结构性改革的重要内容,多次做出重要部署,提出明确要求。习近平总书记在党的十八届二中全会上指出,转变政府职能是深化行政体制改革的核心。"行政体制改革是推动上层建筑适应经济基础的必然要求,要深入推进政企分开、政资分开、政事分开、政社分开,健全部门职责体系,建设职能科学、结构优化、廉洁高效、人民满意的服务型政府。"②转变政府职能是行政体制改革的核心,实质是要解决政府应该做什么、不应该做什么的问题,重点是处理好政府、市场和社会的关系。党的十八届三中全会强调,经济体制改革的核心问题是处理好政府和市场的关系,使市场在资源配置中起决定性作用和更好发挥政府作用,关键是转变政府职能。③ 新一届政府成立之初,就把转

---

① 中共中央关于全面推进依法治国若干重大问题的决定(2014 年 10 月 23 日中国共产党第十八届中央委员会第四次全体会议通过)[N].人民日报,2014 - 10 - 29.

② 中国共产党第十八届中央委员会第二次全体会议公报[EB/OL]. http://cpc. people. com. cn/n/2013/0301/c64094 - 20638535. html.

③ 中国共产党第十八届中央委员会第三次全体会议公报[J].实践(党的教育版),2013(12).

变政府职能作为刀刃向内的自我革命,在"放"上下大气力,努力做好简政放权的"减法";在"管"和"服"上不断创新,努力做好监管的"加法"和服务的"乘法",逐步形成了"放管服"改革的系统工程,对经济新常态下的稳增长、促改革、调结构、保就业、惠民生、防风险发挥了积极而重大的作用。总之,"放管服"改革为破解政府职能转变中长期存在的深层次问题找到了一条新路,有效激发了市场活力和社会创造力。

1. 简政放权力度不断加大,市场活力有效释放

党的十八届三中全会以来,我国把简政放权深化行政审批制度改革作为转变政府职能部门的先手棋和当头炮,印发了一系列取消和下放行政审批事项的文件,取消了一批职业资格许可和认定,严格控制新设行政许可。取消行政审批就是对社会放权,下放则意味着由下级政府承办有关审批事项。2017年1月,国务院第三次大督查结果表明,2013年以来国务院已分9批审议通过取消和下放行政审批事项共618项。[①] 在国务院的推动下,各省市区纷纷跟进,迅速印发本地深化行政审批制度改革的相关文件,层层取消和下放行政审批事项,精简行政审批流程,在全国范围内彻底终结了非行政许可审批。突出体现为以下特点:一是以问题、需求、目标为导向,削减行政审批事项、职业资格认证、生产许可证、经营许可证和企业资质认定。二是简化整合审批内容,改进审批方式。三是提高行政放权的协同性、联动性,对跨部门、跨领域、跨地域的审批事项,相同或相近类别的要一并取消或下放,关联审批事项要全链条整体取消或下放。承接行政权力的基层政府部门在人才、经费、技术、装备等方面要确保"接得住""管得好"。四是推动规

---

① 大数据看十八大以来成就:"简政放权"篇[EB/OL]. https://www.sohu.com/a/195671738_114731.

范化行政机制建设,进一步依法行政,加强制度建设和制度创新,特别要在制度缺失的领域"补短板"。继续推进权责清单制度改革、政府信息公开和数据开放制度建设、第三方评估和政府绩效管理制度建设、行政问责制度建设。五是全面推行"双随机、一公开"监管,建立随机抽查事项清单、检查对象名录库和执法检查人员名录库,制定随机抽查工作细则"一单、两库、一细则"制度。六是加强信用监管、智能监管,运用大数据、云计算、物联网等信息技术,建立无死角一体化监管体系,建设企业信用信息"全国一张网"、市场主体诚信档案、行业黑名单制度、市场退出机制和激励惩戒机制。七是改革市场监管执法体制,推进市县两级市场监管领域综合行政执法体系建设,实现违法线索互联、监管标准互通、处理结果互认,消除监管盲点,降低执法成本。八是对"互联网 +"和分享经济等新技术、新产业、新业态、新模式,建立审慎监管模式,量身定制监管方式,推动新经济健康发展。[①]

特别是党的十九大以来,我国政府不断推进多维度、全方位、复合型推进简政放权改革,创新监管方式,以制度创新引领体制改革和职能转变,降低了行政成本,提高了工作效率。突出体现为:一是全面实行了政府权责清单制度。在政府部门"三定"规定基础上,编制和公布权责清单,进一步明确了政府职能边界。系统梳理了国务院部门权责,逐项明确行使主体、权责名称、设定依据、履责方式等内容,确保真实、准确、完整。规范各级政府部门权责事项,逐项制定完善了办事指南和运行流程图,明确每个环节的承办主体、办理标准、办理时限、监督方式等,提高行政职权运行的规范化水平。二是实施涉企经营许可事项清单管理。继续大力清理兼并多部门、多层级实施的重复审批,坚持一类事项原则上由一个部门统筹、一件事情原则上由一个部门负责,避免多头管理,严防变相审批。继续系统梳理对微观经济活动

---

① 高小平.新时代行政体制改革的基本思路[J].人民论坛,2017(S2).

的不必要干预和可以由前置审批转为事中事后监管的许可事项,该取消的全部取消。对涉企经营许可事项实行"证照分离"改革,大力推进"照后减证"、审批改备案和告知承诺制。将保留的涉企经营许可事项全部纳入清单管理,逐项列明事项名称、设定依据、审批部门等内容,清单要定期调整更新并向社会公布,清单之外不得违规限制企业进入相关领域或行业,进一步扩大了企业经营自主权。①

在 2020 年 9 月 11 日全国推进简政放权电视电话会议上,李克强指出:"深化'放管服'改革、优化营商环境,是激发市场主体活力和发展内生动力的关键之举。当前我国发展面临的国内外环境复杂严峻,加快推进相关领域改革尤为重要和紧迫。""'放管服'改革有效激发了市场主体活力,与财政、货币等宏观政策共同促进经济发展。显著的标志就是市场主体数量大幅增加。2012 年我国各类市场主体不到 6000 万户,到 2019 年底数量翻了 1 倍多、达到 1.2 亿户……在今年抗疫过程中,'放管服'改革成果发挥了重要作用,也展现出巨大发展潜力。以网络购物、快递配送等为代表的新业态,为社区群众送去了生活必需品。远程办公、线上教育等新模式,为许多人居家工作和学习提供了支撑。大数据等信息技术,为疫情精准管控、高效处置创造了条件。'无接触''不见面'等政务服务,有效维护了生产生活基本运行秩序、促进了企业复工复产……目前,我国政务服务网上可办率已超过90%,要进一步拓展'互联网＋政务服务',提供'24 小时不打烊'的在线政务服务。除法律法规有特殊规定的事项外,原则上都要做到网上全程可办。"②

①　肖捷.加快转变政府职能[N].人民日报,2020－12－03.
②　李克强.在全国深化"放管服"改革优化营商环境电视电话会议上的讲话[N].人民日报,2020－09－11.

2.政务环境进一步优化,服务水平不断提高

党的十八大以来,政府进一步加大了公共服务的力度,按照普惠性、保基本、均等化、可持续的方向,加快完善公共服务体系,进一步提高公共产品供给水平、基本公共服务均等化水平以及政府工作水平。推进综合政务大厅建设,在"两集中、两到位"的基础上,实行对企业和群众办事的"一口受理"、全程服务。逐步将实体大厅的功能向网上办事大厅延伸,打造政务服务"一张网",简化服务流程,创新服务方式。通过改革,我国的综合竞争力大幅提升,大众创业、万众创新呈现新气象。

一是大力推行"互联网 + 政务服务",实现各类服务事项预约、申报、办理、查询等全流程网上运行。各地积极探索"互联网 + 公共管理""互联网 + 公共服务""互联网 + 公共政策"的现代政府服务模式。从最初的网上信息发布、行政审批事项网上申报,到部分事项网上全流程办理,再到移动客户端网上服务,内容越来越丰富、方式越来越便捷。

二是发展综合性政务服务,把实体政务大厅、网上政务平台、移动客户端、自助终端、服务热线结合起来,解决政府服务"碎片化"问题。各地普遍设立政务大厅,服务内容不断增加,服务手段不断创新,服务效率不断提高,实现了从 1.0 到 4.0 版本的飞跃,不仅是市场主体和老百姓办事的主要平台,也成为政府联系人民群众的重要桥梁。

三是推进政务流程优化再造和政务服务标准化建设,将政府所有事项都建立内容的标准、程序的标准、管理的标准、时限的标准,提高老百姓对政府工作的预期。

四是按照人人尽责、人人享有、坚守底线、突出重点、完善制度、引导预期的原则,完善公共服务体系,保障群众基本生活,不断满足人民日益增长的美好生活需要。深化户籍制度改革,放宽城镇落户条件,提高居住证的

"含金量",保障未落户的城镇常住人口依法享有居住地教育、就业、医疗、社保等基本公共服务。出台包括促进就业创业的多项政策,鼓励以创业带动就业。

五是持续优化市场化法治化国际化营商环境。营商环境是企业生存发展的土壤。近年来我国营商环境明显改善,受到国内外广泛关注和普遍赞誉。

六是深化政务公开。政务公开的广度深度稳步拓展、制度体系日趋完备、功能作用不断增强。坚持以公开为常态、不公开为例外,通过制度安排把政务公开贯穿政务运行全过程,全面推进决策、执行、管理、服务、结果公开,以公开促落实、促规范、促服务。

七是深化行业协会、商会和中介机构改革。按照加快转变政府职能的要求,进一步厘清了政府与行业协会、商会的边界,全面推进行业协会、商会与行政机关脱钩改革,切断利益链条,鼓励行业协会、商会参与制定修订相关标准和政策文件,推动行业企业自律,维护行业企业合法权益,促进行业协会、商会自主运行、有序竞争、优化发展,使其真正成为依法自治的现代社会组织。[1]

八是推广政府和社会资本合作(PPP)模式,利用社会力量,加大购买基本公共服务的力度。[2]

3. 机构改革取得新成效,治理体系效能得到有效发挥

党的十八大以来,国务院进一步推进机构改革,取得了积极的成效。新一轮的国家机构改革视野宽、站位高,是改革开放以来一次国家机构职能体

---

[1]　肖捷.加快转变政府职能[N].人民日报,2020-12-03.

[2]　马宝成、吕洪业、王君琦、安森东.党的十八大以来政府职能转变的重要进展与未来展望[J].行政管理改革,2017(10).

系的全方位优化和重构。与以往七次机构改革的起点不同,本次机构改革不局限在国务院或者行政层面的机构改革和职能优化,而是涉及党、人大、政府、政协、司法、军队、事业单位、群团、社会组织等全方位的机构改革。这种重构,是以国家治理体系和治理能力现代化为导向,以推进国家机构职能优化协同高效为着力点,通过改革机构设置,优化职能配置,深化转职能、转方式、转作风,提高效率效能。以国务院机构改革为例,改革后的国务院正部级机构减少八个,副部级机构减少七个,新组建或重新组建自然资源部、生态环境部、农业农村部、文化和旅游部、国家卫生健康委员会、退役军人事务部、应急管理部、科学技术部、司法部、水利部、审计署;不再保留监察部、国土资源部、环境保护部、农业部、文化部、国家卫生和计划生育委员会;除国务院办公厅外,国务院设置组成部门二十六个。改革力度之大,覆盖之广,前所未有。① 本次机构改革充分体现了系统性改革、结构性优化和整体性推进。所谓系统性改革,就是从改革的顶层设计上,强调国家机构设置、职能配置的统筹性和系统性,最大限度地避免孤军深入、单打独斗式的改革和"按下葫芦浮起瓢"的现象。所谓结构性优化,就是将国家的机构职能配置作为一个整体进行重新优化配置,防止政府机构职能重叠交叉、设置不够科学、权责脱节等问题,从而提高国家机构运行效率。所谓整体性推进,是指本轮国家机构改革涉及面广,具有全局性,因此在实施过程中必须遵循分步实施、整体推进的改革策略。

4. 市场监管体系不断完善,市场经济有序运行

一是转变监管理念。2014 年 6 月国务院发布《关于促进市场公平竞争

---

① 汪玉凯. 国家机构改革的五大看点 [EB/OL]. https://baijiahao. baidu. com/s? id = 1594918780281537641&wfr = spider&for = p.

维护市场正常秩序的若干意见》,明确了简政放权、依法监管、公正透明、社会共治的市场监管改革原则,提出了加快形成权责明确、公平公正、透明高效、法治保障的市场监管格局,到 2020 年建成体制比较成熟、制度更加定型的市场监管体系改革目标。① 随着加强监管改革的不断深化,政府监管理念不断转变,监管意识不断加强,"重审批轻监管""会批不会管""对审批很迷恋、对监管很迷茫"等现象得到很大改变,审批"中梗阻"的现象得到有效遏制,为打造良好营商环境、赢得发展主动权提供了有力保障。②

二是上下联动推进监管体制机制改革。在中央层面,从机构改革和体制改革上注重加强市场监管,组建了国家食品药品监督管理总局、国家新闻出版广电总局,重组国家能源局。在地方层面,各地积极探索监管机构和监管体制改革,比较普遍的做法是整合工商、质检、食药监等职责,组建市场监督管理局,并在机构整合的基础上推进地方行政综合执法改革,完善监管体制机制。③

三是积极创新监管方式。推行"双随机、一公开"抽查机制,抽查全程留痕,责任可追溯,严格限制监管部门自由裁量权。建立了企业信息公示、经营异常名录和严重违法失信企业名单等制度,发挥信用惩戒作用,维护了市场交易安全,使"守信者一路绿灯,失信者处处受限"。推进"互联网 + 监管",运用大数据、云计算、物联网等信息技术,强化线上线下一体化监管,加快中央部门之间、地方之间、上下之间信息资源共享、互联互通,整合形成统一的市场监管信息平台,形成监管合力。④

---

① 国务院关于促进市场公平竞争维护市场正常秩序的若干意见[EB/OL]. http://www.gov. cn/zhengce/content/2014 – 07/08/content_8926. htm.

②③ 马宝成、吕洪业、王君琦、安森东. 党的十八大以来政府职能转变的重要进展与未来展望 [J]. 行政管理改革,2017(10).

④ 国务院关于在市场监管领域全面推行部门联合"双随机、一公开"监管的意见[EB/OL]. ht-tp://www. gov. cn/zhengce/content/2019 – 02/15/content_5365945. htm.

三、文化体制改革深入推进,思想文化建设取得重大进展

"文化是一个国家、一个民族的灵魂。文化兴,国运兴,文化强,民族强。"①党的十八大以来,习近平总书记高度重视文化建设工作,对事关文化建设的方向性、根本性、全局性问题进行了指导与部署,提出了"举旗帜、聚民心、育新人、兴文化、展形象"的中国特色社会主义文化建设的使命任务。②习近平总书记这些论述和部署深化了对社会主义文化建设规律的认识,集中体现了当代中国共产党人的文化观,为新时代中国特色社会主义文化建设提供了根本遵循。在习近平总书记中国特色社会主义文化的理论指引下,我国文化体制改革不断推进,思想文化建设取得了重大进展,文化事业进一步繁荣。

---

① 习近平.决胜全面建成小康社会 夺取新时代中国特色社会主义伟大胜利——在中国共产党第十九次全国代表大会上的报告[M].北京:人民出版社,2017:10.
② 习近平.论党的宣传思想工作[M].北京:中央文献出版社,2020:10.

（一）马克思主义在意识形态领域指导地位的根本制度首次加以明确

党的十八大以来，党中央对推进社会主义文化建设做出了战略部署，其中包括牢牢掌握意识形态工作领导权、培育和践行社会主义核心价值观、加强思想道德建设、繁荣发展社会主义文艺、推动文化事业和文化产业发展等。特别是在党的十九届四中全会上，习近平总书记首次提出了坚持马克思主义在意识形态领域指导地位的根本制度："坚持和完善繁荣发展社会主义先进文化的制度……要坚持马克思主义在意识形态领域指导地位的根本制度，坚持以社会主义核心价值观引领文化建设制度，健全人民文化权益保障制度，完善坚持正确导向的舆论引导工作机制，建立健全把社会效益放在首位、社会效益和经济效益相统一的文化创作生产体制机制。"①这是为国家立心、为民族铸魂、保证各项事业沿着正确轨道发展的重大理论和制度创新，关系到我国文化前进方向和发展道路，集中体现了以习近平同志为核心的党中央对社会主义文化建设规律的认识上升到一个新境界。

党的十八以来，特别是党的十九届四中全会以来，各级党委深刻把握"坚持马克思主义在意识形态领域指导地位的根本制度"的重大意义和实践要求，不断增强政治自觉和思想自觉，强化制度意识、抓好制度执行，切实把这一根本制度体现到坚持正确的政治方向、舆论导向、价值取向上，落实到工作理念、思路、举措上，为新时代坚持和发展中国特色社会主义、实现中华民族伟大复兴的中国梦提供了坚强的思想保证和强大的精神动力。

---

① 中共中央关于坚持和完善中国特色社会主义制度 推进国家治理体系和治理能力现代化若干重大问题的决定[N].人民日报,2019－11－06.

第一,建立健全落实用党的创新理论武装全党、教育人民的工作体系。全面贯彻落实习近平新时代中国特色社会主义思想,必须持续推进、不断深入,建立健全理论武装的体制机制和工作体系。党的十八大以来,各地区围绕提升工作科学化、规范化水平,不断完善学习教育、研究阐释、宣传普及等方面制度机制。突出表现为:抓好领导干部学习,完善党委(党组)理论学习中心组等各层级学习制度;丰富和创新学习内容形式,建设和用好网络学习平台,充分发挥"学习强国"学习平台的聚合和引领作用;大力推进习近平新时代中国特色社会主义思想研究中心建设,推出深度理论阐释的精品力作;持续推进科学理论大众化,建立健全精准传播、有效覆盖的工作机制。①

第二,建立健全落实"不忘初心、牢记使命"的制度。为中国人民谋幸福、为中华民族谋复兴的初心和使命,集中体现了中国共产党的性质宗旨、理想信念、奋斗目标。建立健全落实"不忘初心、牢记使命"的制度,是巩固党的领导地位和执政基础的根本保证,是坚持马克思主义在意识形态领域指导地位的必然要求。"不忘初心、牢记使命"主题教育开展以来,各地区总结运用"不忘初心、牢记使命"主题教育的成功经验和做法,以党章为根本,通过建立不忘初心、牢记使命的制度,形成长效机制。为确保持之以恒加强理论武装,完善了党员干部自学、干部教育培训、基层党组织学习、理论宣讲等制度。为巩固和拓展"不忘初心、牢记使命"主题教育成果,健全查改问题的长效机制,完善推动党中央重大决策落实机制,完善调动全党积极性主动性创造性制度,认真落实"三会一课"、党内组织生活等制度。

第三,谋划部署落实新时代马克思主义理论研究和建设工程。马克思主义理论研究和建设工程,是坚持和巩固马克思主义在意识形态领域指导地位的基础工程、战略工程。新时代以来,这一工程的成功实施对巩固马克

---

① 姜辉.坚持马克思主义在意识形态领域指导地位的根本制度[J].红旗文稿,2020(5).

思主义在意识形态领域的指导地位发挥了重要作用，积累了丰富经验，形成了有效做法。特别是加快构建了中国特色哲学社会科学，努力建设以马克思主义为指导的学科体系、学术体系、话语体系。在此基础上，各地准确把握新时代新要求，推动工程制度化，谋划部署落实新时代马克思主义理论研究和建设工程，切实把坚持以马克思主义为指导全面落实到思想理论建设、哲学社会科学研究、教育教学各方面。加强了对经典著作的编译和研究，深化了对党的基本理论、基本路线、基本方略的研究，强化了对中国特色社会主义道路、理论、制度、文化的研究。特别是强化问题意识和问题导向，加大了对重大理论问题、重大现实问题、重大实践经验的研究总结，推动了马克思主义中国化最新成果进教材、进课堂、进师生头脑，推进科学理论全面融入教育教学之中。

第四，严格落实意识形态工作责任制。党的十八大以来，习近平总书记在许多重要场合都强调："要认真落实意识形态工作责任制，纳入巡视工作安排，加强对意识形态阵地的管理，落实谁主管谁主办和属地管理，防止给错误思想观点传播提供渠道"，"宣传思想部门承担着十分重要的职责，必须守土有责、守土负责、守土尽责。"[1]党的十八大以来，中央出台了《意识形态工作责任制实施办法》《中国共产党巡视工作条例》，以党内法规形式明确了各级党委（党组）的责任，将落实意识形态工作责任制不到位等列入问题清单，上紧履职尽责的发条。

第五，强调做好意识形态工作要全党动手。习近平总书记强调："做好宣传思想工作必须全党动手。各级党委要负起政治责任和领导责任，加强对宣传思想领域重大问题的分析研判和重大战略性任务的统筹指导，不断提高领导宣传思想工作能力和水平。要树立大宣传的工作理念，动员各条

---

① 习近平.论党的宣传思想工作[M].北京:中央文献出版社,2020:10.

战线各个部门一起来做,把宣传思想工作同各个领域的行政管理、行业管理、社会管理更加紧密地结合起来。"①

第六,做好网络意识形态工作。互联网给我国政治、经济、文化、社会等观念等带来深刻变化。面对"传播快、影响大、覆盖广、社会动员能力强"的网络特点,如何加强网络意识形态建设成为一个突出问题。习近平总书记在许多重要场合都强调,"过不了互联网这一关,就过不了长期执政这一关"②,要求各级领导干部要加强互联网内容建设,深入实施网络内容建设工程,加强网络内容正面宣传,旗帜鲜明地坚持正确政治方向、舆论导向、价值取向。推进网络空间治理体系和治理能力现代化是打赢网络意识形态斗争的根本保证。党的十八大以来,随着《网络安全法》的施行,全方位立体化互联网法律体系得以构建,通过立法织牢网络安全网,确保了网络空间治理有法可依,依法治网、依法办网、依法上网,让互联网在法治的轨道上健康安全运行。同时,通过充分发挥互联网协会等行业性社会组织作用,压实了互联网企业的主体责任,发挥了行业自律覆盖全、效率高、成本低的显著优势,加强了互联网行业自律。通过建立网络综合治理体系,提高了网络综合治理能力,形成了党委领导、政府管理、企业履责、社会监督、网民自律等综合治网格局,营造了清朗的网络空间,依法依规加强网络空间治理,构建了良好网络秩序。

(二)增强文化自信,提高中华文化影响力

习近平总书记指出:"文化是一个国家、一个民族的灵魂。文化兴,国运兴,文化强,民族强,没有高度的文化自信,没有文化的繁荣兴盛,就没有中

---

① ② 习近平.论党的宣传思想工作[M].北京:中央文献出版社,2020:10.

华民族伟大复兴。"①彰显了习近平总书记对文化自信的高度重视。文化自信不是故步自封,而是在与其他文明的交流、交融中,在"讲好中国故事"的叙事背景下,在不断发展自身的基础上,加强中国特色社会主义文化自信。党的十八大以来,中国文化自信不断增强,中国文化影响力日益提高。

1. 文化自信进一步增强

"文化自信"是习近平总书记提出的"第四个自信"。中国是世界四大文明古国之一,有着灿烂辉煌的文化。鸦片战争后,中国陷入内忧外患的黑暗境地,中华民族面临"亡国灭种,瓜分豆剖"的存亡危机。当时,许多国人产生了文化自卑情绪。中国共产党成立后,领导中国人民经过浴血奋战、艰苦奋斗,最终实现了民族独立和人民解放,重振了中华民族的文化自信。特别是党的十八大以来,习近平总书记从实现中华民族伟大复兴的高度,丰富了关于文化自信的思想,引导人们树立和坚持正确的历史观、民族观、国家观、文化观,进一步坚定了对中国特色社会主义文化的自信。习近平总书记指出:"文化自信,是更基础、更广泛、更深厚的自信,是更基本、更深沉、更持久的力量。坚定中国特色社会主义道路自信、理论自信、制度自信,说到底是要坚定文化自信。坚定文化自信,是事关国运兴衰、事关文化安全、事关民族精神独立性的大问题。""坚定中国特色社会主义道路自信、理论自信、制度自信,说到底是要坚定文化自信。"②怎样坚定文化自信,习近平总书记强调,要"不忘本来、吸收外来、面向未来"③。"不忘本来",是指对中华民族历史的认知和运用。历史是最好的教科书,同历史对话,我们能够更好地认识过去、把握当下、面向未来。因此坚定文化自信,首先要从本国的历史中吸

---

①③　习近平.决胜全面建成小康社会 夺取新时代中国特色社会主义伟大胜利——在中国共产党第十九次全国代表大会上的报告[M].北京:人民出版社,2017:10.

②　习近平.坚定文化自信 建设社会主义文化强国[J].求是,2019(12).

取力量。"吸收外来",是指在与其他文明的交流互鉴中不断发展。习近平总书记强调:"一切生命有机体都需要新陈代谢,否则生命就会停止。文明也是一样,如果长期自我封闭,必将走向衰落。交流互鉴是文明发展的本质要求。只有同其他文明交流互鉴、取长补短,才能保持旺盛生命活力。文明交流互鉴应该是对等的、平等的,应该是多元的、多向的,而不应该是强制的、强迫的,不应该是单一的、单向的。我们应该以海纳百川的宽广胸怀打破文化交往的壁垒,以兼收并蓄的态度汲取其他文明的养分,促进亚洲文明在交流互鉴中共同前进。"①"面向未来",指的是要保持文化的先进性,在传承中华优秀传统文化的基础上发展社会主义先进文化,加快建设社会主义文化强国。党的十八大以来,各地区不断深入学习习近平总书记关于文化自信的重要论述、重要部署,积极行动,使得主旋律唱得更加响亮,文化自信得到进一步增强。

2. 中华文化影响力得到前所未有的提升

新时代面对百年未有之大变局,如何提高文化软实力? 习近平总书记指出:"我国综合国力和国际地位不断提升,国际社会对我国的关注前所未有,但中国在世界上的'形象',很大程度上仍是'他塑'而非'自塑'。我们在国际上有时还处于有理说不出、说了传不开的境地,存在着:信息流出流进的'逆差';中国真实形象和西方主观印象的'反差';软实力和硬实力的'落差'。"②因此党的十八大以来,中国共产党高度关注如何提高中华文化影响力、国家文化软实力。习近平总书记强调:"要注重塑造我国的国家形象,

---

① 习近平.在联合国教科文组织总部发表的讲话[EB/OL].http://politics.people.com.cn/n/2014/0328/c1024-24758504.html.

② 习近平.让全世界都能听到并听清中国声音(在党的新闻舆论工作座谈会上的讲话)[EB/OL].http://cpc.people.com.cn/xuexi/n1/2019/0110/c385474-30514168.html.

重点展示中国历史底蕴深厚、各民族多元一体、文化多样和谐的文明大国形象，政治清明、经济发展、文化繁荣、社会稳定、人民团结、山河秀美的东方大国形象，坚持和平发展、促进共同发展、维护国际公平正义、为人类作出贡献的负责任大国形象，对外更加开放、更加具有亲和力、充满希望、充满活力的社会主义大国形象。"①这为提高中国文化软实力提供了根本遵循。

为了展示中国历史底蕴深厚，突出文化的多元性，讲好中国故事，中国不断加强与其他国家的文化合作。截至 2017 年底，我国已与 157 个国家签署了文化合作协定，初步形成覆盖世界主要国家和地区的政府间文化交流与合作网络；已投入运营的海外中国文化中心 30 个、中国馆 14 个，开展各类文化活动达 4000 场次，直接受众达到 800 余万人次；"欢乐春节"等活动影响遍及全球。2012 年至 2019 年，我国先后实施了多个语种的影视译制项目，有 1600 部中国影视剧被译成了 36 种语言，登上了 100 多个国家的电视荧屏。中国国际电视总公司作为国内影视产品出口海外的主要发行机构，每年向海外销售 2 万多小时各类影视节目，有效播出覆盖 200 个国家和地区。新时代，中国日益走近世界舞台中央，国际社会对中国的关注前所未有，国家文化软实力和中华文化影响力得到了大幅提升。②

（三）积极构建社会主义核心价值观，社会凝聚力、向心力进一步增强

当代中国从站起来、富起来开始迈向强起来。人民有信仰，国家才有力量。实现中华民族伟大复兴的中国梦，必须用社会主义核心价值观来凝聚

---

①　习近平.让全世界都能听到并听清中国声音（在十八届中央政治局第十二次集体学习时的讲话）［EB/OL］.http://cpc.people.com.cn/xuexi/n1/2019/0110/c385474-30514168.html.

②　欧阳雪梅.新时代中国特色社会主义文化建设的理论与实践创新［J］.党的文献,2019(1).

共识、汇聚力量。习近平总书记指出："核心价值观是文化软实力的灵魂、文化软实力建设的重点。这是决定文化性质和方向的最深层次要素……一个国家的文化软实力，从根本上说，取决于其核心价值观的生命力、凝聚力、感召力……历史和现实都表明，构建具有强大感召力的核心价值观，关系社会和谐稳定。"①"核心价值观是一个民族赖以维系的精神纽带，是一个国家共同的思想道德基础。如果没有共同的核心价值观，一个民族、一个国家就会魂无定所、行无依归。为什么中华民族能够在几千年的历史长河中生生不息、薪火相传、顽强发展呢？很重要的一个原因，就是中华民族有一脉相承的精神追求、精神特质、精神脉络。"②党的十八大以来，以习近平同志为核心的党中央高度重视社会主义核心价值观培育和践行，作出了一系列重要决策部署，出台了《关于培育和践行社会主义核心价值观的实施意见》等指导性文件。通过理论创新、舆论宣传、教育引导、文化熏陶、实践养成、制度保障等途径，社会主义核心价值观在全社会像空气一样无处不在、无时不有，日益成为 14 亿多中国人的精神追求和自觉行动。

1. 理论创新：核心价值观培育逐渐深入人心

理论创新是培育核心价值观的认识基础。习近平总书记指出："价值观是人类在认识、改造自然和社会的过程中产生与发挥作用的。不同民族、不同国家由于其自然条件和发展历程不同，产生和形成的核心价值观也各有特点。""人类社会发展的历史表明，对一个民族、一个国家来说，最持久、最深层的力量是全社会共同认可的核心价值观……核心价值观，承载着一个

---

① 习近平在中共中央政治局第十三次集体学习时强调 把培育和弘扬社会主义核心价值观作为凝魂聚气强基固本的基础工程[N].人民日报,2014－02－26.

② 习近平.论党的宣传思想工作[M].北京:中央文献出版社,2020:10.

民族、一个国家的精神追求,体现着一个社会评判是非曲直的价值标准。"①核心价值观是一个国家和民族价值体系中最本质、最具决定作用、处于主导地位、体现社会基本价值导向的价值观念,是人们对社会价值的性质、构成、标准和评价的根本看法和态度。核心价值观是建立在一定的思想理论基础之上的。唯物史观认为,社会存在决定社会意识,有什么样的社会就会有什么样的价值观。因此一个社会和国家的核心价值观,首先是一个重大的思想任务和理论课题,需要从理论上创新和思想上破题。

党的十八大提出"社会主义核心价值观",即"倡导富强、民主、文明、和谐,倡导自由、平等、公正、法治,倡导爱国、敬业、诚信、友善"。②习近平总书记进一步说明了社会主义核心价值观提出的依据:"我们提出的社会主义核心价值观,把涉及国家、社会、公民的价值要求融为一体,既体现了社会主义本质要求,继承了中华优秀传统文化,也吸收了世界文明有益成果,体现了时代精神。"还指出了社会主义核心价值观的具体内涵:"经过反复征求意见,综合各方面认识,我们提出要倡导富强、民主、文明、和谐,倡导自由、平等、公正、法治,倡导爱国、敬业、诚信、友善,积极培育和践行社会主义核心价值观。富强、民主、文明、和谐是国家层面的价值要求,自由、平等、公正、法治是社会层面的价值要求,爱国、敬业、诚信、友善是公民层面的价值要求。"③从建设社会主义核心价值体系升华到培育和践行社会主义核心价值观,从而实现了社会主义核心价值观的理论创新和思想破题,这是中国共产党理论创新和思想自觉的又一重大成果,是价值观自信的重要体现。社会主义核心价值观的确立不仅彰显了社会主义的真理性,更彰显了社会主义

---

①③　习近平.青年要自觉践行社会主义核心价值观——在北京大学师生座谈会上的讲话[N].人民日报,2014-05-04.

②　胡锦涛.坚定不移沿着中国特色社会主义道路前进 为全面建成小康社会而奋斗——在中国共产党第十八次全国代表大会上的报告[J].求是,2012(22).

的价值性,深化了对社会主义本质的认识,从核心价值观角度回答了什么是社会主义、怎样建设社会主义,什么是中国特色社会主义道路、理论、制度和文化自信的灵魂,极大地丰富了马克思主义价值学说。习近平总书记指出:"如果没有共同的核心价值观,一个民族、一个国家就会魂无定所、行无依归……现在社会上出现的种种问题病根都在这里。这方面的问题如果得不到有效解决,改革开放和社会主义现代化建设就难以顺利推进。"[①]

2. 舆论宣传:核心价值观培育形成浓厚氛围

舆论宣传是培育核心价值观的基本路径。当前,我国正处在经济转轨和社会转型的加速期,中国特色社会主义进入发展新阶段,思想领域日趋多元多样多变,各种思潮相互交流交融交锋,各种思想观念交相并存。培育和践行社会主义核心价值观,就是在多元中立主导、在多样中谋共识、在多变中定方向,找到在全社会能够引领社会思潮、凝聚价值共识的"最大公约数",有效地引领、整合纷繁复杂的社会意识、思想观念和价值分歧。党的十八大以来,中国共产党坚持团结稳定鼓劲、正面宣传为主,弘扬主旋律,传播正能量,坚持用社会主义核心价值观引领社会思潮、凝聚社会共识,牢牢把握正确舆论导向。习近平总书记多次作出重要论述,并提出明确要求;中央政治局围绕培育和弘扬社会主义核心价值观、弘扬中华传统美德进行集体学习;党报党刊、电台电视台、都市类媒体、网络媒体实现媒体全联动、舆论全覆盖;各级党委(党组)理论学习中心组将社会主义核心价值观学习教育纳入学习计划,纳入各级党委讲师团经常性宣讲内容;社会主义核心价值观贯穿日常的形势政策宣传、成就宣传、主题宣传、典型宣传、热点引导和舆论监督中,贯穿到娱乐类、体育类节目和各类广告之中,共同奏响了培育社会

---

① 习近平. 在文艺工作座谈会上的讲话[N]. 人民日报,2014 – 10 – 15.

主义核心价值观的大合唱。社会主义核心价值观的培育运用了喜闻乐见的方式,不断增强吸引力、感染力和说服力。

3. 教育引导:核心价值观培育融入教育全过程

教育引导是培育核心价值观的主要渠道。党的十九大报告提出:"要以培养担当民族复兴大任的时代新人为着眼点,强化教育引导、实践养成、制度保障,发挥社会主义核心价值观对国民教育、精神文明创建、精神文化产品创作生产传播的引领作用,把社会主义核心价值观融入社会发展各方面,转化为人们的情感认同和行为习惯。坚持全民行动、干部带头,从家庭做起,从娃娃抓起。"[①]一个社会和国家的核心价值观的确立,不仅需要有客观的实践基础和现实基础,而且需要以真理性的认识作为前提。除了外在的社会环境影响、舆论导向作用、文化氛围熏陶、制度规范强化,核心价值观的系统教育和理论灌输也是非常重要的途径。通过价值观的教育引导,价值主体能够将外在社会崇尚的价值取向内化为自我的价值观念,形成自我的价值意识和对社会价值取向的选择认同。党的十八大以来,中国共产党坚持育人为本、德育为先,围绕立德树人的根本任务,把社会主义核心价值观融入国民教育全过程。习近平总书记针对大中小学生、教师践行社会主义核心价值观提出了明确要求。教育系统积极探索把社会主义核心价值观纳入学校课堂教学、纳入各种形式的课外活动、纳入学校日常管理之中的有效途径,切实做到进教材、进课堂、进学生头脑;针对不同年龄阶段的青少年采取了不同的教育引导方式,形成课堂教学、社会实践、校园文化多位一体的育人平台,渗透学校教育、家庭教育、社会教育的各个环节,形成了以教育为

---

① 习近平.决胜全面建成小康社会 夺取新时代中国特色社会主义伟大胜利——在中国共产党第十九次全国代表大会上的报告[M].北京:人民出版社,2017:10.

主渠道推动社会主义核心价值观培育和养成的强大力量,社会主义核心价值观正在青少年心灵中生根发芽、开花结果。

4.文化熏陶:核心价值观培育溶于润物无声

文化熏陶是培育核心价值观的无形力量。一切文化产品、文化服务和文化活动,都传递着不同的人生追求、思想境界和生活情趣,发挥着春风化雨、润物细无声的育人化人功能。任何核心价值观的培育和践行,都需要精神文化产品和文化氛围的涵育和支持。为此,习近平总书记强调,"把培育和弘扬社会主义核心价值观作为凝魂聚气强基固本的基础工程"①。党的十八大以来,中国共产党把社会主义核心价值观根植于我国优秀传统文化的重要源泉,凝结于马克思主义指导思想的价值诉求,相承于中国共产党革命、建设和改革的优良传统和精神内核,运用各类文化形式,生动具体地表现社会主义核心价值观。我们不断提升文化产品的思想品格和艺术品位,反对和抵制低俗、媚俗的文化作品,用思想性、艺术性、观赏性相统一的优秀作品,告诉人们什么是真善美、假恶丑;加强对新型文化业态、文化样式的引导,让不同类型文化产品都成为弘扬社会主义核心价值观的生动载体;加大对优秀文化产品的推广力度,开展优秀文化产品展演、展映、展播活动,经典作品阅读观看活动;完善文化产品评价体系,坚持文艺评论评奖的正确价值取向;完善公共文化服务体系,提供均等优质的文化产品,开展多姿多彩的文化活动,丰富群众精神文化生活;发挥润物细无声的涵育作用,不断使精神文化作品贴近人民、贴近生活。

---

① 习近平.把培育和弘扬社会主义核心价值观作为凝魂聚气强基固本的基础工程[N].人民日报,2014-02-26.

5.实践养成:核心价值观培育融入社会生活

实践养成是培育核心价值观的现实根基。脱离现实的生活情景和社会氛围,核心价值观将会像无根浮萍、无本之木。核心价值观蕴含着人们对人生、社会、世界等一系列重大问题的价值共识和价值认同,深刻影响着每一个社会成员的思想观念、价值取向、思维方式和行为规范,必须根植于人们的现实生活和社会环境。党的十八大以来,中国共产党高度重视和有力部署,为加强社会主义核心价值观的践行指明了努力方向,提供了重要遵循。习近平总书记先后在不同场合,面向党内外不同社会群体,特别是党员领导干部、青少年学生、人民教师等重点人群,分别提出了涉及理想信念、核心价值、思想道德等方面的分类指导要求。

实践中,积极落实习近平总书记提出的"要利用各种时机和场合,形成有利于培育和弘扬社会主义核心价值观的生活情景和社会氛围,使核心价值观的影响像空气一样无所不在、无时不有"[①],中宣部、中央文明办专门印发了《培育和践行社会主义核心价值观行动方案》,把社会主义核心价值观要求融入各种精神文明创建活动之中,形成了有利于培育和弘扬社会主义核心价值观的生活情景和社会氛围。注重把核心价值观与人们日常生活紧密联系起来,切实把社会主义核心价值观体现到社会生活的方方面面。把社会主义核心价值观真正日常化、具体化、形象化、生活化,使每个人都能感知它、领悟它,内化为精神追求,外化为实际行动,注重落细落小。按照习近平总书记提出的"要切实把社会主义核心价值观贯穿于社会生活方方面面。要通过教育引导、舆论宣传、文化熏陶、实践养成、制度保障等,使社会主义

[①]　习近平.把培育和弘扬社会主义核心价值观作为凝魂聚气强基固本的基础工程[N].人民日报,2014-02-26.

核心价值观内化为人们的精神追求,外化为人们的自觉行动"①的要求,实践中,一系列以弘扬社会主义核心价值观为主题的活动纷纷展开,一个个可亲、可敬、可学的榜样营造了见贤思齐、崇德向善的社会氛围。特别是通过传统节日、倡导优良家风、培育乡贤文化等,将社会主义核心价值观渗透到各个环节、浸润于方方面面,使之如春风化雨,成为百姓自觉遵守,自觉践行的行为准则。

6. 制度保障:核心价值观培育融入制度建设

制度保障是培育核心价值观的强化力量。社会主义核心价值观与社会主义的政治、经济、文化、社会等各方面的制度安排与体制机制设计密不可分。习近平总书记指出:"要发挥政策导向作用,使经济、政治、文化、社会等方方面面政策都有利于社会主义核心价值观的培育。""要用法律来推动核心价值观建设。各种社会管理要承担起倡导社会主义核心价值观的责任,注重在日常管理中体现价值导向,使符合核心价值观的行为得到鼓励、违背核心价值观的行为受到制约。"②核心价值观的培育和践行,既需要教育教化、自我内化的作用力,又需要制度强化、行为固化的作用力,需要自律与他律、德治与法治的有机结合。中国共产党将核心价值观要求融入经济、政治、文化、社会、生态等各项基本制度,融入国家制定的法律法规和各项方针政策,为核心价值观的培育和践行提供了强有力的制度保障。同时,习近平总书记还指出,"把社会主义核心价值观的要求体现到宪法法律、行政法规、部门规章和公共政策中"③。党的十八大以来,以习近平同志为核心的党中央坚持一手抓法治、一手抓德治,既重视发挥法律的规范作用,又重视发挥

①② 习近平.把培育和弘扬社会主义核心价值观作为凝魂聚气强基固本的基础工程[N].人民日报,2014-02-26.

③ 习近平.以自我革命精神推进改革[N].人民日报,2016-10-12.

道德的教化作用,实现法律和道德相辅相成、法治和德治相得益彰。通过运用法律权威,增强了人们培育和践行核心价值观的自觉性,形成了弘扬核心价值观的良好制度导向、利益机制和社会环境。为将社会主义核心价值观贯彻到依法治国、依法执政、依法行政的实践中,中央印发了《关于进一步把社会主义核心价值观融入法治建设的指导意见》和《关于推进诚信建设制度化的意见》,为把社会主义核心价值观落实到立法、执法、司法、普法和依法治理各个方面提供了制度依据。同时健全了各行各业规章制度,完善了市民公约、乡规民约、学生守则等行为准则,使社会主义核心价值观成为人们日常工作生活的基本遵循。社会主义核心价值观凝结了中华传统价值观的精髓,体现了社会主义的价值本质,吸收借鉴了人类文明的优秀成果,成为国家制度安排和运行机制的灵魂。

(四)中华优秀传统文化在新时代实现创新性发展

1.中华优秀传统文化的传承和弘扬得到重视

博大精深的中华优秀传统文化是中国在世界文化激荡中站稳脚跟的根基。习近平总书记指出:"中华优秀传统文化是我们最深厚的文化软实力,也是中国特色社会主义植根的文化沃土。"①党的十八大以来,围绕传承和弘扬中华优秀传统文化,习近平总书记发表了一系列重要论述,特别强调了四个"讲清楚",即"讲清楚每个国家和民族的历史传统、文化积淀、基本国情不同,其发展道路必然有着自己的特色;讲清楚中华文化积淀着中华民族最深沉的精神追求,是中华民族生生不息、发展壮大的丰厚滋养;讲清楚中华优

---

① 习近平.论党的宣传思想工作[M].北京:中央文献出版社,2020:10.

秀传统文化是中华民族的突出优势,是我们最深厚的文化软实力;讲清楚中国特色社会主义植根于中华文化沃土、反映中国人民意愿、适应中国和时代发展进步要求,有着深厚历史渊源和广泛现实基础"①。习近平总书记要求:"要对传统文化进行科学分析,对有益的东西、好的东西予以继承和发扬,对负面的、不好的东西加以抵御和克服,取其精华、去其糟粕,而不能采取全盘接受或者全盘抛弃的绝对主义态度。"②

中华文明是世界文明史上唯一的连续性文明。五千年的连续发展是中华文明的重要特征。中华文明具有如此长久的连续性,表明中华民族的历史发展必有一伟大的力量寓于其中。中华优秀传统文化和其所滋养的中华民族的民族精神赋予了中华民族伟大的生命力和凝聚力。党的十八大以来,中国共产党前所未有地高度重视传承发展中华优秀文化,坚定文化自信,担当起实现中华民族伟大复兴的历史使命,使中华优秀传统文化实现创造性转化、创新性发展。

2. 中华优秀文化的创造性转化不断创新

党的十八大以来,以习近平同志为核心的党中央对文化传承与遗产保护的理念与实践有了重大发展,相关法律法规逐步完善,全社会保护意识显著增强,保护的综合效益日益显现,为世界遗产贡献了更多中国文化资源。习近平总书记指出:"各级党委和政府要增强对历史文物的敬畏之心,树立保护文物也是政绩的科学理念。"而且痛斥了"拆真古迹、建假古董"的愚蠢

---

① 习近平.在十八届中央政治局第十三次集体学习时的讲话[EB/OL].http://www.gov.cn/ldhd/2014-02/25/content_2621669.htm.

② 习近平.牢记历史经验历史教训历史警示 为国家治理能力现代化提供有益借鉴[N].人民日报,2014-10-14.

行为。① 为此,国家有关部门对文化遗产的保护与传承进行顶层设计、分类指导,出台了一系列文件,加大了文化遗产保护力度。如抢救保护濒危文物,实施馆藏文物修复计划,实施革命文物保护利用工程,加强新型城镇化和乡村振兴中的文物保护,使历史文化名城、名镇、名村、名人故居保护和城市特色风貌、红色文化资源管理得到切实加强,等等。近年来,我国完成了全国可移动文物普查、革命文物摸底调查,并进一步拓展了文化遗产管理的分支领域,延伸了文化遗产管理的时空范畴,先后加强了对传统节日、工业遗产、老字号遗产、大运河遗产、20世纪遗产、文化线路遗产、农业文化遗产、南海丝路文化遗产、抗战文物、一带一路文化遗产和儒学遗产等的专项管理,并由文化遗产本体管理延伸到对周边环境和文化生态的整体管理。文化遗产的历史、艺术、科学价值受到高度重视。尤其是以"舌尖上的中国""中国诗词大会""朗读者""致我们正在消逝的文化印记""我在故宫修文物""国宝档案""国家宝藏""经典咏流传"等为代表的文创节目,创新了文化传播形式,让文物走近寻常百姓,让经典焕发新的光彩,加深了民众对中华传统文化的认知,增强了人民的文化自觉与自信。

(五)文化事业不断繁荣,文化产业实现社会效益与经济效益相统一

1.文化事业不断繁荣,进一步满足了人民群众的精神需求

习近平总书记指出,"满足人民过上美好生活的新期待,必须提供丰富

---

① 习近平.在中央城市工作会议上的讲话[EB/OL].http://www.xinhuanet.com//politics/2015 -12/22/c_128556772.htm.

的精神食粮"①。党的十八大以来,随着文化体制改革的不断深化,极大解放和发展了文化生产力,文化事业繁荣兴盛,公共文化投入力度持续加大,公共文化服务设施不断完善,服务能力和服务水平明显提升。具体表现为:

第一,文化投入力度明显加大,2020 年文化事业投入达到了 1088.26 亿元,是 2012 的 2.27 倍。文化服务设施不断完善,我国公共文化设施建设取得长足进步,2020 年底全国共有公共图书馆 3212 个,比 2012 有了大幅度的提升。其中,全国各级各类国有博物馆、纪念馆、美术馆、有条件的爱国主义教育基地等逐步实行优惠或者免费开放。全国文化、文物系统博物馆、纪念馆向社会免费开放,为丰富群众文化活动提供了有力支撑。②

第二,广播影视制播能力显著增强。党的十八大以来,我国充分利用传统媒体优势,积极发展视听新媒体,逐步发展为具有电台、电视台、报刊、网络广播电视和移动多媒体广播电视等多种媒体构成的传播新格局,拥有无线、有线、卫星、互联网等多种传输覆盖手段构成的现代化广播电视传输覆盖网。一是传媒规模不断扩展。2020 年底,全国共有各级广播电台播出机构 2543 个,目前我国的广播影视规模已跃居世界前列。二是覆盖范围显著扩大。2020 年底,全国广播、电视节目综合人口覆盖率达到 99.38% 和 99.59%,比 2012 年底提高了 1.84 和 1.39 个百分点;有线广播电视服务人群持续扩大。2020 年全国有线广播电视实际用户中,全国有线电视实际用户数 2.07 亿,高清和超高清用户突破 1 亿,智能终端用户 2985 万,同比增长 25.16%。有线电视双向数字实际用户数 9551 万,同比增长 37.58%,高清超高清视频点播用户 3638 万,占点播用户的比例达到 93.5%。全国交互式

① 习近平.决胜全面建成小康社会 夺取新时代中国特色社会主义伟大胜利——在中国共产党第十九次全国代表大会上的报告[M].北京:人民出版社,2017.10.
② 中华人民共和国文化和旅游部 2020 年文化和旅游发展统计公报[N].中国文化报,2021-07-05.

网络电视（IPTV）用户超过 3 亿,短视频上传用户超过 5 亿。三是播出能力日益增强。1978 年全国仅有 93 个广播电台,年播音约 7.7 万小时;仅有 32 个电视台,年播出约 1600 小时。而截至 2020 年底,全国开展广播电视和网络视听业务的机构约 4.8 万家,其中广播电台、电视台、广播电视台等播出机构 2543 家,从事广播电视节目制作经营机构约 3.7 万家。2020 年全国制作广播节目时间 821.04 万小时,播出时间 1580.72 万小时。① 特别是 2013—2018 年间,播音、播出时长年均增长速度分别达到 2.2% 和 2.1%,广播、电视节目播出时间大幅增加,艺术精品纷呈,品牌优势凸显,节目形态、样式日益丰富,较好地满足了人民群众对节目形态多样化的需求。②

第三,新闻出版繁荣发展。党的十八大以来,新闻出版业紧紧围绕弘扬社会主义主旋律出版了大批优秀出版物,较好地满足了人民群众日益增长的多方面、多层次的精神文化需要。2020 年,出版各类报纸 277 亿份,各类期刊 20 亿册,图书 101 亿册（张）。③ 新闻出版业日趋规范化和精细化,紧紧围绕习近平同志为核心的党中央治国理政新理念新思想新战略、中国特色社会主义和中华民族伟大复兴中国梦、经济发展新常态和供给侧结构性改革、社会主义核心价值观等方面,出版了一大批广受读者欢迎的优秀出版物。

第四,文化遗产保护成效突出。2020 年末,全国共有各类文物机构11314 个,比 2019 年末增加 752 个,全国文物机构从业人员共 17.57 万人,特别是 2013—2018 年间这两项数字的年均增速分别为 8.8% 和 4.5%。截至2021 年 8 月,我国世界遗产总数已达到 56 项,居世界第一位,全国国家级非

① 2020 年全国广播电视行业统计公报［EB/OL］. http://gbdsj.gd.gov.cn/zxzx/hydt/content/.html.
② 文化事业繁荣兴盛 文化产业快速发展——新中国成立 70 周年经济社会发展成就系列报告之八［EB/OL］. https://baijiahao.baidu.com/s? id = 1640104657914941364&wfr = spider&for = pc.
③ 中华人民共和国 2020 年国民经济和社会发展统计公报［N］. 人民日报,2021 – 03 – 01.

遗名录代表性项目共计有 1570 项,涉及 3284 个子项和保护单位,入选联合国教科文组织人类非物质文化遗产代表作名录的项目总数达 42 个,是目前拥有世界非物质文化遗产数量最多的国家。①

2. 文化产业不断发展,实现社会效益与经济效益相统一

2014 年,《国务院关于推进文化创意和设计服务与相关产业融合发展的若干意见》公布。② 其中,提出数字创意产业高速发展,涌现了大批平台型、内容型、服务型、技术型公司,形成了文化信息传输服务业、文化艺术服务业、文化休闲娱乐服务业三个行业。与文化发展新形势相适应,2018 年 3月,文化部和旅游部合并,以统筹文化事业、文化产业发展和旅游资源开发,用文化的理念发展旅游,用旅游的方式传播文化。在重视文化产业的经济属性的同时,注重坚守文化产业的文化属性、社会属性和意识形态属性,把社会效益放在首位,倡导讲品位、讲格调、讲责任,抵制低俗、庸俗、媚俗,实现经济利益与社会效益相统一。2012 年以来,我国 50% 以上的文化类消费发生在文化信息传输服务业。动漫游戏、数字音乐、数字电影、网络视频、移动多媒体电视、公共视听载体、数字出版等新兴文化产业迅速崛起,拓宽了文化产业的领域。在文化产业系列改革的推动下,中国文化产业增加值及其占国民生产总值的比重不断提高。特别是党的十八以来,我国文化产业进入快速发展的新时期。具体表现为:

第一,文化经济总量明显增加。从 2012 年到 2019 年,文化产业增加值由 1.81 万亿元增加到 4.4363 万亿元,年均增速达到 13.7% ,占国民生产总

---

① 中华人民共和国文化和旅游部 2020 年文化和旅游发展统计公报[N]. 中国文化报,2021 - 07 - 05.

② 国务院关于推进文化创意和设计服务与相关产业融合发展的若干意见[N]. 中国文化报,2014 - 03 - 17.

值的比重从 3.48% 提高到 4.5%。其中,文化服务业增加值为 28121 亿元,占文化及相关产业增加值的比重为 63.4%,比上年提高 3.1 个百分点;文化制造业增加值为 11899 亿元,占比为 26.8%,比上年降低 2.3 个百分点;文化批发和零售业增加 4342 亿元,占比为 9.8%,比上年降低 0.8 个百分点。①

第二,文化市场繁荣发展。2020 年末,全国共有艺术表演团体 17581 个,从业人员 43.69 万人,同比增加 2.44 万人。特别是新冠肺炎疫情暴发后,文化和旅游部第一时间在"中国艺术头条"微信公众号推出"艺术战‘疫’"专栏,共发布 30 期 291 件艺术作品,阅读量近两亿人次,带动了全国文艺界以"艺"战"疫"的热潮。2020 年全年全国艺术表演团体共演出 225.61 万场,国内观众 8.93 亿人次,演出收入达到 86.63 亿元,2020 年全年全国文化和旅游部门所属艺术表演团体共组织政府采购公益演出 13.38 万场,观众 0.86 亿人次。总体来看,与 2012 年相比,近年来演艺市场规模呈现井喷式增长。②

第三,文化新业态发展势头强劲。文化产品和服务的生产、传播、消费的数字化、网络化进程加快,数字内容、动漫游戏、视频直播、视听载体、手机出版等基于互联网和移动互联网的新兴文化业态成为文化产业发展的新动能和新增长点。2016 年、2017 年,全国规模以上文化信息传输服务业营业收入分别增长 30.3% 和 34.6%,文化创意和设计服务业营业收入均增长 8.6%。特别是 2020 年上半年,文化新业态特征较为明显的 16 个行业小类比上年同期增长 18.2%,增速比一季度提高 2.7 个百分点;移动互联网累计流量达 745 亿 GB,同比增长 34.5%。其中,短视频领域、电商直播领域、网

---

① 国家统计局.2019 年全国文化及相关产业增加值占 GDP 比重为 4.5%[N].中国信息报,2021 – 01 – 05.

② 中华人民共和国文化和旅游部 2020 年文化和旅游发展统计公报[N].中国文化报,2021 – 07 – 05.

络游戏领域增长迅速;云音乐、云录制、云展览、云旅游等新业态蓬勃发展;各类文化数字科技产品与服务涌现。这说明,文化新业态已成为引领和示范文化产业发展的重要力量。①

---

① 北京大学文化产业研究院. 中国文化产业发展报告 (2021) [EB/OL]. https://baijiahao. baidu. com/s? id = 1690775015575240958&wfr = spider&for = p.

四、社会体制改革紧紧围绕保障和改善民生，人民获得感显著增强

党的十八大提出了推进中国特色社会主义事业"五位一体"的总体布局。党的十九大报告做出新部署，在社会建设方面，强调"坚持在发展中保障和改善民生"，"在幼有所育、学有所教、劳有所得、病有所医、老有所养、住有所居、弱有所扶上不断取得新进展，保证全体人民在共建共享发展中有更多获得感"。① 党的十八大以来，以习近平同志为核心的党中央，始终坚持以人民为中心的发展思想，坚持把实现好、维护好、发展好最广大人民根本利益作为发展的出发点和落脚点，按照"四个全面"战略布局，把"人民对美好生活的向往"作为奋斗目标，把民生建设与全面建成小康社会、实现中华民族伟大复兴的中国梦有机统一起来，加强顶层设计，明确工作思路，健全基本公共服务体系，推出了精准扶贫、公立医院改革、城乡养老并轨等一系列社会体制改革措施，推进了民生建设向纵深领域发展，使居民收入和就业稳

---

① 习近平.决胜全面建成小康社会 夺取新时代中国特色社会主义伟大胜利——在中国共产党第十九次全国代表大会上的报告[M].北京:人民出版社,2017:23.

步增长、医疗社会保障水平提高、教育和公共服务日趋公平公正,始终保持社会建设的速度、力度与经济社会发展的水平、质量相适应,使发展成果更多更公平地惠及全体人民,把以民生为重点的社会建设推进到新阶段。

社会体制改革是一个复杂的系统工程,也是一个不断探索的历史实践进程。

习近平总书记指出,"保障和改善民生是一项长期工作,没有终点站,只有连续不断的新起点"①。我国社会体制改革紧紧围绕着民生保障,让老百姓"期盼有更好的教育、更稳定的工作、更满意的收入、更可靠的社会保障、更高水平的医疗卫生服务、更舒适的居住条件、更优美的环境、更丰富的精神文化生活"有了更凝练的表述,更深层次地印证了"让人民过上好日子,是我们一切工作的出发点和落脚点。我们将坚持在发展中保障和改善民生,不断满足人民日益增长的美好生活需要,不断促进社会公平正义,使人民获得感、幸福感、安全感更加完善、更有保障、更可持续"②。

(一)居民收入水平不断提高,人民生活质量全面提升

改革开放以来,中国共产党不断推进社会体制改革,坚持完善按劳分配为主体、多种分配方式并存的基本分配制度,提高劳动报酬在初次分配中的比重,完善工资制度,健全工资合理增长机制,着力提高低收入群体收入,扩大中等收入群体,不断提高人民收入水平。

---

① 习近平总书记在江西调研考察时的讲话(2016 年 2 月 1 日—3 日)[N].人民日报,2016 -02 - 04.

② 习近平总书记在亚太经合组织工商领导人峰会上的主旨演讲(2017 年 11 月 10 日)[EB/OL].http://cpc.people.com.cn/n1/2017/1111/c64094 -29639925.html

1. 居民收入水平持续较快提高

党的十八大以来,我国居民收入水平不断提高。根据国家统计局公布资料显示,2019 年,全国居民人均可支配收入达 30733 元,首次跨入 3 万元大关,是 2010 年的 2.45 倍。按可比价格看,2011 年至 2019 年,全国居民人均可支配收入 9 年累计实际增长 96.6%,全体居民收入比 2010 年翻一番的目标接近完成。[①]《中华人民共和国 2020 年国民经济和社会发展统计公报》资料显示,2020 年,面对新冠肺炎疫情,我国各级政府坚持在发展中保障和改善民生,强化就业优先政策,千方百计增加城乡居民收入,使居民收入同步增长。随着经济恢复、就业增加,居民收入延续恢复性增长势头。我国 2020 年全国居民人均可支配收入 32189 元,比 2019 年增长 4.7%。同时,全国居民人均可支配收入达到 27540 元,比 2019 年增长 3.8%。[②]

2. 居民消费支出结构更加合理

随着居民收入的持续较快增长,居民消费水平不断提高。2019 年,全国居民人均消费支出 21559 元,首次迈过 2 万元大关,比 2012 年增长 78.9%,年均增长 8.7%。农村居民消费支出增速快于城镇居民。从居民消费结构看,恩格尔系数显著下降,2019 年的全国居民恩格尔系数为 28.2%,比 2000年下降 14 个百分点。2020 年,虽然受新冠肺炎疫情影响,但全国居民人均消费支出仍然达到 21210 元。我国居民消费结构更加均衡、健康。现代化通信工具逐渐进入居民家庭,居民交通出行更加便捷,医疗保健水平不断提

[①] 方晓丹. 从居民收支看全面建成小康社会成就[EB/OL]. http://www.stats.gov.cn/tjsj/sjjd/202007/t20200727_1778643.html.

[②] 国家统计局. 中华人民共和国 2020 年国民经济和社会发展统计公报[EB/OL]. http://www.stats.gov.cn/tjsj/zxfb/202102/t20210227_1814154.html.

高,居住条件显著改善。2019 年城镇居民人均住房建筑面积为 39.8 平方米,比 2002 年增长 62.1% ;农村居民人均住房建筑面积为 48.9 平方米,比 2000 年增长 97.2% 。2020 年末,我国私人汽车保有量 24393 万辆,比 2019 年增加 1758 万辆。我国有线电视实际用户 2.1 亿户,其中有线数字电视实际用户 2.01 亿户。①

3.建立多层次住房体系,实现住有所居

党的十八大以来,以习近平同志为核心的党中央坚持"房子是用来住的、不是用来炒的"定位,完善住房市场体系和住房保障体系,加快建立多主体供给、多渠道保障、租购并举的住房制度,不断完善住房市场体系和住房保障体系,居民住房条件有了显著改善。一是城乡居民住房水平明显提高。2019 年,城镇居民人均住房建筑面积达到 39.8 平方米,农村居民人均住房建筑面积达到 48.9 平方米。新建住房质量不断提高,住房功能和配套设施逐步完善。二是建成世界最大住房保障体系。"十三五"期间,全国棚改累计开工超过 2300 万套,帮助 5000 多万居民搬出棚户区住进楼房。截至 2019 年底,3800 多万困难群众住进公租房,累计近 2200 万困难群众领取了租赁补贴,低保、低收入住房困难家庭基本实现应保尽保,中等偏下收入家庭住房条件得到有效改善。大力发展小户型、低租金的政策性租赁住房,加快解决新市民住房问题。三是房地产市场保持平稳健康发展,基本实现"稳地价、稳房价、稳预期"目标。坚持分类调控,因城因地施策,综合运用金融、土地、财税、投资、立法等手段,建立符合国情、适应市场规律的基础性制度和长效机制,促进房地产市场平稳健康发展。加快发展住房租赁市场,多措

---

① 国家统计局. 中华人民共和国 2020 年国民经济和社会发展统计公报[EB/OL]. http://www. stats. gov. cn/tjsj/zxfb/202102/t20210227_1814154. html.

施增加租赁住房供应,为人民群众提供更加便捷高效的住房租赁服务。四是城镇老旧小区改造全面推进。以 2000 年前建成的住宅小区为重点,着力改造提升水电路气信等基础设施,发展养老、托育、助餐等服务,切实改善群众居住条件和生活环境。2019 和 2020 年共安排中央补助资金 1400 多亿元,支持各地改造城镇老旧小区 5.8 万个,惠及居民约 1043 万户。①

(二)教育体制改革不断深化,建成了世界上最大规模的教育体系

习近平总书记在党的十九大报告中指出:"建设教育强国是中华民族伟大复兴的基础工程,必须把教育事业放在优先位置,深化教育改革,加快教育现代化,办好人民满意的教育。"②教育强则国家强,教育兴则民族兴。教育不仅关乎个体发展、家庭幸福,而且关乎国家强盛、民族复兴。党的十八大以来,在以习近平同志为核心的党中央坚强领导下,从新时代坚持和发展中国特色社会主义的战略高度作出重大部署,优先发展教育事业,加快教育现代化,我国教育改革取得显著成就,教育事业迈上新的台阶,总体发展水平进入世界中上行列,人力资源强国建设加快推进,为提高全民族素质、实施创新驱动发展战略、全面建成社会主义现代化强国做出了重要贡献。

1. 加强教育顶层设计,教育体制改革不断深化

党的十八大以来,我国教育改革全面推进,教育结构调整优化,与经济

---

① 住房和城乡建设事业发展成就显著(人民要论・"十三五"辉煌成就・住房和城乡建设)[EB/OL]. http://www. mohurd. gov. cn/jsbfld/202010/t20201023_247686. html.

② 习近平. 决胜全面建成小康社会 夺取新时代中国特色社会主义伟大胜利——在中国共产党第十九次全国代表大会上的报告[M]. 北京:人民出版社,2017:45.

社会发展的适应性不断增强,一些关键领域取得突破。党的十八届三中全会审议通过的《中共中央关于全面深化改革若干重大问题的决定》,明确提出要深化教育领域综合改革,并就全面贯彻党的教育方针、大力促进教育公平、推进考试招生制度改革、深入推进管办评分离等作出决策部署。① 此后,陆续出台了《乡村教师支持计划(2015—2020 年)》《关于深化教育体制机制改革的意见》《统筹推进世界一流大学和一流学科建设总体方案》《关于统筹推进城乡义务教育一体化改革发展的若干意见》《关于全面深化新时代教师队伍建设改革的意见》《关于规范校外培训机构发展的意见》《关于学前教育深化改革规范发展的若干意见》《现代职业教育体系建设规划》《国务院关于加快发展现代职业教育的决定》《关于坚持和完善普通高等学校党委领导下的校长负责制的实施意见》等一系列政策,进行了务实精准的顶层设计,直指改革的难点,学生全面发展得到促进,教育质量稳步提升。特别是 2017 年 4 月,中央全面深化改革领导小组第十一次会议审议通过了《乡村教师支持计划(2015—2020 年)》,提出了全面提高乡村教师思想政治素质和师德水平、拓展乡村教师补充渠道、提高乡村教师生活待遇、统一城乡教职工编制标准、职称(职务)评聘向乡村学校倾斜、推动城镇优秀教师向乡村学校流动、全面提升乡村教师能力素质、建立乡村教师荣誉制度八条举措。2017 年 5 月,中央全面深化改革领导小组第二十四次会议审议通过了《关于统筹推进城乡义务教育一体化改革发展的若干意见》,提出"统筹推进县域内城乡义务教育一体化发展,对缩小城乡教育差距、促进教育公平具有重要意义"②。

---

① 习近平.关于《中共中央关于全面深化改革若干重大问题的决定》的说明[EB/OL]. http://cpc. people. com. cn/n/2013/1116/c64094-23561783. html.

② 习近平主持召开中央全面深化改革领导小组第二十四次会议强调 坚定改革信心注重精准施策 提高改革效应放大制度优势[EB/OL]. http://news. 12371. cn/2016/05/20/ARTI1463732967356 941. shtml.

2.财政投入不断增加,构建了世界上最大规模的国民教育体系

党的十八大以来,党和国家高度重视教育事业。重视教育,投入为基。2012 年,我国财政性教育经费支出占当年国内生产总值比例首次超过 4%,突破 2 万亿元,此后,连续保持在 4% 以上,2017 年国家财政性教育经费达到 3.42 万亿元。2019 年国家财政性教育经费支出首次突破 4 万亿元,年均增长 8.2%,占 GDP 比例为 4.04%,连续 8 年保持在 4% 以上。① 财政性教育经费超过 4 万亿元,有效带动了全国教育经费总投入,首次超过 5 万亿元,支撑了世界上规模最大的国民教育体系,建立了世界上覆盖最广的学生资助体系,有力推动了我国教育总体发展水平跃居世界中上行列。同时,全国财政一般公共预算教育支出、全国生均一般公共预算教育支出均"只增不减"。2019 年全国财政一般公共预算教育支出达到 3.5 万亿元,是 2015 年的 1.34倍,年均增长 7.6%。从教育经费使用情况看,体现了保基本、补短板、促公平。2019 年国家财政性教育经费用于义务教育的经费占到 52.7%,国家财政教育经费的一半以上用于保义务教育。学前教育财政性教育经费年均增长 15.4%,在各级教育中增长最快,其占国家财政性教育经费比例从 2015年的不到 4%,提高到 2019 年的 5%,提高幅度在各级教育中也是最高的。中央对地方教育转移支付资金 80% 以上都用于中西部地区。"三区三州"等深度贫困地区财政性教育经费年均增长 10.9%,高于全国年均增幅 2.7 个百分点。用于学生资助的财政资金累计支出超过 5000 亿元(不含免费教科书和营养膳食补助),年均增长 8.35%。在教育经费中,教职工人员支出占到 62%,比 2015 年提高近 5 个百分点,说明财政支出重点已经逐步从硬件

---

① 2019 年国家财政性教育经费首超 4 万亿元 全国一般公共预算教育支出保持 7.6% 年均增幅[EB/OL]. http://www.gov.cn/xinwen/2020 - 12/02/content_5566333.htm.

建设转向软件建设,更加注重教育质量的提升。① 在以习近平同志为核心的党中央坚强领导下,各个地方努力做到经济社会发展规划优先安排教育发展,财政资金优先保障教育投入,公共资源优先满足教育和人力资源开发需要。

近年来,我国教育普及程度明显提高,国民受教育机会显著增加,各级各类教育加快发展。当前,小学学龄儿童净入学率、初中阶段毛入学率超过或相当于高收入国家平均水平,高中阶段毛入学率高于中高收入国家的平均水平。2019 年,我国学前教育毛入园率已经达到 83.4%;②九年义务教育巩固率达到 94.8%;高中阶段教育毛入学率达到 89.5%;高等教育毛入学率超过 50%,达到了 51.6%,实现了从大众化向普及化的历史性跨越。劳动年龄人口平均受教育年限达到 10.7 年,新增劳动力接受过高等教育的比例超过一半,平均受教育年限达到 13.7 年。③

3. 公平正义不断推进,教育公平发展迈上新台阶

城乡、区域、校际、群体差距加快缩小,教育公平取得重要进展,全面打赢打好教育脱贫攻坚战。"十三五"期间,实现全国义务教育阶段建档立卡,辍学学生从台账建立之初的 20 万到"动态清零";重点高校招收农村和贫困地区学生专项累计达到 52.5 万人。建立覆盖全学段的学生资助政策体系,累计资助贫困学生 3.91 亿人次、资助金额达 7739 亿元。切实解决进城务工人员随迁子女以及留守儿童的教育问题,持续开展义务教育阶段农村学生

---

① 2019 年国家财政性教育经费首超 4 万亿元 全国一般公共预算教育支出保持 7.6% 年均增幅[EB/OL]. http://www.gov.cn/xinwen/2020－12/02/content_5566333.htm.

② 2019 年全国教育事业发展统计公报[EB/OL]. http://www.moe.gov.cn/jyb_sjzl/sjzl_fztjgb/202005/t20200520_456751.html.

③ 2019 年国家财政性教育经费首超 4 万亿元[EB/OL]. http://www.moe.gov.cn/fbh/live/2020/52692//t20201203_503232.html.

营养改善计划。义务教育营养改善计划覆盖 1634 个县、13 万所学校,受益学生超过 3700 万人。大力提升基本公共教育服务水平。连续实施两期学前教育行动计划,普惠性幼儿园覆盖率达到 76%。全国 23 个省、95.3% 的县级单位实现义务教育基本均衡发展,99.8% 的义务教育学校(含教学点)办学条件达到"20 条底线"要求,56 人以上大班额比例由 2016 年的 12.7% 下降到 3.98%。全面实行义务教育免试就近入学和公民同招入学政策,24 个大城市中免试就近入学比例达到 98.6%,85.3% 的随迁子女进入公办学校就读或享受政府购买学位。①

4. 教育综合改革深入推进,激发了新活力

党的十八大以来,教育保障切实加强,改革发展基础进一步夯实。一是我国全面推进依法治教。完成《民办教育促进法》《残疾人教育条例》修订和 9 部教育规章制定工作,完成全部中央部属高等学校章程核准工作。二是深化教育领域放管服改革。取消部本级行政审批事项 12 项,非行政许可审批事项、行政审批中介服务事项全部取消。放权 31 所高校开展学位授权自主审核,推动下放高校职称评审权和直属高校外事审批权,积极扩大高校科研相关自主权。三是深化新时代教育督导体制机制改革,推动构建符合中国实际、具有世界水平的评价体系,支持和规范社会力量兴办教育。四是稳步推进考试招生制度改革。深化高考综合改革,推进高职分类招生考试;深化硕士研究生考试招生改革,推进专业学位和学术学位分类考试;完善博士研究生招生选拔机制。五是实施"强基计划",加强基础学科拔尖创新人才选拔培养。六是加快推进教育信息化建设,顺利完成"教学点数字教育资源全

---

① 教育部.我国各级教育普及程度均达到或超过中高收入国家平均水平[EB/OL]. http://www.moe.gov/2020/52692/mtbd/202012/t20201201_502753.html.

覆盖"项目。全国中小学(含教学点)互联网接入率从 2016 年底的 79.2% 上升到 2020 年 8 月的 98.7%。[①] 七是远程教育、社区教育、老年教育蓬勃发展,人人学习、时时学习、处处学习的学习型社会建设不断加快。

5.教育资源不断优化,教育服务发展取得新突破

教育资源空间布局进一步优化。一是纵深推进以"四点一线一面"为重点的区域教育创新试验,一批教育服务区域产业振兴的重点项目正在发力推进。二是创新性开展部省合建高校模式,支持中西部 14 所高校发展。三是现代职业教育体系加快构建。培育产教融合型企业 800 多家,成立各类职教集团 1400 余个。2019 年完成高职扩招 116 万人目标任务,各级职业院校每年为各行各业输送约 1000 万技术技能人才。[②] 四是高校创新创业教育改革持续深化。组织认定 200 所深化创新创业教育改革示范高校,2016 年以来连续举办五届中国"互联网 +"大学生创新创业大赛,累计吸引 1500 多万名大学生、370 多万个大学生团队参赛。五是"十三五"以来,高校毕业生累计达 4088 万人,初次就业率连续多年保持在 77% 以上。六是高校服务创新驱动发展能力加快提升。高校承担了全国 60% 以上的基础研究和重大科研任务,建设了 60% 以上的国家重点实验室,获得了 60% 以上的国家科技三大奖励,获得自然科学基金资助项目均占全国 80% 以上,产出一批具有国际影响力的标志性成果。七是教育对外开放新格局加快形成。与联合国教科文组织等 14 个国际组织签署了 19 个合作协议,实现与 25 个"一带一路"沿线国家学位学历互认,推动 2331 个中外合作办学机构和项目落地。

---

① 国新办发布全国中小学互联网接入率达到 98.7% [EB/OL]. https://baijiahao. baidu. com/s? id = 1682596359075702651&wfr = spider&for = pc.

② "十三五"收官 我国各级教育普及程度超中高收入国家平均水平 [EB/OL]. http://www. moe. gov. cn/fbh/live/2020/52692/mtbd/202012/t20201201_502751. html.

（三）社会就业规模不断扩大，保证就业工作取得历史性成就

习近平总书记多次强调："就业就是最大的民生。"①党的十八大以来，中国共产党千方百计稳定和扩大就业，坚持经济发展就业导向，扩大就业容量，提升就业质量，促进充分就业，保障劳动者待遇和权益。健全就业公共服务体系、劳动关系协调机制、终身职业技能培训制度。我国劳动就业制度改革不断深化，政策体系和就业服务日趋完善，彻底改变了计划经济体制下的就业模式和就业活力不足局面，逐步形成了适应社会主义市场经济要求的就业体制机制，推动我国就业规模持续扩大、就业结构不断优化。

1. 就业总量持续增长，就业形势保持稳定

我国是世界上人口和劳动力最多的国家，就业工作面临巨大困难。但经过长期努力，我国基本实现了比较充分的就业。国家统计局发布的数据显示，2019 年，我国城镇新增就业 1352 万人，连续 7 年保持在 1300 万人以上，明显高于 1100 万人以上的预期目标。2019 年各月全国城镇调查失业率保持在 5% 至 5.3% 之间，低于 5.5% 左右的预期目标。2019 年末，城镇登记失业率为 3.62%，比上年末降低了 0.18 个百分点，符合 4.5% 以内的预期目标。② 2020 年，受新冠肺炎疫情影响，我国先后出台了延续实施部分减负稳岗扩就业政策举措、加强就业帮扶助力乡村振兴意见等，扎实做好高校毕业生、农业转移劳动力、城镇困难人员等重点群体就业工作，全年城镇新增就

---

① 习近平总书记在中国共产党第十九次全国代表大会上的讲话（2017 年 10 月 10 日）[EB/OL]. http://www.xinhuanet.com/politics/19cpcnc/2017－10/27/c_1121867529.htm.

② 我国城镇新增就业连续 7 年保持 1300 万人以上[EB/OL]. http://www.gov.cn/xinwen/2020－01/28/content_5472611.htm.

业 1186 万人,明显高于 900 万人以上的预期目标,完成全年目标的 131.8% 。年均城镇调查失业率为 5.6% ,低于 6% 左右的预期目标。① 人力资源和社会保障部发布《2020 年度人力资源和社会保障事业发展统计公报》显示,截至 2020 年末,我国就业人员 75064 万人,其中城镇就业人员 46271 万人。②

2. 就业结构不断优化,人员素质显著提高

从城乡结构看,近年来,我国就业形势总体稳定,2020 年全国城镇新增就业 1186 万人,较上年减少 166 万人,同比下降 12.28% ;就业人数明显高于 900 万人以上的预期目标,完成全年目标的 131.8% 。③ 大量农村劳动力转移就业,成为现代化建设的生力军。2015 年以来我国进城务工人员工作取得了重大进展,进城务工人员数量稳步增长,2019 年全国进城务工人员总量 29077 万人,较上年增加 241 万人,同比增长 0.84% 。从产业结构看,全国就业人员中,第一产业、第二产业、第三产业就业人员分别占 23.6% 、28.7% 、47.7% ,第三产业成为吸纳就业的主体,第三产业占主导的"倒金字塔形"就业结构进一步形成。从不同经济类型看,随着私营和个体经济从无到有、从小到大,各地政府落实针对小微企业的帮扶措施,新设小微企业不仅"生得顺",而且"活得好",并且随着营商环境不断优化而"长得大""做得强"。国家市场监管管理总局公布资料显示,2020 年前三季度,我国新设市场主体 1845 万户,同比增长 3.3% ,较 1—8 月增速提升 2.6 个百分点。其

---

① 国家统计局.2020 年年均城镇调查失业率为 5.6% 低于 6% 左右的预期目标[EB/OL]. https://baijiahao.baidu.com/s? id =1689190109086197452&wfr = spider&for = pc.

② 2020 年度人力资源和社会保障事业发展统计公报[EB/OL]. http://www.mohrss.gov.cn/SYrlzyhshbzb/zwgk/szrs/tjgb/202106/t20210604_415837.html.

③ 国家统计局.中华人民共和国 2020 年国民经济和社会发展统计公报[EB/OL]. http://www.stats.gov.cn/tjsj/zxfb/202102/t20210227_1814154.html.

中,新设企业589.8万户,新设个体工商户1242.6万户,新设农民专业合作社12.6万户。截至2020年9月末,全国登记在册市场主体共有1.34亿户,较去年底增长9.0%。①

3.就业制度实现根本性变革,就业方针不断与时俱进

为切实解决好就业这个重大民生问题,党的十八大报告明确提出,要推动实现更高质量的就业,并将就业更加充分作为全面建成小康社会的重要目标,明确了促进就业的基本方针和政策措施。党的十八大报告提出,要"贯彻劳动者自主就业、市场调节就业、政府促进就业和鼓励创业"的方针,第一次将鼓励创业纳入就业方针,并要求引导劳动者转变就业观念,鼓励多渠道多形式就业,促进创业带动就业。劳动就业法治化建设稳步推进。就业优先战略在经济社会发展中取得了新定位。党的十九大报告指出"提供全方位公共就业服务,促进高校毕业生等青年群体、农民工多渠道就业创业"②,把解决这些群体的就业问题作为民生大事来抓。在经济进入新常态、经济增速放缓的情况下,我国仍然实现了年均城镇新增就业人数1300万以上,其中,政府协调就业政策与宏观政策协调,让市场在发展中起了决定性作用。充分发挥政府作用,大力推进"双创"工作,推出创业引领计划,高校毕业生就业稳中有升。在推动电子商务等新兴产业快速增长的同时,也为在城乡创造了大量的新就业岗位。

4.就业政策不断出新,就业服务体系日益完善

一是努力完善公共就业服务体系,丰富就业服务内容,推动公共就业服

---

① 全国新设市场主体1845万户[EB/OL]. http://xh.xhby.net/pc/con/202010/31/content_843994.html.

② 习近平.决胜全面建成小康社会 夺取新时代中国特色社会主义伟大胜利——在中国共产党第十九次全国代表大会上的报告[M].北京:人民出版社,2017:46.

务均等化、信息化、现代化,为劳动者提供便捷高效的就业服务,尽可能地减少劳动者处于失业状态的时间。二是党的十八大以来,更加突出创业和就业紧密结合、支持发展就业新形态、拓展就业新空间,就业政策迭代升级。从早期开办劳务市场和人才市场,到劳动力市场、人才市场向人力资源市场整合发展,我国逐步建立起覆盖省、市、县、街道(乡镇)、社区(村)的五级公共就业服务网络,确立了免费提供政策咨询、信息发布、职业指导、职业介绍、创业服务等的基本公共就业服务制度,覆盖城乡的公共就业服务体系基本形成。2016 年,我国划拨 1000 亿元"去产能稳就业"专项奖补资金,优化创业环境等措施落地有声,让更多劳动者捧上了"新饭碗"。① 三是发挥在线教育优势,完善终身学习体系,建设学习型社会。面向全体劳动者的职业培训制度不断发展,职业培训规模不断扩大,劳动者就业能力普遍提高。传统就业稳定增长,新就业成为新时代的新特色。四是努力提高社会保障制度和基本公共服务的公平性,打破城乡、地区、行业分割和身份、性别歧视,维护劳动者平等就业权利,使尚未在城镇落户的进城务工人员、灵活就业人员及处于新型就业形态的劳动者都有获得社会政策托底的机会,让改革发展成果惠及最广大劳动者。

5. 就业质量不断提高,劳动权益得到保护

党的十八大以来,随着经济发展不断迈上新台阶,政府出台最低工资标准等一系列政策措施,就业稳定性逐步增强,人民群众的工资收入快速增长。2017 年,城镇非私营单位就业人员平均工资达到 74318 元,扣除物价因素,比 1978 年实际增长了 16.7 倍。2020 年,我国全国城镇非私营单位就业

---

① 十八大以来就业优先战略的丰富发展[EB/OL]. http://opinion. people. com. cn/n1/2017/0321/c1003 - 29157345. html.

人员年平均工资为 97379 元,比上年增加 6878 元,扣除价格因素,2020 年全国城镇非私营单位就业人员年平均工资实际增长 5.2%。《2019 年度人力资源和社会保障事业发展统计公报》显示,2019 年全国企业劳动合同签订率达 90% 以上。2019 年底,全国报送人社部门审查并在有效期内的集体合同累计 175 万份,覆盖职工 1.49 亿人。[①]

(四)社会保障制度不断完善,织就了世界上最大的社会保障网

党的十八大以来,我国社会保障体系建设全面发力,健全覆盖全民、统筹城乡、公平统一、可持续的多层次社会保障体系,推进社保转移接续,健全基本养老、基本医疗保险筹资和待遇调整机制,实现基本养老保险全国统筹,实施渐进式延迟法定退休年龄,发展多层次、多支柱养老保险体系。推动基本医疗保险、失业保险、工伤保险省级统筹,健全重大疾病医疗保险和救助制度,落实异地就医结算,稳步建立长期护理保险制度,积极发展商业医疗保险等,我国社会保障覆盖范围持续扩大,待遇水平稳步提高,公共服务日趋便捷,建立起了世界上覆盖人群最多的社会保障安全网,稳稳守护着亿万百姓。

1.社会保障全覆盖,让亿万人享有基本保障

党的十八大以来,我国社会保障体系改革不断推进,参保人数逐年增多,覆盖范围越来越广。社保制度实现由"从无到有"向"从有到好"转变,对

---

① 2019 年度人力资源和社会保障事业发展统计公报[EB/OL]. http://www.mohrss.gov.cn/SYrlzyhshbzb/zwgk/sztjgb/202006/t20200608_375774.html.

保障改善民生、调节收入分配、促进社会和谐、助力脱贫攻坚发挥了积极作用。特别是"十三五"期间,我国坚持实施全民参保计划,截至 2020 年底,全国基本养老、失业、工伤保险参保人数分别达到 9.99 亿人、2.17 亿人、2.68 亿人,分别比 2019 年底增加 3128 万人、1147 万人、1291 万人。我国基本养老保险参保率超过 90%,参保人数已占全球养老保障总人数的 1/3,建成了世界上覆盖人数最多的养老保险制度。① 我国基本医疗保险覆盖人数已经超过 13.5 亿人,基本实现全民参保。② 失业、工伤、生育保险的参保人数均超过 2 亿人,覆盖了绝大多数职业群体。2016 年底,国际社会保障协会授予中国政府"社会保障杰出成就奖"③,对我国在社会保障扩大覆盖面等方面取得的巨大成就给予高度评价。

2. 社会保障待遇不断提高,服务标准不断提升

制度改革持续深化。养老保险待遇方面,2021 年退休人员基本养老金再次上调 4.5%,实现"17 连涨"。④ 通过建立养老保险基金中央调剂制度,提高了基金使用效率。"十三五"期间,我国社会保障制度建设持续推进,目前所有省份均启动实施养老保险基金省级统收统支;养老金不断调整提高,惠及 1.2 亿多退休人员。人社部、财政部印发的《关于 2021 年调整退休人员基本养老金的通知》显示,从 2021 年 1 月 1 日起,为 2020 年底前已按规定办理退休手续并按月领取基本养老金的企业和机关事业单位退休人员提高基

---

① "十三五"时期,我国建成世界上规模最大的社会保障体系[EB/OL]. https://baijiahao. baidu. com/s? id=1685471516259706809&wfr=spider&for=pc.

② 截至 2020 年底全国基本养老保险参保人数为 9.99 亿[EB/OL]. https://www. ndrc. gov. cn/fggz/jyysr/jysrsbxf/202101/t20210127_1265998. html? code=&state=123.

③ 中国政府获"国际社会保障协会社会保障杰出成就奖"[EB/OL]. http://www. gov. cn/xinwen/2016-11/18/content_5134315. htm.

④ 人力资源和社会保障部 财政部关于 2021 年调整退休人员基本养老金的通知[EB/OL]. http://www. mohrss. gov. cn/SYrlzyhshbzb/shehuibaozhang/zcwj/yanglao/202104/t20210416_412924. html.

本养老金水平,总体调整水平为 2020 年退休人员月人均基本养老金的 4.5%。医疗保险待遇方面,通过跨省就医参保患者实现实时结算,定点医院基本实现实时结算,实现基本医保、大病保险、医疗救助等一站式结算……医保报销"网上办""马上办",让全民更好共享优质医疗资源。截至 2019 年底,我国已全面整合城镇居民医保和新农合两项制度,建立起统一的城乡居民医保制度,城乡居民更加公平地享有医疗保障权益。2019 年职工医保和居民医保政策范围内的住院费用报销比例分别达到 80% 左右和 70% 左右;居民个人卫生支出占卫生总费用的比例,由 2010 年的 35.29% 下降到 2019 年的 28.36%。失业保险保障范围扩展至所有城乡参保失业人员。2020 年,1337 万人领取不同项目的失业保险待遇,比 2019 年增加了 841 万人。工伤、生育保险待遇稳步提高,让参保者合理分享了经济社会发展的成果。待遇提高的背后是充足的基金和信息技术支持。2020 年,我国三项社会保险基金总收入 5.02 万亿元,总支出 5.75 万亿元,年底累计结余 6.13 万亿元,基金运行总体平稳。此外,充分运用互联网、大数据等技术手段,社保服务更加便捷高效。"一号"申请、"一窗"受理、"一网"通办日益普及。"十三五"期间,我国加强公共服务设施和信息化平台建设,实施社会保障卡工程。截至 2020 年底,全国社会保障卡持卡人数达到 13.35 亿人,电子社保卡累计签发超过 3.6 亿张。①

3. 加固"民生安全网",做强"社会稳定器"

中国全民医保制度发挥了防止因病致贫返贫的重要作用,兜住了民生保障的底线,夯实了经济社会发展的基础。我国医保扶贫实现贫困人口应

---

① 2020 年人力资源和社会保障统计快报数据[EB/OL]. http://www.mohrss.gov.cn/SYrlzyhsh-bzb/zwgk/szrs/tjsj/202101/t20210129_408673.html.

保尽保。国家卫生健康委员会公布的资料显示,我国组织动员全国 80 多万基层医务人员摸清贫困人口患病情况,对贫困患者实行分类救治,截至 2020 年 11 月,累计帮助近 1000 万因病致贫返贫贫困户成功摆脱了贫困。全国 832 个贫困县中,超过 560 个贫困县医院获评二级甲等医院,越来越多的大病在县域内就可以得到有效救治。国家医保局公布的资料显示,2018 年以来,医保扶贫政策累计惠及贫困人口就医 4.8 亿人次,帮助减轻医疗负担近 3300 亿元。贫困人口参保率稳定在 99.9% 以上。大病保险对贫困人口实施倾斜支付,贫困人口住院和门诊慢特病费用实际报销比例达到 80% 左右。① 同时,截至 2020 年底,全国 6098 万建档立卡贫困人口参加基本养老保险……越来越多的银发族不仅老有所养,而且能享受到更高质量的晚年生活。我国各项社会保险基金运行平稳,社保服务水平不断提升,为改善居民预期、扩大内需、加快构建新发展格局提供了有力支撑。

(五)健康中国建设全面推进,卫生健康事业发展态势良好

习近平总书记提出“没有全民健康,就没有全面小康”的重要论断。党的十八大以来,中国共产党全面推进健康中国建设,把保障人民健康放在优先发展的战略位置,坚持预防为主的方针,深入实施健康中国行动,完善国民健康促进政策,织牢国家公共卫生防护网,为人民提供全方位全周期的健康服务。2015 年 10 月,党的十八届五中全会把“推进健康中国建设”上升为国家战略。2016 年 10 月,党中央、国务院又制定颁发了《“健康中国 2030”规划纲要》,为在医药卫生体制深化改革的基础上更大范围、更高高度,从根

---

① 国务院新闻办发布会:贫困人口参保率 99.9% 住院和门诊实际报销达 80% [EB/OL]. ht-tp://www.gov/2020 - 11/20/content_5563109. htm.

本上维护人民健康做出了战略规划。2019年6月,国务院启动健康中国行动计划,部署了15个专项行动。两年来,在健康中国行动推进委员会的统筹推动下,各方面工作取得了显著成效。

1.健康中国行动政策机制不断完善,部门协同联动的格局初步形成

"健康中国"成为国家战略并进入实施阶段。2019年,国家专门成立了"健康中国行动推进委员会",委员会组建了健康中国行动专家咨询委员会,从顶层设计确保行动高位部署推进。委员会与爱国卫生工作优势互补、融合推进,在健康城市建设中开展行动创新试点,建立工作调度制度,印发工作要点,制定工作台账,定期召开工作会、协调会等部署推进工作,确保各项任务落细落实;指导各地各专项行动开展监测评估和考核工作,积极开展国家层面的监测考核,确保工作优质高效推进。

各地方也积累了一些成功经验,夯实了基层健康建设的网底。如,北京市从2018年开始,根据宪法要求开展了村(居)委会公共卫生委员会的建设。截至2021年6月,北京市所有的村居公共卫生委员会已经实现了全覆盖。在公共卫生委员会工作的人员,专职和兼职的目前达到了2.9万人。①同时,按照条块结合、以块为主的原则,北京市各区各行业、各社会单位已经先后成立了各类爱国卫生工作基层组织19.3万个(其中14万个是非公组织)。这些组织持续开展基层卫生健康政策的宣传、健康促进和爱国卫生工作的各项工作。二是发展了健康志愿服务队伍。截至2021年6月,北京有体育指导员6.1万名,家庭保育员20万名,控烟的志愿者1.5万名。三是提

---

① 国家卫生健康委员会就健康中国行动取得的进展与成效有关情况举行发布会[EB/OL]. https://baijiahao.baidu.com/s? id=1705427472214860637&wfr=spider&for=pc.

高了基层社区卫生服务的能力。北京市组建了家庭医生的团队 5100 多个，签约人群 795 万人，签约率为 37%，其中重点人群的签约率超过了 90%。特别是在社区卫生服务中心，为患者预留了三级医院 30% 的号源，让基层的患者能够受益。对五类慢病患者，实现了开设实施长处方服务，使 460 万人次享受到更好的服务。截至 2021 年 6 月，北京市基层门诊量已经连续 46 个月服务量的增长高于二级和三级医院，居民对社区医疗卫生服务的满意度为88%。特别是为了做好"十四五"的健康北京规划，北京市卫健委与北京市体育局正在联合编制《"十四五"的健康北京建设发展规划》，首次将健康和体育两个规划合并编制，将体育与健康更好地融合。

2. 健康影响因素干预力度不断加大，全民健康素养水平稳步提高

基本医疗卫生在制度上实现基本全覆盖，工作重点从深化医改提升为健康中国建设。围绕健康知识普及、合理膳食、全民健身、控烟、心理健康促进等专项行动，全方位采取有效干预措施，大力倡导文明健康生活方式，着力提升群众健康素养。针对心脑血管疾病、癌症、慢性呼吸系统疾病等重大慢性病，以及各类重点传染病、地方病，持续强化疾病防控措施，有效遏制疾病发病率上升趋势。国家卫健委发布的统计公报显示，2019 年我国居民人均预期寿命达到 77.3 岁，比 2015 年提高 0.96 岁，主要健康指标总体上居于中高收入国家前列。《2020 年我国卫生健康事业发展统计公报》指出，我国居民健康水平得到进一步提高，全国孕产妇死亡率从 2019 年的 17.8/10 万下降到 2020 年的 16.9/10 万，婴儿死亡率从 5.6‰ 下降到 5.4‰，妇幼健康

核心指标总体上优于中高收入国家平均水平,人民健康福祉明显增强。① 两项关键健康指标的进步得益于近年来我国医疗卫生服务体系的整体提升。

3. 全社会共建共享健康理念不断强化,健康中国行动效应逐步显现

党的十八大以来,我国更加注重体制机制的创新,更加注重预防为主和健康促进,更加注重提高基本医疗服务的质量和水平,更加注重医疗资源重心下移、资源下沉,使基本医疗卫生制度更加成熟、定型,为人民群众创造出更多的健康福祉。以提高人民健康水平为核心,突出问题导向和需求导向,加快转变健康领域的发展方式,由过去以治病为中心转向以人民健康为中心。健全健康科普"两库一机制",广泛开展宣传推广,推进健康中国行动专网建设,打造宣传倡导的重要平台,发出权威科学声音。组织开展了"健康中国行动——各地行"品牌传播、健康中国行动标识征集、全国知识竞赛等活动,组织聘任健康中国行动形象大使和评选"健康达人",不断扩大健康中国行动的影响力。在地方,如苏州不仅构建了"从疾病救治、慢病防控、健康促进、综合监管、公众参与"体系,建立了"无病要防、急病更急、慢病要准"的健康管理格局,实施了"三点半体育大课堂"、青少年体育消费补贴等体教融合的措施,促进学生参与体育锻炼,学生的体质健康合格率达到了96%以上。全民健身运动蓬勃发展,医疗卫生服务体系日益健全,人民健康水平和身体素质持续提高。坚持中西医并重,大力发展中医药事业。不断提升健康教育、慢病管理和残疾康复服务质量,重视精神卫生和心理健康。通过深入开展爱国卫生运动,促进全民养成文明健康的生活方式,完善全民健身公

---

① 2020 年我国卫生健康事业发展统计公报［EB/OL］. http://www.nhc.gov.cn/guihuaxxs/s10743/202107/af8a9c98453c4d9593e07895ae0493c8.shtml.

共服务体系。

4.推进"医养""康养"融合,助推养老服务事业发展

实施积极应对人口老龄化国家战略,加快建设居家社区机构相协调、医养康养相结合的养老服务体系。通过启动家庭医生签约制度、试点医养结合等,为人民群众提供公平可及、系统连续的健康服务。积极开发老龄人力资源,发展银发经济,培育养老新业态,推动养老事业和养老产业协同发展。发展普惠型养老服务和互助性养老。支持家庭承担养老功能,构建居家社区机构相协调、医养康养相结合的养老服务体系,健全养老服务综合监管制度。一是加大政策支持力度,充分发挥家庭成员在满足老年人情感需求等方面的作用。二是充分调动相关行业市场主体的积极性,使其在服务好老年人的同时实现自身发展。三是充分调动各种资源,激发各类主体参与养老服务体系建设的积极性。发挥社会组织尤其是老年协会的作用。通过政府购买服务等方式,引导、鼓励和支持社会组织为老年人提供专业服务,增进老年人身心健康与社会认同。四是充分发挥低龄健康老年人的作用。通过设立"时间银行"、成立老年人志愿服务队等多种形式,发扬互助传统,鼓励低龄健康老年人为需要帮助的老年人提供力所能及的服务。

(六)脱贫攻坚取得历史性成就,为全球减贫提供了中国样本

邓小平指出:"贫穷不是社会主义,社会主义要消灭贫穷。"[①]习近平总书

---

① 贫穷不是社会主义,社会主义要消灭贫穷[EB/OL]. http://cpc. people. com. cn/n1/2017/0322/c69113－29162211. html.

记强调："小康不小康,关键看老乡。"①党的十八大以来,党中央鲜明提出,全面建成小康社会最艰巨最繁重的任务在农村,特别是在贫困地区。没有农村的小康特别是没有贫困地区的小康,就没有全面建成小康社会;强调如果贫困地区长期贫困,面貌长期得不到改变,群众生活水平长期得不到明显提高,就没有体现我国社会主义制度的优越性,也不是社会主义。党的十九大以来,党中央时不我待地抓好脱贫攻坚工作,把脱贫攻坚摆在治国理政的突出位置,把脱贫攻坚作为全面建成小康社会的底线任务,组织开展了声势浩大的脱贫攻坚人民战争。党和人民披荆斩棘、栉风沐雨,发扬钉钉子精神,敢于啃硬骨头,攻克了一个又一个贫中之贫、坚中之坚,脱贫攻坚取得了重大历史性成就,创造了减贫治理的中国样本,为全球减贫事业作出了重大贡献。

1.农村贫困人口全部脱贫,为实现全面建成小康社会作出关键性贡献

2012 年底,党的十八大召开后不久,党中央就突出强调,"小康不小康,关键看老乡,关键在贫困的老乡能不能脱贫",承诺"决不能落下一个贫困地区、一个贫困群众",②拉开了新时代脱贫攻坚的序幕。2013 年,党中央提出精准扶贫理念,创新扶贫工作机制。2014 年,党中央进行了精准扶贫工作模式的顶层设计;2015 年,党中央召开扶贫开发工作会议,提出实现脱贫攻坚目标的总体要求,实行扶持对象、项目安排、资金使用、措施到户、因村派人、脱贫成效"六个精准",实行发展生产、易地搬迁、生态补偿、发展教育、社会

---

① 习近平. 小康不小康,关键看老乡[EB/OL]. http://theory. people. com. cn/n1/2017/0608/c40531－29327226. html.

② 习近平总书记在中央扶贫开发工作会上的讲话[EB/OL]. http://zqb. cyol. com/html/2015－11/29/nw. D110000zgqnb_20151129_2－01. htm.

保障兜底"五个一批",发出打赢脱贫攻坚战的总攻令,印发《中共中央国务院关于打赢脱贫攻坚战的决定》,提出到 2020 年消除 7000 余万贫困人口的战略目标;2017 年,党的十九大报告提出动员全党全国全社会力量,坚持精准扶贫、精准脱贫,确保到 2020 年现行标准下农村贫困人口实现脱贫,贫困县全部摘帽,解决区域性整体贫困,打赢脱贫攻坚战;2020 年,为有力应对新冠肺炎疫情和特大洪涝灾情带来的影响,党中央要求全党全国以更大的决心、更强的力度,做好"加试题"、打好收官战,信心百倍向着脱贫攻坚的最后胜利进军。

2021 年 2 月 25 日,全国脱贫攻坚总结表彰大会在北京隆重召开,习近平总书记庄严宣告:"经过全党全国各族人民共同努力,在迎来中国共产党成立一百周年的重要时刻,我国脱贫攻坚战取得了全面胜利!"[①]9899 万农村贫困人口的全部脱贫,832 个贫困县的全部摘帽,12.8 万个贫困村的全部出列,区域性整体贫困得到解决,完成了消除绝对贫困的艰巨任务! 这标志着中国人民在中国共产党的领导下用勤劳的双手创造出了更加美好的生活,在实现共同富裕的道路上迈出了坚实的一大步。脱贫攻坚战赢得伟大胜利、取得重大历史性成就,是中国共产党团结带领中国人民和中华民族创造的又一个彪炳史册、在中国历史和人类社会发展史上具有重要里程碑意义的人间奇迹。

党的十八大以来,平均每年有 1000 多万人脱贫,相当于一个中等国家的人口。贫困人口收入水平显著提高,全部实现了"两不愁三保障",脱贫群众不愁吃、不愁穿,义务教育、基本医疗、住房安全有保障,饮水安全也有保障。2000 多万贫困患者得到分类救治,曾经被病魔困扰的家庭挺起了生活的脊

---

① 习近平.在全国脱贫攻坚总结表彰大会上的讲话[EB/OL]. http://news. hnr. cn/rmrtt/article/1/1364936447794221056.

梁。近2000万贫困群众享受低保和特困救助供养,2400多万困难和重度残疾人拿到了生活和护理补贴。110多万贫困群众当上护林员,守护绿水青山,换来了金山银山。无论是雪域高原、戈壁沙漠,还是悬崖绝壁、大石山区,无数人的命运因脱贫攻坚而改变。

2. 脱贫地区经济社会发展迈开步伐,整体面貌发生历史性巨变

贫困地区发展步伐显著加快,经济实力不断增强,基础设施建设突飞猛进,社会事业长足进步,行路难、吃水难、用电难、通信难、上学难、就医难等问题得到历史性解决。义务教育阶段建档立卡的贫困家庭辍学学生实现动态清零。具备条件的乡镇和建制村全部通硬化路、通客车、通邮路。新改建农村公路110万千米,新增铁路里程3.5万千米。贫困地区农网供电可靠率达到99%,大电网覆盖范围内贫困村通动力电比例达到100%,贫困村通光纤和4G比例均超过98%。790万户、2568万贫困群众的危房得到改造,累计建成集中安置区3.5万个、安置住房266万套,960多万人"挪穷窝",搬入了新家园。许多乡亲告别溜索桥,天堑变成了通途,告别苦咸水、喝上了清洁水,告别四面漏风的泥草屋、住上了宽敞明亮的砖瓦房。千百万贫困家庭的孩子享受到更公平的教育机会,孩子们告别了天天跋山涉水上学,实现了住学校、吃食堂。28个人口较少民族全部整族脱贫。所有深度贫困地区的最后堡垒被全部攻克。不仅如此,脱贫群众精神风貌焕然一新,自立自强的信心勇气进一步增强。脱贫攻坚,不仅使贫困人群取得了物质上的累累硕果,也获得了精神上的累累硕果。广大脱贫群众激发了奋发向上的精气神,社会主义核心价值观得到广泛传播,文明新风得到广泛弘扬,艰苦奋斗、苦干实干、用自己的双手创造幸福生活的精神,在广大贫困地区蔚然成风。贫困群众的精神世界在脱贫攻坚中得到充实和升华,信心更坚、脑子更活、心气更足。

3. 党群干群关系明显改善，党在农村的执政基础更加牢固

各级党组织和广大共产党员坚决响应党中央号召，以热血赴使命、以行动践诺言，在脱贫攻坚这个没有硝烟的战场上呕心沥血、建功立业。党的十八大以来，我国累计选派 300 多万名第一书记和驻村干部，每年保持近 100 万人在岗开展驻村帮扶。广大扶贫干部扎根一线，俯下身子苦干，开动脑筋巧干，撸起袖子加油干，以热血赴使命，以行动践诺言，谱写一曲砥砺奋进、气壮山河的奋斗赞歌，绘就一幅山乡巨变、山河锦绣的时代画卷。他们爬过最高的山，走过最险的路，去过最偏远的村寨，住过最穷的人家，哪里有需要，他们就战斗在哪里，一个个扶贫项目落地生根，一个个发展难题相继破解，一个个贫困县脱贫摘帽，一个个脱贫户喜笑颜开，这背后凝聚了广大扶贫干部无数心血和汗水。截至 2020 年底，全国共有 1800 多人牺牲在脱贫攻坚一线。基层党组织充分发挥战斗堡垒作用，在抓党建促脱贫中得到锻造，凝聚力、战斗力不断增强，基层治理能力明显提升。贫困地区广大群众听党话、感党恩、跟党走，"吃水不忘挖井人，脱贫不忘共产党"，党群关系、干群关系在脱贫攻坚战中得到极大巩固和发展。

4. 创造了减贫治理的中国样本，为全球减贫事业作出重大贡献

摆脱贫困一直是困扰全球发展和治理的突出难题。改革开放以来，按照现行贫困标准计算，我国 7.7 亿农村贫困人口摆脱贫困；按照世界银行国际贫困标准，我国减贫人口占同期全球减贫人口 70% 以上。在全球贫困状况依然严峻、一些国家贫富分化加剧的背景下，我国提前 10 年实现了《联合国 2030 年可持续发展议程》减贫目标，赢得国际社会广泛赞誉。中国积极开展国际减贫合作，履行减贫国际责任，为发展中国家提供力所能及的帮助，做世界减贫事业的有力推动者。纵览古今、环顾全球，没有哪一个国家

能在这么短的时间内实现几亿人脱贫。中国为推动构建人类命运共同体贡献了中国力量。脱贫攻坚取得举世瞩目的成就,靠的是党的坚强领导,靠的是中华民族自力更生、艰苦奋斗的精神品质,靠的是新中国成立以来特别是改革开放以来积累的坚实物质基础,靠的是一任接着一任干的坚守执着,靠的是全党全国各族人民的团结奋斗。新时代,立足我国国情,把握减贫规律,党中央出台了一系列超常规政策举措,构建了一整套行之有效的政策体系、工作体系、制度体系,走出了一条中国特色减贫道路,形成了中国特色反贫困理论。

(七)社会治理体系不断创新,平安中国建设不断推进增强

党的十八大报告提出,要持续加强社会建设,加快推进社会体制改革,积极探索适应中国社会建设的新路径。党的十九大以来,更加注重完善社会治理体系,加强和创新社会治理。健全了党组织领导的自治、法治、德治相结合的城乡基层治理体系;完善了基层民主协商制度,实现政府治理同社会调节、居民自治良性互动;提出建设人人有责、人人尽责、人人享有的社会治理共同体;加强和创新市域社会治理,推进市域社会治理现代化等。

1.加强社会治理顶层设计,社会治理理念不断创新

全面深化改革以来,我国社会实现了从"社会管理"到"社会治理"的理念更新,为社会稳定和谐奠定了坚实的思想基础。面对多民族、多利益、多群体、多文化组成的复杂社会,如何管理进而维护社会的安宁和谐,既是世界各国普遍面临的重大理论问题,也是中国改革开放进程中碰到的重大现实问题。党的十八届三中全会审议通过的《中央中央关于全面深化改革若干重大问题的决定》,首次用"社会治理"概念取代了此前党政文件中使用的

"社会管理",并指出要创新社会治理,加快形成科学有效的社会治理体制。2015年,"十三五"规划建议进一步提出,要完善党委领导、政府主导、社会协同、公众参与、法治保障的社会治理体制。通过把法治保障融入社会建设中,既凸显了法治在社会建设中的作用,顺应了法治社会建设的新要求;又对社会治理的基本布局做出了与时俱进的创新,揭示出党建引领社会建设的内涵更新。2016年6月中办、国办印发了《关于创新群众工作方法解决信访突出问题的意见》。党的十八届四中全会提出了加强行业性、专业性人民调解组织建设的要求。2017年,党的十九大报告在总结十八大以来社会治理经验的基础上,指出要持续完善社会治理体制,深入打造共建共治共享的社会治理格局,持续提高社会治理的社会化、法治化、智能化、专业化水平,并提出了深入推进社会治理的多元化路径。党的十九届四中全会审议通过的《中共中央关于坚持和完善中国特色社会主义制度 推进国家治理体系和治理能力现代化若干重大问题的决定》提出:"必须加强和创新社会治理,完善党委领导、政府负责、民主协商、社会协同、公众参与、法治保障、科技支撑的社会治理体系。"①这标志着社会治理已不再是党委和政府的"独角戏",而是在党的领导下,政府、社会组织、公民以及各方良性互动,促进社会协调运转的共同治理。社会治理的提出适应了现代社会政党、政府、市场、公民等多元主体共建共治的需要,标志着党建引领社会建设的理念更新、路径更新。在新理念的指导下,全国上下在有效化解社会矛盾、解决社会问题上,形成了多主体共同参与(党政+社会组织+市场企业+公民+媒体等)、德法并重、互动合作、协商谈判、共建共享的新共识,由此全国各地开创了丰富多元的社会治理新模式。

---

① 中共中央关于坚持和完善中国特色社会主义制度推进国家治理体系和治理能力现代化若干重大问题的决定[N].人民日报,2019-11-06.

2.建立以党政力量为引领的社会共治新体制,凸显党建引领作用

党的十九届四中全会提出了"健全党组织领导的自治、法治、德治相结合的城乡基层治理体系","建设人人有责、人人尽责、人人享有的社会治理共同体"。① 强调要坚持在党领导下激发社会活力,多方参与、共同治理,发挥政府、市场、社会等多元主体在社会治理中的协同协作、互动互补、相辅相成作用,形成推动社会和谐发展、保障社会安定有序的社会治理合力。如,北京市通过党建引领,充分发挥党组织核心作用,借助"街乡吹哨、部门报到"制度机制,立足构建简约高效基层管理体制,推动治理重心下移,给街乡赋权,增强街乡在城市治理中的主体作用,理顺了"条"与"块"的关系,有效激发了基层社会治理中各个主体活力,使社会治理中的问题不仅"看得到""管得了",而且"管得好",取得了良好的社会效果。② 实践表明,城乡社区作为党的执政基础、社会治理的基本单元,以党建引领社会治理是夯实党的执政根基、加强社会治理的必然举措。只有始终抓住党建引领这条主线,有效激发社会治理活力,努力将党的政治优势、组织优势转化为城市治理优势,增强党组织凝聚力和战斗力,同心协力办实事、做好事、真干事、干成事,不断满足人民群众新期待。将以基层党建为统领,强化基层组织服务功能,推动治理重心下沉,解决好服务群众"最后一公里"问题。

3.创新社会治理方法和手段,智慧治理得到进一步提升

党的十八大以来,我国不断创新社会治理的方法和手段。一是强调科

---

① 中共中央关于坚持和完善中国特色社会主义制度推进国家治理体系和治理能力现代化若干重大问题的决定[N].人民日报,2019－11－06.
② 党建引领激发社会治理活力[EB/OL].http://dangjian.people.com.cn/n1/2018/1210/c117092－30453688.html.

技助推社会治理创新的巨大作用,不断提升社会治理精准化、公共服务高效化。按照"互联网+"的思路,相继出台《政务信息资源共享管理暂行办法》《进一步深化"互联网+政务服务"推进政务服务"一网、一门、一次"改革实施方案》等新规,社会治理智能化程度显著提升。二是制定以"城市大脑"为抓手,探索社会治理智能化新模式。各地各部门充分运用大数据、云计算、人工智能等现代科技,把握治安风险治理规律和发展趋势,有效实现了对各类治安风险的智慧感知、自动识别、及时预警和主动防控,智能化、立体化社会治安防控体系初步建立。① 如,在浙江省杭州市"城市大脑"警务操作系统大屏上,一组组实时滚动更新的数据汇聚到"智慧中枢",通过大数据和人工智能对全市社会治安隐患点作出高效研判。天津市委网信办、天津市大数据管理中心以构建打造"物联感知城市、数联驱动服务、智联引领决策"的城市数字底座为目标,积极推进天津"城市大脑"建设,以"一屏观津门"为展示平台搭建数字驾驶舱,通过构建城市运行生命体征指标体系,实现城市运行态势一屏统揽、城市运行体征的全局监测和智能预警,从而提供准确、全面、实时、可量化的数据支撑,为实现城市运行全局监测和智能预警,解决民生治理和社会治理痛点。目前,天津"城市大脑"已接入交通新业态、津工智慧、"两津联动""疫苗接种"、重点关爱群体、冷链追溯六大应用场景,已经实现天津城市应急指挥系统的远程联动。通过统一的数据赋能和技术赋能,不断推进系统跨部门、跨区域协调联动,充分发挥"城市大脑"作用,打造让百姓有感知、企业能发展、治理更智慧的"城市大脑"模式。②

---

① 创新社会治理 建设平安中国——各地聚焦坚持和完善社会治理制度落实党的十九届四中全会精神[EB/OL]. https://baijiahao. baidu. com/s? id=1649899689847925173&wfr=spider&for=pc.

② 打造"城市大脑"天津模式 场景赋能城市智慧治理[EB/OL]. https://baijiahao. baidu. com/s? id=1699636546281403017&wfr=spider&for=pc.

4. 公共安全治理体制和机制不断健全，人民生命财产安全得到切实保障

产品质量风险、消防安全隐患、食品药品安全等，诸多公共安全不仅与民生息息相关，也是社会治理能力的重要体现。党的十九届四中全会从建立公共安全隐患排查和安全预防控制体系、优化国家应急管理能力体系建设、加强和改进食品药品安全监管制度等方面，对健全公共安全体制机制作出明确部署。各省市也积极探索。如，贵州省针对近年来电梯数量速度快速增长、安全隐患不断增加的趋势，为进一步完善公共安全隐患排查和安全预防控制体系，保护人民群众生命财产安全，通过建设统一报警投诉电话、统一实施应急救援调度指挥和电梯应急救援三级响应机制的"电梯应急处置服务平台"，成为全国首家实现电梯应急处置救援工作全覆盖的省份；四川省成都市开展了"平安社区百日攻坚行动"，应急管理部门会同交通、住建等部门开展联合执法，6万余项群众身边的安全隐患得到化解；上海市通过制定"史上最严"食品安全条例等一系列法规，强化食品监管和综合执法，建立健全食品安全风险监测、评估和预警工作机制，群众满意度不断提升。推进食品安全治理体系和治理能力现代化成为各省市公共安全治理的重点，公共安全治理体制和机制不断得到完善。

5. 广泛发动各方力量，构建基层共建共治共享社会治理新格局

党的十九届四中全会提出"推进市域社会治理现代化"，强调要发挥家庭家教家风在基层社会治理中的重要作用，为我国各超大型城市社会治理，构建基层治理新格局，完善社会矛盾的纠纷化解路径提供了有益启示。如，在北京市东城区景山街道，一场由钟鼓社区"家和万事兴"社会组织动员中心发起，政府、社区、驻地单位等相关各方表达意见的交流会，回应了多个民

生关切问题。北京市以 12345 市民服务热线"接诉即办"工作为抓手,推动群众、企业、社会组织等多元主体参与社会治理,形成了"百姓吹哨、全社会动员"的基层治理局面。通过把城市治理向街巷胡同延伸,推动"接诉即办"与主动治理、依法治理、社会共治紧密结合,打造共建共治共享的首都社会治理格局。再如,福建省石狮市祥芝镇通过发挥渔业协会等群团组织、行业协会的作用,打造出"各方力量广泛参与、自治和法治双修,智能多元联动兼容调解"的"海上枫桥"样板;山西省运城市盐湖区龙居镇雷家坡村坚持数年评选好夫妻、好婆婆、好儿子、好妯娌等活动,以家风带动村风,该村成为远近闻名的"德孝村",2016 年,被授予"全国先进基层党组织"荣誉称号。

6. 重大基础性制度改革纵深发展,社会公平发展取得显著进展

党的十八大以来,围绕重大社会矛盾问题,推动了重大基础性制度的改革创新,社会的公平、包容、共享、安全发展取得显著进展。如,在户籍管理方面相继制定出台《关于进一步推进户籍制度改革的意见》《居住证暂行条例》《关于深入推进新型城镇化建设的若干意见》《推动 1 亿非户籍人口在城市落户方案》等一系列政策措施,着力解决广大农业转移人口最为关心的教育、就业、医疗、养老、住房保障等方面的实际问题,稳步推进城镇基本公共服务常住人口实现市民化;在优化生育政策方面,党的十八大以来,党中央根据我国人口发展变化形势,先后作出实施单独两孩、全面两孩政策等重大决策部署,取得积极成效。2019 年印发的《国务院办公厅关于促进 3 岁以下婴幼儿照护服务发展的指导意见》提出,鼓励地方政府探索试行与婴幼儿照护服务配套衔接的育儿假、产休假,从而推动生育意愿转化为生育行动。同时,为进一步优化生育政策,我国实施一对夫妻可以生育三个子女政策及配套支持措施。2021 年 5 月 31 日,中共中央政治局召开会议,审议通过了《关于优化生育政策促进人口长期均衡发展的决定》,强调各级党委和政府要加

强统筹规划、政策协调和工作落实,依法组织实施三孩生育政策,促进生育政策和相关经济社会政策配套衔接,健全重大经济社会政策人口影响评估机制,促进人口长期均衡发展。

五、生态文明体制改革注重人与自然和谐发展,生态文明建设成效显著

党的十八大以来,以习近平同志为核心的党中央谋划开展了一系列根本性、长远性、开创性工作,推动我国生态环境保护从认识到实践发生了历史性、转折性和全局性变化,生态文明建设取得显著成效,进入认识最深、力度最大、举措最实、推进最快,也是成效最好的时期。

(一)坚持人与自然和谐共生,生态环境质量明显改善

党的十八大以来,中国共产党针对我国遭遇的生态危机出台了一系列政策,在应对危机的过程中,充分吸取国内外生态恶化带来严重后果的教训,开始着手解决生态文明建设与经济发展之间的矛盾。"生态环境矛盾有一个历史积累过程,不是一天变坏的,但不能在我们手里变得越来越坏"①,

---

① 授权发布:习近平关于社会主义生态文明建设论述摘编(一)[EB/OL]. http://theory. people. com. cn/n1/2018/0223/c417224 - 29830240. html.

故而新一届党中央领导集体明确要求所有的党员领导干部都树立起生态意识,扛起维护生态环境的担子,制定并推出了一系列在实际生活中有效改善环境的举措,使原本恶劣的生态环境不再继续恶化。可以说,习近平总书记的正确认识以及指导,是当前我国在治理生态环境这场硬仗中取得历史性成就的关键所在。

1. "生态兴则文明兴,生态衰则文明衰"历史观得以弘扬

2013 年 5 月 24 日,十八届中央政治局第六次集体学习确定了大力推进生态文明建设的主题,习近平总书记充分肯定了中华文明五千多年来积淀的生态和谐智慧。"天人合一""道法自然"这些蕴含在传统农业文明中的人对自然事物和自然规律的敬畏尊重,表达了人类对自身在由天、地、人组成的自然生命体系当中的客观位置的清醒认知。[①] 2014 年 3 月 14 日,习近平总书记在中央财经领导小组第五次会议上的讲话中指出:"建设生态文明,首先要从改变自然征服自然转向调整人的行为、纠正人的错误行为。要做到人与自然和谐,天人合一,不要试图征服老天爷。"[②]此后,习近平总书记将人与自然和谐共生作为生态文明建设的基本理念和遵循原则,将传统生态智慧运用于新时代中国特色社会主义生态文明建设中。

生态文明建设是关系中华民族永续发展的根本大计。生态可承载文明之舟,亦可颠覆文明之舟。古今中外,生态环境的变化直接影响文明的兴衰演替。从中华民族的文明历史来看,奔腾不息的长江、黄河是中华民族的摇篮,哺育了无比灿烂辉煌的中华文明。总体保持相对良好的生态环境,维系

---

① 习近平在中共中央政治局第六次集体学习时强调:坚持节约资源和保护环境基本国策 努力走向社会主义生态文明新时代[EB/OL]. http://news. 12371. cn/2013/05/24/ARTI13693974852009 41. shtml.

② 习近平. 建设美丽中国,改善生态环境就是发展生产力[EB/OL]. http://jhsjk. people. cn/article/28916113.

了我们民族文明数千年绵延不断。但我国古代也有过惨痛教训。古代一度辉煌的楼兰文明已被埋藏在万顷流沙之下,河西走廊、黄土高原曾是水丰草茂,由于毁林开荒、乱砍滥伐,致使生态环境遭到严重破坏,加剧了经济衰落。唐代中叶以后,中国经济重心逐步向东南转移,很大程度上同西北地区生态环境有关。以史为鉴,可以知兴替。我国独特的地理环境和严峻的生态环境形势要求我们必须高度重视生态文明建设。坚持"生态兴则文明兴"的历史观,就是要遵从自然生态演变和经济社会发展规律,将人类活动控制在自然生态可调节、可维持的范围内。今天的发展不能成为明天发展的障碍,短期的利益不能成为长远利益的羁绊,当代人不能影响后代人的发展。

2. 人与自然的辩证关系进一步明确

2015年1月,习近平总书记在云南考察工作时指出:"要把生态环境保护放在更加突出位置,像保护眼睛一样保护生态环境,像对待生命一样对待生态环境,在生态环境保护上一定要算大账、算长远账、算整体账、算综合账,不能因小失大、顾此失彼、寅吃卯粮、急功近利。"①2016年1月18日,习近平总书记在省部级主要领导干部学习贯彻党的十八届五中全会精神专题研讨班的讲话中,以恩格斯《自然辩证法》中著名的"惩罚说"和"报复说"为据,提出了人与自然和谐共生的理念。习近平总书记指出:"人因自然而生,人与自然是一种共生关系,对自然的伤害最终会伤及人类自身。"②此后,人与自然是一种共生关系的表述多次出现在习近平总书记的各种讲话当中,最终在党的十九大报告中上升到生命共同体的哲学高度,并作为中国特色

---

① 习近平在云南考察工作时强调:坚决打好扶贫开发攻坚战 加快民族地区经济社会发展[N].人民日报,2015-01-22.
② 习近平.在省部级主要领导干部学习贯彻党的十八届五中全会精神专题研讨班上的讲话[N].人民日报,2016-05-10.

社会主义现代化建设的奋斗目标加以科学阐述。2018 年 5 月,习近平总书记在全国生态环境保护大会上提出,推动新时代的社会主义生态文明建设,必须坚持人与自然和谐共生的原则,坚持节约优先、保护优先、自然恢复为主的方针,像保护眼睛一样保护生态环境,像对待生命一样对待生态环境,让自然美景永驻人间,还自然以宁静、和谐、美丽。① 正是在这次具有历史意义的生态环境保护大会上,"坚持人与自然和谐共生"被确定为社会主义生态文明建设的首要原则。

"自然是生命之母,人与自然是生命共同体,人类必须敬畏自然、尊重自然、顺应自然、保护自然。"②"生态环境没有替代品,用之不觉,失之难存。"③绝不能以牺牲生态环境为代价换取经济的一时发展。要尊重自然、顺应自然、保护自然。人与自然是相互依存、相互联系的整体,对自然界不能只讲索取不讲投入、只讲利用不讲建设。保护自然环境就是保护人类,建设生态文明就是造福人类。

3. 生态环境质量得到明显改善

社会主义现代化是人与自然和谐共生的现代化,需要创造更多物质财富和精神财富以满足人民日益增长的美好生活需要,其中包括提供更多优质生态产品以满足人民日益增长的优美生态环境需要。近年来,在坚持节约优先、保护优先、自然恢复为主的方针指导下,全国绿地面积明显扩大,全国森林蓄积量逐年增加,森林覆盖率由新中国成立之初的仅约 8.6% 提高到

---

① 习近平.坚决打好污染防治攻坚战 推动生态文明建设迈上新台阶[N].人民日报,2018 – 05 – 20.

② 习近平.在纪念马克思诞辰 200 周年大会上的讲话[EB/OL]. http://jhsjk. people. cn/article/ 29966126.

③ 习近平.在省部级主要领导干部学习贯彻党的十八届五中全会精神专题研讨班上的讲话 [N].人民日报,2016 – 05 – 10.

2020 年的 23.04%;草地累计退化速度放缓,全国农用地土壤环境状况总体稳定,生物多样性显著增加。全国水土流失、荒漠化和沙化状况呈现整体遏制、持续缩减、功能增强、效果明显的良好态势。在水体治理上,全国地表水优良水质明显改善。与 2012 年相比,2020 年七大流域和西北诸河、浙闽片河和西南诸河流域水质明显改善,湖泊富营养状况得到改善。此外,我国空气状况有了明显好转。2013 年到 2018 年,全国 338 个地级及以上城市可吸入颗粒物(PM10)平均浓度下降 26.8%,首批实施新空气质量标准的 74 个重点城市细颗粒物(PM2.5)平均浓度下降 41.7%。[①] 2020 年,全国 337 个城市平均优良天数比例为 87.0%,同比上升 5.0 个百分点;细颗粒物(PM2.5)浓度为 33 微克/立方米,同比下降 8.3%。全国地表水国控断面水质优良(Ⅰ—Ⅲ类)断面比例为 83.4%,同比上升 8.5% 个百分点;劣 V 类断面比例为 0.6%,同比下降 2.8 个百分点。地级及以上城市在用集中式生活饮用水水源达标率为 94.5%。全国农用地土壤环境状况总体稳定。全国生态环境质量优良县域面积占国土面积的 46.6%。全国辐射环境质量和重点设施周围辐射环境水平总体良好。经初步核算,单位国内生产总值二氧化碳排放比 2019 年下降 1.0%,比 2015 年下降 18.8%,超额完成"十三五"下降 18% 的目标。[②]

---

① 生态环境质量持续改善 美丽中国建设日新月异——党的十八大以来我国生态文明建设成就综述[EB/OL]. http://www.xinhuanet.com/politics/2018 – 05/22/c_1122870547.htm.
② 《2020 中国生态环境状况公报》发布[EB/OL]. http://www.xinhuanet.com/enterprise/2021 – 05/26/c_1127493313.htm.

（二）坚持绿水青山就是金山银山发展理念，实现了保护中发展和发展中保护

建设生态文明是一场涉及价值观念、思维方式、生产方式和生活方式的革命性变革。党的十八大以来，习近平总书记对生态文明建设做出了深刻阐述，推动了我国生态文明建设发生历史性转折性全局性变化。

1. 明确了绿水青山和金山银山的关系

绿水青山就是金山银山的科学命题，是深入实际、深入群众的产物。早在 2005 年，时任浙江省委书记的习近平在余村考察时，得知村里关闭矿区、走绿色发展之路的做法后，就高度评价下决心关停矿山为高明之举。① 正是在这次考察中，习近平首次提出"绿水青山就是金山银山"的论断，强调不以环境为代价去推动经济增长。2005 年 8 月 15 日，习近平到安吉天荒坪镇余村考察时再次提出："我们过去讲，既要绿水青山，又要金山银山。其实，绿水青山就是金山银山。"② 随后，习近平在《浙江日报》"之江新语"栏目上发表了《绿水青山也是金山银山》的文章。文章指出："我们追求人与自然的和谐，经济与社会的和谐，通俗地讲，就是既要绿水青山，又要金山银山。"③ 在这个意义上，环境和发展是可以统一的。2015 年 8 月，在习近平总书记提出"绿水青山就是金山银山"理念十周年之际，中央政治局会议正式把"绿水青

① 让绿水青山更美 金山银山更大——习近平总书记浙江考察激励各地坚定走可持续发展之路［EB/OL］. http://www. gov. cn/xinwen/2020 - 04/03/content_5498816. htm.

② 习近平. 绿水青山就是金山银山［EB/OL］. http://theory. people. com. cn/gb/n1/2017/0608/c40531 - 29327210. html.

③ 为了中华民族永续发展——习近平总书记关心生态文明建设纪实［EB/OL］. http://jhsjk. people. cn/article/26665396.

山就是金山银山"写进党中央、国务院推进生态文明建设和生态文明体制改革等重要文件。自此,这一理念进一步上升为我国建设生态文明的基本思想和治国理政的基本理念。在党的十九大报告中,"树立和践行绿水青山就是金山银山"首次被写入中国共产党的政治报告中,且在表述中与"坚持节约资源和保护环境的基本国策"一并成为新时代中国特色社会主义生态文明建设的思想和基本方略。[①] 同时,党的十九大通过的《中国共产党章程(修正案)》,强化和凸显了"增强绿水青山就是金山银山的意识"的表述。这是党和国家在全面决胜小康社会的历史性时刻,对生态文明建设做出的根本性、全局性、历史性的战略部署,这一战略部署引领了中国特色社会主义生态文明建设进入新时代。

"我们既要绿水青山,也要金山银山。宁要绿水青山,不要金山银山,而且绿水青山就是金山银山。"[②]金山银山和绿水青山的关系,归根到底就是正确处理经济发展和生态环境保护的关系。党的十八大以来,以习近平同志为核心的党中央认识到,正确处理经济发展和生态环境保护的关系是实现可持续发展的内在要求,是坚持绿色发展、推进生态文明建设首先必须解决的重大问题。

2. 在保护中发展,在发展中保护

党的十八大以来,中国共产党人越发坚信,经济发展不应是对资源和生态环境的竭泽而渔,生态环境保护也不应是舍弃经济发展的缘木求鱼,而是要坚持在发展中保护、在保护中发展。2013 年 9 月 7 日,习近平主席在哈萨

---

① 习近平.决胜全面建成小康社会 夺取新时代中国特色社会主义伟大胜利——在中国共产党第十九次全国代表大会上的报告[M].北京:人民出版社,2017:23 – 24.

② 习近平在哈萨克斯坦纳扎尔巴耶夫大学发表重要演讲[EB/OL]. http://jhsjk. people. cn/article/22843681.

克斯坦纳扎尔巴耶夫大学发表演讲。正是在这次演讲时,习近平主席从本体论和实践论层面系统全面地阐述了绿水青山和金山银山之间的辩证关系。① 在此基础上,习近平总书记将环境(绿水青山)和发展(金山银山)之间辩证关系的通俗表述,上升到"保护生态环境就是保护生产力,改善生态环境就是发展生产力"的理论高度,②深刻阐明了生态环境保护与生产力发展之间的辩证关系,揭示了环境保护的本质内涵和最终价值目标,为马克思主义的生产力理论注入了新的时代内涵。

党的十八大以来,以习近平总书记"生态环境就是生产力"的科学论断为指导,中国共产党人高度重视生态环境对生产力发展的决定性作用,把保护和改善生态环境作为生态文明建设的重点,在尊重自然、顺应自然的基础上,充分发挥人的主观能动性,在加大生态环境保护力度的同时,努力改善生态环境质量,不断提高生态生产力。通过摒弃以牺牲生态环境换取一时的经济增长的做法,让良好生态环境成为人民生活改善的增长点、成为经济社会持续健康发展的支撑点、成为展现我国良好形象的发力点,中华大地的天更蓝、山更绿、水更清、环境更优美。

3. 创新了发展思路和发展手段

人类要过上更好的生活,需要发展经济。过去认为生产农产品、工业品、服务产品的活动才是经济活动,才是发展。但是人类除了对农产品、工业品和服务产品有需求外,还需要生态产品,需要清新的空气、清洁的水源、舒适的环境。过去之所以没有将这些生态产品定义为产品,没有将提供生态产品的活动定义为发展,是因为在工业文明之前以及工业文明的早期,生

---

① 习近平在哈萨克斯坦纳扎尔巴耶夫大学发表重要演讲[EB/OL]. http://jhsjk. people. cn/article/22843681.

② 习近平谈生态文明[EB/OL]. http://jhsjk. people. cn/article/25567379.

态产品是无限供给的,是不需要付费就可以自然而然得到的。当今社会,能源紧张、资源短缺、生态退化、环境恶化、气候变化、灾害频发,新空气、清洁水源、舒适环境越来越成为稀缺的产品。人们终于认识到,自然也是有价值的。保护自然,就是增值自然价值和自然资本的过程,就是保护和发展生产力。外界自然条件在经济上可以分为两大类:生活资料的自然富源,例如土壤的肥力,渔产丰富的水域等;劳动资料的自然富源,如奔腾的瀑布、可以航行的河流、森林、金属、煤炭等。在发展初期,第一类自然富源具有决定性的意义;在较高的发展阶段,第二类自然富源具有决定性的意义。党的十八大以来,以习近平同志为核心的党中央始终坚信绿水青山是人民幸福生活的重要内容,是金钱不能代替的;绿水青山和金山银山决不是对立的,关键在人,关键在思路。党的十八届三中全会提出编制自然资源资产负债表;党的十九大提出建立市场化、多元化生态补偿机制,就是要探索生态产品价值的实现方式,探索绿水青山变成金山银山的具体路径。让绿水青山充分发挥经济社会效益,关键是要树立正确的发展思路,因地制宜选好发展产业。为此,我国加快转变经济发展方式,大力发展循环经济和低碳经济。

(三)坚持良好生态环境就是普惠民生福祉,环境问题得到一定改善

党的十八大以来,以习近平同志为核心的党中央进一步从民生福祉的高度来看待生态文明建设。从关心人民群众的现实生活需要和切身的生态利益出发,习近平总书记提出了良好生态环境是最普惠的民生福祉的生态价值判断。

1.确立了"生态惠民、生态利民、生态为民"的价值理念

2013 年,习近平总书记在海南考察工作时指出:"良好生态环境是最公平的公共产品,是最普惠的民生福祉。"①对人的生存来说,金山银山固然重要,但绿水青山是人民幸福生活的重要内容,是金钱不能代替的。从公共产品和民生福祉看待生态文明,集中体现出社会主义生态文明的价值取向。2013 年 5 月,习近平总书记在主持十八届中央政治局第六次集体学习时,指出:"建设生态文明,关系人民福祉,关乎民族未来。"②要求为人民群众创造良好生产生活环境。2013 年 4 月,习近平总书记在党的十八届中央政治局常委会会议上指出,生态环境问题既是重大经济问题,也是重大社会和政治问题。③ 同年 9 月 7 日,习近平主席在访问哈萨克斯坦纳扎尔巴耶夫大学时指出,建设生态文明是关系人民福祉、关乎民族未来的大计。④ 2015 年 3 月,习近平总书记在参加十二届全国人大三次会议江西代表团审议时指出:"环境就是民生,青山就是美丽,蓝天也是幸福。要像保护眼睛一样保护生态环境,像对待生命一样对待生态环境。"⑤2015 年 4 月出台的《中共中央国务院关于加快推进生态文明建设的意见》提出,生态文明建设是中国特色社会主义事业的重要内容,关系人民福祉,关乎民族未来,事关"两个一百年"奋斗

---

① 习近平在海南考察:加快国际旅游岛建设 谱写美丽中国海南篇[EB/OL]. http://jhsjk. people. cn/article/21093668.

② 党的十八大以来习近平总书记关于生态工作的新理念、新思想、新战略[EB/OL]. http://jhsjk. people. cn/article/28239465.

③ 习近平. 环境就是民生,青山就是美丽,蓝天也是幸福[EB/OL]. http://cpc. people. com. cn/xuexi/n1/2018/0223/c385476 – 29830095. html.

④ 习近平在哈萨克斯坦纳扎尔巴耶夫大学发表重要演讲[EB/OL]. http://jhsjk. people. cn/article/22843681.

⑤ 习近平、张德江、俞正声、王岐山分别参加全国两会一些团组审议讨论[EB/OL]. http://jhsjk. people. cn/article/26653035.

目标和中华民族伟大复兴中国梦的实现。①

温饱问题解决以后,保护生态环境就应该而且必须成为发展的题中应有之义。随着我国社会生产力水平明显提高和人民生活水平显著改善,人民群众的需求呈现出多样化、多层次、多方面的特点,人民群众对清新空气、清澈水质、清洁环境等生态产品的需求越来越迫切,生态环境越来越珍贵。"民之所好好之,民之所恶恶之。"②发展经济是为了民生,保护生态环境同样是为了民生。在这一价值理念指导下,中国始终坚持以人民为中心的发展思想,做到生态惠民、生态利民、生态为民,提升人民群众获得感、幸福感、安全感。

2. 现代化全面不全面,生态环境治理是关键

保护生态环境已经成为全球共识,而中国共产党是第一个把它作为治理行动纲领的政党。建设生态文明,关系人民福祉,关乎民族未来。党的十八大把生态文明建设纳入"五位一体"的中国特色社会主义事业总体布局,首次对如何做好生态文明建设进行深入探讨,"推进绿色发展、循环发展、低碳发展""建设美丽中国"也是首次提出,从此生态文明建设作为中国共产党执政理念的与时俱进,上升到国家战略高度。党的十八届三中全会从制度、机制和制度体系上系统部署了生态文明建设。着力建设美丽中国,深化生态文明结构改革,加快生态文明体系建设。党的十八届四中全会要求严格法律制度保护生态环境,从依法治国的角度推进生态文明建设。党的十八届五中全会把"绿色发展"作为引领中国全面发展的五大发展理念之一,还

---

① 中共中央 国务院关于加快推进生态文明建设的意见[EB/OL]. http://www.gov.cn/gong-bao/content/2015/content_2864050.htm.

② 习近平总书记重要讲话在中央党校第一期县委书记研修班学员中引起强烈反响[EB/OL]. http://jhsjk.people.cn/article/26380002.

要求文明发展应包括生产发展、生活富裕和生态良好,加快建设资源节约型、环境友好型社会。党的十九届三中全会提出改革自然资源和生态环境管理体制,组建成立生态环境部。党的十九届四中全会强调坚持和完善生态文明制度体系,从实行最严格的生态环境保护制度、全面建立资源高效利用制度、健全生态保护和修复制度、严明生态环境保护责任制度四个方面促进人与自然和谐共生。党的十九届五中全会提出加快推动绿色低碳发展,持续改善环境质量,提升生态系统质量和稳定性,全面提高资源利用效率,从而通过绿色发展,促进人与自然和谐共生。全面建设社会主义现代化国家就是要促进现代化建设各个环节、各个方面协调发展,其中生态环境文明建设是题中应有之义。

3. 优先解决损害群众健康的突出环境问题

2017 年 10 月 18 日,在党的十九大上,根据我国社会主要矛盾的变化,习近平总书记提出:"我们要建设的现代化是人与自然和谐共生的现代化,既要创造更多物质财富和精神财富以满足人民日益增长的美好生活需要,也要提供更多优质生态产品以满足人民日益增长的优美生态环境需要。"①凸显了优美生态环境需要在人民群众需要体系中的基础性、独特性、专门性的地位。2018 年 5 月,习近平总书记在全国生态环境保护大会上指出,生态环境是关系党的使命宗旨的重大政治问题,也是关系民生的重大社会问题。广大人民群众热切期盼加快提高生态环境质量。因此我们要积极回应人民群众所想所盼、所急,重点解决损害群众健康的突出生态环境问题,大力推进生态文明建设,提供更多优质生态产品,坚持生态惠民、生态利民、生态为

---

① 习近平.决胜全面建成小康社会 夺取新时代中国特色社会主义伟大胜利——在中国共产党第十九次全国代表大会上的报告[M].北京:人民出版社,2017:50.

民,不断满足人民群众日益增长的优美生态环境需要。[①]

在习近平生态文明思想的指引下,我国污染防治攻坚战取得历史性成就,但继续深入打好污染防治攻坚战的任务仍然艰巨。党的十八大以来,党和国家坚决向污染宣战,制定实施了大气、水、土壤污染防治行动计划。尤其是党的十九大后,各地区各部门聚焦打赢蓝天保卫战等标志性战役。与2015 年相比,2019 年全国地表水优良水质断面比例上升 8.9 个百分点,劣 V类断面比例下降 6.3 个百分点;细颗粒物未达标地级及以上城市年均浓度下降 23.1%,全国 337 个地级及以上城市年均优良天数比例达到 82%。[②] 截至2020 年,全国地级及以上城市 PM2.5 浓度达到国家空气质量二级标准,黑臭水体消除比例达到 98.2%,蓝天、碧水、净土保卫战取得显著成效。[③] 但我国生态环境保护仍处于压力叠加、负重前行的关键期,生态环境质量改善成效并不稳固,稍有松懈就有可能出现反复,犹如逆水行舟,不进则退。因此要坚持方向不变、力度不减,突出精准治污、科学治污、依法治污,继续开展污染防治行动,深入打好蓝天、碧水、净土保卫战。

(四)坚持山水林田湖草是生命共同体,生态环境保护建设全方位开展

党的十八大以来,习近平总书记用“命脉”把人与山水林田湖草连在一起,生动形象地阐述了人与自然之间唇齿相依的一体性的生命共同体关系,

---

① 习近平. 推动我国生态文明建设迈上新台阶[EB/OL]. http://jhsjk. people. cn/article/30603656.

② 生态环境部副部长:有信心完成污染防治攻坚战阶段的目标任务[EB/OL]. https://baijia-hao. baidu. com/s? id=1680413472497444109&wfr=spider&for=pc.

③ 三大攻坚战取得决定性成就[EB/OL]. http://www. gov. cn/xinwen/2021 - 03/01/content_5589410. htm.

提出山水林田湖草是一个生命共同体，只有打通彼此间的"关节"与"经脉"，才能全方位、全地域、全过程推进生态文明建设，揭示了山水林田湖草之间的合理配置和统筹优化对人类健康生存与永续发展的意义。"生命共同体"的论断是习近平总书记倡导的系统思维在生态文明建设方面的生动体现，也体现了中国共产党人对生态环境保护的整体认知的全局观。从生命维度对人与自然关系的全新认知，凸显了人类生存和发展的根基所在。

1. 坚持生命共同体的系统思想

人的命脉在田，田的命脉在水，水的命脉在山，山的命脉在土，土的命脉在树。大自然是一个相互依存、相互影响的系统。必须按照生态系统的整体性、系统性及其内在规律，进行整体修复、系统修复、综合治理。2013 年 11 月，在党的十八届三中全会上就《中共中央关于全面深化改革若干重大问题的决定》进行说明时，习近平总书记针对健全国家自然资源资产管理体制问题强调："我们要认识到，山水林田湖是一个生命共同体，人的命脉在田，田的命脉在水，水的命脉在山，山的命脉在土，土的命脉在树。"[1]2015 年 9 月，习近平总书记主持召开十八届中央政治局会议，审议通过了《生态文明体制改革总体方案》。该方案将树立山水林田湖是一个生命共同体的理念作为生态文明体制改革的六大理念之一，提出要按照生态系统的整体性、系统性及其内在规律，统筹考虑自然生态各要素、山上山下、地上地下、陆地海洋以及流域上下游，进行整体保护、系统修复、综合治理，增强生态系统巡航能力，维护生态平衡。2017 年 7 月，习近平总书记在中央全面深化改革领导小组第三十七次会议上对"山水林田湖"作为生命共同体的理念进行了进一步

---

[1] 习近平. 关于《中共中央关于全面深化改革若干重大问题的决定》的说明[EB/OL]. http://jhsjk. people. cn/article/23559310.

扩展,强调要"坚持山水林田湖草是一个生命共同体",构建以国家公园为代表的自然保护地体系。[①] 虽然只增加了一个"草"字,却把我国最大的陆地生态系统纳入生命共同体之中,体现了深刻全面的大生态自然观,更加体现了自然生态系统的全面性、系统性、整体性,也对生态治理和自然修复提出了更高的要求。在党的十九大报告当中,"人与自然和谐共生"被纳入坚持和发展中国特色社会主义基本方略,并将"统筹山水林田湖草系统治理"作为该基本方略的组成要素。[②] 进一步明确了统筹山水林田湖草在社会主义生态文明和中国特色社会主义当中的重要地位。"山水林田湖草是一个生命共同体"理论对我国建立自然资源资产产权制度、建立系统完备的生态文明制度体系、全面提升生态系统的稳定性、筑牢生态安全屏障等均发挥了全面性的指导意义。

2. 按照系统工程思路建设

2015 年 10 月,习近平总书记在党的十八届五中全会第二次全体会议上的讲话中提出:"要坚持保护优先、自然恢复为主,实施山水林田湖生态保护和修复工程,加大环境治理力度,改革环境治理基础制度,全面提升自然生态系统稳定性和生态服务功能,筑牢生态安全屏障。"[③]2016 年 11 月,习近平总书记在中央全面深化改革领导小组第二十九次会议上提出,要划定并严守生态保护红线,按照山水林田湖系统保护的思路,实现一条红线管控重要

---

① 习近平主持召开中央全面深化改革领导小组第三十七次会议强调 敢于担当善谋实干锐意进取,深入扎实推动地方改革工作 [EB/OL]. http://news. 12371. cn/2017/07/19/AR-TI1500466453866106. shtml.

② 习近平. 决胜全面建成小康社会 夺取新时代中国特色社会主义伟大胜利——在中国共产党第十九次全国代表大会上的报告[M]. 北京:人民出版社,2017:24.

③ 习近平. 在党的十八届五中全会第二次全体会议上的讲话(节选)[EB/OL]. http://jhsjk. people. cn/article/28002398.

生态空间,形成生态保护红线全国"一张图"。① 2017 年 5 月,习近平总书记在主持十八届中央政治局第四十一次集体学习时指出:"要加快推进生态保护修复,要坚持保护优先、自然恢复为主,深入实施山水林田湖一体化生态保护和修复,开展大规模国土绿化行动,加快水土流失和荒漠化石漠化综合治理。"②生态环境治理是一项复杂的社会系统工程。生态文明应融入经济建设、政治建设、文化建设、社会建设各个方面和全过程,生态文明理念和举措应融入工业化、信息化、城镇化、农业现代化过程中,要同步进行,而不是完成后再改造。

3. 全方位、全地域、全过程开展生态环境保护建设

2013 年 5 月,习近平总书记在主持十八届中央政治局第六次集体学习时指出:"国土是生态文明建设的空间载体。从大的方面统筹谋划、搞好顶层设计,首先要把国土空间开发格局设计好。要按照人口资源环境相均衡、经济社会生态效益相统一的原则,整体谋划国土空间开发,统筹人口分布、经济布局、国土利用、生态环境保护,科学布局生产空间、生活空间、生态空间,给自然留下更多修复空间,给农业留下更多良田,给子孙后代留下天蓝、地绿、水净的美好家园。""主体功能区战略,是加强生态环境保护的有效途径,必须坚定不移加快实施。要严格实施环境功能区划,严格按照优化开发、重点开发、限制开发、禁止开发的主体功能定位,在重要生态功能区、陆地和海洋生态环境敏感区、脆弱区,划定并严守生态红线,构建科学合理的

---

① 习近平主持召开中央全面深化改革领导小组第二十九次会议强调 全面贯彻党的十八届六中全会精神 抓好改革重点落实改革任务[EB/OL]. http://news. 12371. cn/2016/11/01/AR-TI1477997383305757. shtml.

② 习近平在中共中央政治局第四十一次集体学习时强调 推动形成绿色发展方式和生活方式 为人民群众创造良好生产生活环境[EB/OL]. http://news. 12371. cn/2017/05/27/AR-TI1495877970701984. shtml.

城镇化推进格局、农业发展格局、生态安全格局,保障国家和区域生态安全,提高生态服务功能。"①按照这一要求,实践中开始注重设计好国土空间开发格局,促进生产空间集约高效、生活空间宜居适度。2015年4月出台的《中共中央国务院关于加快推进生态文明建设的意见》提出,必须协同推进新型工业化、信息化、城镇化、农业现代化和绿色化,加快推动生产方式绿色化和生活方式绿色化,使生态文明成为社会主流价值观。② 显然,"绿色化"是重大创新,绿色化即生态化或永续化,强调的是生态文明建设的过程性。

(五)坚持用最严格制度最严密法治保护生态环境,加快生态文明体制改革

建设生态文明,实现美丽中国梦,归根到底要靠制度安排来保障。改革开放以来,我国已经初步建立起符合我国国情的生态环境保护制度和法律体系。但随着经济社会发展,危害生态环境的因素逐渐增多且变得愈加复杂,一些制度性、体制性的深层次问题日益凸显。

1.明确保护生态环境必须依靠制度

建设生态文明,是一场涉及生产方式、生活方式、思维方式和价值观念的革命性变革。实现这样的变革,必须依靠制度和法治。我国生态环境保护中存在的一些突出问题,大都与体制不完善、机制不健全和法治不完备有关。为此,习近平总书记指出:"只有实行最严格的制度、最严密的法治,才

---

① 习近平.坚持节约资源和保护环境基本国策 努力走向社会主义生态文明新时代[EB/OL]. http://jhsjk.people.cn/article/21608764.

② 中共中央 国务院关于加快推进生态文明建设的意见[EB/OL]. http://www.gov.cn/gongbao/content/2015/content_2864050.htm.

能为生态文明建设提供可靠保障。"①在这一思想指导下,完善的经济社会发展考核制度、严格的生态源头保护制度、生态损害赔偿制度、生态责任追究制度、生态红线制度、"大气十条""水十条""土十条"等一系列完备的生态文明规章制度相继出台,"河长制""环保一票否决制"等制度全面推行。

在生态文明建设过程中,健全的生态法律体系和良好的生态法治氛围起着至关重要的作用。2013 年 5 月,习近平总书记在主持十八届中央政治局第六次集体学习时指出:"生态环境保护是功在当代、利在千秋的事业。要清醒认识保护生态环境、治理环境污染的紧迫性和艰巨性,清醒认识加强生态文明建设的重要性和必要性,要以对人民群众、对子孙后代高度负责的态度和责任,真正下决心把环境污染治理好、把生态环境建设好。"②只有实行最严格的制度、最严密的法治,才能为生态文明建设提供可靠保障。制度建设是推进生态文明建设的重中之重。总体来看,健全生态文明制度体系,制定更加严格、公平、包容和面向长远的社会规范,是生态文明建设的主要着力点。

2.注重生态文明制度顶层设计,构建"四梁八柱"

最严格的生态环境保护制度是党的十八大以来科学探索的产物。2013年,党的十八届三中全会对生态环境保护体制改革加快生态文明制度建设作出了明确的系统的战略部署,并第一次正式提出了"划定生态保护红线"这一制度。全会通过的决定明确提出:"建设生态文明,必须建立系统完整的生态文明制度体系,实行最严格的源头保护制度、损害赔偿制度、责任追究制度,完善环境治理和生态修复制度,用制度保护生态环境。"③同时,全会

①② 习近平.坚持节约资源和保护环境基本国策 努力走向社会主义生态文明新时代[EB/OL]. http://jhsjk. people. cn/article/21608764.
③ 中共中央关于全面深化改革若干重大问题的决定[M].北京:人民出版社,2013:52.

通过的决定提出,加快生态文明制度建设,必须健全自然资源资产产权制度和用途管制制度、划定生态保护红线、实行资源有偿使用制度和生态补偿制度、改革生态环境保护管理体制。由此,我国开始探索建立严格的生态保护制度。

2014 年 2 月,国土资源部发布《关于强化管控落实最严格耕地保护制度的通知》,提出要毫不动摇地坚持耕地保护红线,强化土地用途管制,确保耕地数量和质量,加强土地执法督察,落实共同责任,建立耕地长效保护机制。2015 年 5 月,环境保护部印发《生态保护红线划定技术指南》,要求必须在国家或区域尺度上,对重点生态功能区、生态敏感区、生态脆弱区、禁止开发区等各生态区域划定严格的管控边界和制定详细的划定办法,使之继续为人类生存和经济社会发展持续提供生态服务,保障国家生态安全。并且,对生态保护红线划定原则做出了明确规定和要求,并制定了系统完整的生态红线划定技术流程和技术方案,督促各地区组织开展生态保护红线划定工作,切实保障国家和区域生态安全。[①] 2015 年,党的十八届五中全会中强调,加大环境治理力度,以提高环境质量为核心,实行最严格的环境保护制度,深入实施大气、水、土壤污染防治行动计划,实行省以下环保机构监测检查执法垂直管理制度。[②]《中华人民共和国国民经济和社会发展第十三个五年规划纲要》提出,要"创新环境治理理念和方式,实行最严格的环境保护制度,强化排污者主体责任,形成政府、企业、公众共治的环境治理体系,到 2020 年,实现环境质量总体改善"[③]。2016 年 6 月,国土资源部发布了《全国土地

---

① 关于印发《生态保护红线划定技术指南》的通知[EB/OL]. http://www.mee.gov.cn/gkml/hbb/bwj/201505/t20150518_301834.htm.

② 加大环境治理力度[EB/OL]. http://www.gov.cn/xinwen/2015 – 11/30/content_5018096.htm.

③ 中华人民共和国国民经济和社会发展第十三个五年规划纲要[EB/OL]. http://www.xin-huanet.com/politics/2016lh/2016 – 03/17/c_1118366322.htm.

利用总体规划纲要(2006—2020 年)调整方案》,提出在坚持最严格的耕地保护制度和最严格的节约用地制度的前提下,对土地利用规划进行微调,加快生态文明建设步伐。① 2017 年 2 月,中共中央办公厅和国务院办公厅联合印发《关于划定并严守生态保护红线的若干意见》,为生态保护红线划定工作确立了总体目标,即在 2020 年底前,全面完成全国生态保护红线划定,堪界定标,基本建立生态保护红线制度;到 2030 年,生态保护红线布局进一步优化,生态保护红线制度有效实施,生态功能显著提升,国家生态安全得到全面保障。② 在上述探索的基础上,党的十九大报告明确提出,建设生态文明必须实行最严格的生态环境保护制度。2018 年 5 月,习近平总书记在全国生态环境保护大会上的讲话中进一步强调,用最严格的制度最严密的法治保护生态环境,加快制度创新,强化制度执行,让制度成为刚性的约束和不可触碰的高压线。由此,我国形成了最严格的环境保护制度框架。

党的十八大以来,党和国家一方面加快完善立法,被称为"史上最严"的《中华人民共和国环境保护法》加大了对企业违法的处罚力度,也增加了对行政监管部门的问责措施;另一方面,加大了执法力度,在全面推进依法治国的大背景下坚决消除在环保领域存在的有法不依、执法不严、违法不究的现象。此外,作为一项推进生态文明建设和环境保护的重大制度安排,党中央、国务院向全国各地派驻环境保护督察组,重点了解地方党委和政府贯彻落实国家环境保护决策部署、解决突出环境问题、落实环境保护主体责任情况,严格履行"督政"职责,有力发挥了党和政府在生态文明建设中的主导作用。

---

① 《全国土地利用总体规划纲要(2006—2020 年)调整方案》印发实施[EB/OL]. http://www.gov. cn/xinwen/2016 – 06/23/content_5084765. htm.

② 中共中央办公厅 国务院办公厅印发《关于划定并严守生态保护红线的若干意见》[EB/OL]. http://www. gov. cn/zhengce/2017 – 02/07/content_5166291. htm.

3.加快生态文明体制改革

党的十八大以来,更加注重生态文明体制改革。2015 年 9 月,《生态文明体制改革总体方案》出台,明确了以八项制度为重点,加快建立产权清晰、多元参与、激励约束并重、系统完整的生态文明制度体系。① 通过顶层设计形成能够被不同主体接受和遵守的合理制度。为着力解决自然资源所有者不到位、所有权边界模糊等问题,构建了归属清晰、权责明确、监管有效的自然资源资产产权制度,该制度的宗旨是"清晰";为着力解决因无序开发、过度开发、分散开发导致的优质耕地和生态空间占用过多、生态破坏、环境污染等问题,构建了以空间规划为基础、以用途管制为主要手段的国土空间开发保护制度,该制度的宗旨是"适度";为着力解决空间性规划重叠冲突、部门职责交叉重复、地方规划朝令夕改等问题,构建了以空间治理和空间结构优化为主要内容,全国统一相互衔接、分级管理的空间规划体系,该制度的宗旨是"合理";为着力解决资源使用浪费严重、利用效率不高等问题,构建了覆盖全面、科学规范、管理严格的资源总量管理和全面节约制度,该制度的宗旨是"高效";为着力解决自然资源及其产品价格偏低、生产开发成本低于社会成本、保护生态得不到合理回报等问题,构建了反映市场供求和资源稀缺程度、体现自然价值和代际补偿的资源有偿使用和生态补偿制度,该制度的宗旨是"有偿";为着力解决污染防治能力弱、监管职能交叉、权责不一致、违法成本过低等问题,构建了以改善环境质量为导向,监管统一、执法严明、多方参与的环境治理体系,该制度的宗旨是"治污";为着力解决市场主体和市场体系发育滞后、社会参与度不高等问题,构建了更多运用经济杠杆

---

① 中共中央 国务院印发《生态文明体制改革总体方案》[EB/OL]. http://www.gov.cn/guowuyuan/2015 −09/21/content_2936327.htm.

进行环境治理和生态保护的市场体系,该制度的宗旨是"机制";为着力解决发展绩效评价不全面、责任落实不到位、损害责任追求缺失等问题,构建了充分反映资源消耗、环境损害和生态效益的生态文明绩效评价考核和责任道究制度,该制度的宗旨是"问责"。

(六)坚持共谋全球生态文明建设,打造绿色丝绸之路中国方案

生态问题是目前全人类最大的共同议题,并逐渐成为超越经济与发展的人类三大问题之一。党的十八大以来,中国越来越重视生态保护,和世界各国的合作交流也越来越多。习近平总书记创造性地提出了"人类命运共同体"的倡议,形成了共谋全球生态文明建设的全球生态治理观,为建设清洁美丽的世界贡献了中国方案、中国智慧和中国力量,中国逐渐"成为全球生态文明建设的重要参与者、贡献者、引领者"。

1.全球气候治理的中国方案

为了控制温室气体排放和气候变化危害,自1992年联合国环境与发展会议通过《气候变化框架公约》以来,世界各国积极努力,近30年取得了《京都议定书》和《巴黎协定》等重要成果。中国作为世界上最大的发展中国家,积极应对全球气候变化,勇于承担责任,提出了中国方案。第一,要牢固树立尊重自然、顺应自然、保护自然的观念。第二,要秉持正确的义利观。2015年,习近平主席在气候变化巴黎大会开幕式上的讲话中指出:"中国坚持正确义利观,积极参与气候变化国际合作。多年来,中国政府认真落实气候变化领域南南合作政策承诺,支持发展中国家特别是最不发达国家、内陆发展中国家、小岛屿发展中国家应对气候变化挑战。为加大支持力度,中国

在今年9月宣布设立200亿元人民币的中国气候变化南南合作基金。中国将于明年启动在发展中国家开展10个低碳示范区、100个减缓和适应气候变化项目及1000个应对气候变化培训名额的合作项目,继续推进清洁能源、防灾减灾、生态保护、气候适应型农业、低碳智慧型城市建设等领域的国际合作,并帮助他们提高融资能力。"①第三,积极创新应对气候变化新路径。面对全球气候变化这一复杂问题,"我们要创新应对气候变化路径。实现可持续发展,要有新的全球视野。老路走不通,创新是出路。要积极运用全球气候变化综合观测、大数据等新手段,深化气候变化科学基础研究。要加快创新驱动,以低碳经济推动发展,转变传统生产和消费方式。要以关键技术突破支撑能源、交通、建筑等重点行业战略性减排。要增强脆弱领域适应能力,大力发展气候适应型经济。科技创新只有打破利益藩篱,才能有效服务全人类"②。只有不断坚持绿色科学技术创新,才能为解决气候问题提供有力的科技支撑。现在,中国已经成为推动《巴黎协定》生效和维护《巴黎协定》权威的重要力量。

2.全球荒漠化治理的中国方案

中国在积极进行生态保护、修复自然生态系统的过程中,形成了治理荒漠的丰富实践经验和科学方法,这些经验和方法可以与国际社会共享。如,库布齐沙漠就是成功实践经验。库布齐沙漠是中国第七大沙漠,总面积1.86万平方千米,是距离北京最近的沙漠,曾是京津冀地区三大风沙源之一。改革开放之初的库布齐生产生活条件十分恶劣,10万农牧民们散居在沙漠里,过着与沙为伴的游牧生活。改革开放40多年来,特别是党的十八大

① 习近平在气候变化巴黎大会开幕式上的讲话(全文)[EB/OL]. http://www.xinhuanet.com/politics/2015 –12/01/c_1117309642.htm.

② 习近平.习近平二十国集团领导人杭州峰会讲话选编[M].北京:外文出版社,2017:17–18.

以来,在习近平生态文明思想指引下,鄂尔多斯市大力推进祖国北疆生态安全屏障建设,治理库布齐沙漠面积达6460平方千米,绿化面积达3200多平方千米,沙漠的森林覆盖率由2002年的0.8%增加到2016年的15.7%;植被覆盖度由2002年16.2%增加到2016年的53%,成为世界上唯一被整体治理的沙漠,①创造出一二三产业融合互补的千亿级沙漠生态循环经济,累计带动10.2万名群众彻底脱贫,贫困人口年均收入从不到400元增长到目前1.4万元。库布齐沙尘天气明显减少,降雨量显著增多,生物多样性大幅恢复,把沙尘挡在了塞外,从一片"死亡之海"成为一座富饶文明的"经济绿洲",成为当地人绿色生活、绿色生产的美丽家园。2014年,库布齐沙漠生态治理区被联合国确立为全球沙漠"生态经济示范区"。库布齐沙漠治理模式开出了中国战胜"地球癌症"的良方。如今,库布齐沙漠治理形成的可复制、可推广、可持续的模式,已在全球许多荒漠化严重地区推广。

3. 打造绿色丝绸之路的中国方案

2013年9月,习近平主席在哈萨克斯坦纳扎尔巴耶夫大学发表演讲时提出了共建"丝绸之路经济带"的构想。10月,在出访东盟时提出了共建"21世纪海上丝绸之路"的倡议,由此"一带一路"倡议走入世界视野。在推动"一带一路"建设过程中,把"一带一路"打造成"绿色丝绸之路",是中国解决世界环境和发展矛盾的重要方案。丝绸之路沿线国家面临资源短缺、生态脆弱的风险,需要通过打造绿色丝绸之路,以绿色金融、绿色投资、绿色信息等生态文明的方式解决发展中的问题。正如习近平总书记提出的:"建设绿色家园是人类的共同梦想。我们要着力推进国土绿化、建设美丽中国,

---

① 陈力、王亦然. 从"死亡之海"变"经济绿洲"——内蒙古库布其沙漠整体治理记事[N].经济日报.2017-09-12.

还要通过一带一路建设等多边合作机制,互助合作开展造林绿化,共同改善环境,积极应对气候变化等全球性生态挑战,为维护全球生态安全作出应有贡献。"①可见,打造绿色丝绸之路具有延续人类文明的重要意义。

(七)形成了习近平生态文明思想,生态文明建设取得新进展

党的十八大以来,在马克思主义生态思想的指导下,在领导中国人民建设社会主义生态文明的伟大实践中,习近平总书记提出了一系列关于生态文明的新理念新思想新战略,深刻回答了为什么建设生态文明、建设什么样的生态文明以及怎样建设生态文明等重大问题,形成了习近平生态文明思想。2018年5月,在全国生态环境保护大会上,"习近平生态文明思想"正式提出。习近平生态文明思想成为党的十八大以来中国共产党人的生态文明理论创新、实践创新和制度创新成果的集中体现。在习近平生态文明思想指导下,中国走向了社会主义生态文明的新时代。

1. 提出了新时代生态文明建设的新理念

发展理念是否对头,从根本上决定着发展成效乃至成败。党的十八大以来,习近平总书记以高度的理论自觉,深刻把握新时代人与自然关系的新形势新矛盾新特征,提出了生态文明建设的理念。

第一,提出了绿色发展理念。绿色发展理念作为新发展理念的重要部分,实现了发展理念的深刻变革。从党的十八大报告提出建设"美丽中国"的目标以来,习近平总书记曾在多个场合对绿色发展理念进行阐述。如,

---

① 习近平:发扬前人栽树后人乘凉精神 多种树种好树管好树[EB/OL]. http://jhsjk. people. cn/article/28251889.

"坚持绿色发展、循环发展、低碳发展""科学布局生产空间、生活空间、生态空间""环境就是民生,青山就是美丽,蓝天也是幸福,绿水青山就是金山银山"等。可以说,绿色发展理念和生态文明建设具有内在的逻辑统一性。前者是方法论,后者是内在要求。推进生态文明建设,必须坚持绿色发展理念,让人民群众在享受经济发展带来实惠的同时,感受到生态环境的改善。

第二,确立了生态红线的观念。生态红线是国家生态安全的底线和生命线,主要涵盖了空间红线、资源消耗和环境质量红线、政策红线等方面,其目的是建立最为严格的生态保护制度,对生态功能保障、环境质量安全和自然资源利用等提出监管要求,从而有利于促进经济效益、社会效益与生态效益的辩证统一。习近平总书记强调,必须牢固树立生态红线观念,用最严密、最严格的法治保护生态环境。习近平总书记还十分重视理念落实的重要性,先后提出资源环境生态红线管控、严守资源消耗上限、完成三条控制线划定工作等具体建设路径。

第三,注重生态的系统思维。生态文明建设在"五位一体"总体布局、"四个全面"战略布局以及社会主义现代化强国重要目标中,都是作为一个重要的子系统存在。习近平总书记多次强调,要坚持人与自然是一个生命共同体的思想,牢固树立系统思维。一是提出了"山水林田湖草是一个生命共同体"的理念。自然界任何生物群落都不是孤立存在的,它们之间相互联系、相互依存,是紧密联系的有机链条,山、水、林、田、湖、草之间亦是如此,它们共同构成了完整的生态系统,是可持续发展的重要保障。二是提出了"尊重自然、顺应自然、保护自然"的理念。这从认识论、实践论的角度明确了什么是生态文明的内涵体系,明确了要建立一个完整的生态系统,重要前提之一是树立生态理念。三是提出了"生态保护与环境治理系统工程"。习近平总书记多次强调重视生态机制体制和法律法规的建设,扭正长期以来"唯GDP论"的政绩观,真正实现生态保护与环境治理的协同发展。

2.明确了新时代推进生态文明建设的新战略

党的十八大以来,以习近平同志为核心的党中央,首次把生态文明建设提升至与经济、政治、文化、社会四大建设并列的高度,并纳入中国特色社会主义事业"五位一体"的总体布局中。特别是习近平总书记提出了生态文明建设的战略定位、制度框架和构建路径。

第一,明确了生态文明建设的新定位。生态文明建设是"五位一体"总体布局中的其中一位,表明了中国共产党对中国特色社会主义建设规律从认识到实践都上升到了新的水平,有利于解决好生产发展和生态良好的现实困境,推动全社会形成尊重自然、顺应自然、保护自然的良好风尚。同时,也反映出中国共产党对中国特色社会主义事业总体布局的深刻认识和总体把握,也顺应了人民群众对美好生活的新期待,承接着关乎人民群众的经济、政治、文化、社会、生态五大基本权益。

第二,确定了"两步走"新战略。党的十九大报告对新时代中国特色社会主义发展作出了具体战略安排,构成了新"两步走"的战略安排,这一战略安排遵循整体性的发展逻辑,在大力促进经济发展的同时,从社会主义现代化建设的全局出发,在实现"富强民主文明和谐"现代化的基础上,增加了"美丽"的战略目标。这与中国特色社会主义事业"五位一体"总体布局的内容相统一、相对应,既是理论创新,又是战略指导,丰富了第二个百年奋斗目标的科学内涵。

第三,部署了生态文明建设的新任务。党的十九大报告从推进绿色发展、突出治理生态环境问题、强化生态系统工程、加强生态环境机制体制四大方面对生态文明建设决策部署了新任务。要求更加自觉地推动绿色、低碳、循环发展,实现经济生态化、生态经济化;集中力量优先解决最棘手、最突出、最影响人民群众健康的突出环境问题,实施专项保护活动;通过科学布局、节约资源、实施生态修复工程等举措,加大对生态系统的保护力度;建立完善系统的制度体系,促进国家治理体系和治理能力现代化。

3.设计了新时代人与自然和谐共生的新方略

党的十九大报告提出的"我们要建设的现代化是人与自然和谐共生的现代化",是党对新时代生态文明建设作出的新规划和新方略,构成了习近平生态文明思想的价值立足点和出发点。

第一,形成了生态文明建设的新话语。习近平总书记高度重视生态文明建设,以通俗易懂的"大白话"、直面问题的"逆耳话"、还原本色的真心话阐释了推进生态文明建设的执政理念,建构了与新时代历史阶段相适应的一系列经典生态话语体系,发出了中国声音。如:"我们在生态环境方面欠账太多了""像对待生命一样对待生态环境""发展不能断送了子孙的后路""给子孙后代留下天蓝、地绿、水净的美好家园""让老百姓吃得放心、住得安心""小康全面不全面,生态环境质量是关键""再也不能以国内生产总值增长率来论英雄""建构人类命运共同体"等。这些贴近实际、充满哲理的经典论断,已成为人民群众入脑入心、耳熟能详的生态金句。

第二,构建了生态文明建设的新框架。2018年召开的全国生态环境保护大会,不仅标志着习近平生态文明思想的正式确立,而且为"建设什么样的生态文明"以及"怎样建设生态文明"提供了新框架和新路径。特别是提出了生态文明建设必须遵循的"六项原则",是集生态自然观、生态经济观、生态民生观、生态系统观、生态制度观以及生态全球观为一体的科学严密的基本原则,构成了习近平生态文明思想新的内容框架和指导思想,系统界定了推进生态文明建设的基本框架。

第三,完善了生态文明建设的新制度。生态文明建设作为一场革命性的根本变革,必须要健全治理体系、做好制度建设、发挥制度优势。党的十八大以来,我国的生态文明建设制度伴随着新时代经济社会的发展全过程,并在发展中不断提升、在实践中逐渐完善。近年来,相继出台了多项环境保护改革方案和行政规章,并将生态文明建设通过《宪法》上升为国家意志,构建了生态文明制度的"四梁八柱",实现了中国特色社会主义生态文明建设制度的创新,体现了中国共产党积极探索生态文明建设规律的理论自觉和制度自信。

总之,中国共产党人始终坚持与时俱进的马克思主义理论品质,集中全党、全国和全社会的智慧,形成了习近平生态文明思想。习近平生态文明思想是当代马克思主义生态文明思想,是 21 世纪中国马克思主义生态文明思想。习近平生态文明思想是习近平新时代中国特色社会主义思想不可分割的重要组成部分,为推进新时代社会主义生态文明建设提供了根本遵循、行动指南和精神动力。

六、党的建设制度改革深入推进，全面从严治党成效卓著

党的十八大以来，以习近平同志为核心的党中央着眼新的形势和任务，以强烈的历史使命和责任担当，深入推进党的建设新的伟大工程，不断推进党的理论创新、制度创新、实践创新、文化创新，创造性地提出并推进全面从严治党重大战略部署，推动党的建设取得重大历史性成就，党的建设取得了显著成效。全面从严治党的伟大实践，积累了党的建设新的经验，这些宝贵经验深化了对共产党执政规律、社会主义建设规律、人类社会发展规律的认识，是党继续推进自身建设的宝贵财富，是党和国家各项事业发展的坚强政治保证。

（一）加强党的政治建设，为党和国家事业发展提供坚强政治保证

党的十八大以来的实践深刻证明，党的政治建设决定着党的建设方向和效果。习近平总书记指出："政治方向是党生存发展第一位的问题，事关

党的前途命运和事业兴衰成败。"①拥有9514.8万党员和486.4万个基层党组织的中国共产党,必须保持马克思主义政党政治上的先进性,巩固党的团结统一,而加强党的政治建设是基本前提。在一段时间里,党内存在的很多问题,都同政治问题相关联。有的党员、干部忽视政治、淡化政治,有的"四个意识"不强,有的将党的领导仅仅停留在口头上,有的对错误言行缺乏政治敏锐性、政治鉴别力和斗争精神,有的无视党的政治纪律和政治规矩,有的把商品交换原则运用到党内,其中最值得警惕的是"七个有之"现象。为此,习近平总书记强调,全面从严治党必须注重政治上的要求,必须严明政治纪律。纪律不严,全面从严治党就无从谈起。新时代,中国共产党把严明党的政治纪律和政治规矩作为加强党的政治建设的重要内容,强调在党的所有纪律和规矩中,第一位的是政治纪律和政治规矩。

政治纪律是各级党组织和全体党员在政治方向、政治立场、政治言论、政治行为方面必须遵守的规矩,是维护党的团结统一的根本保证。以习近平同志为核心的党中央旗帜鲜明地把党的政治建设摆在首位。习近平总书记指出,"政治问题,任何时候都是根本性的大问题"②。全面从严治党首先要从政治上看,政治问题要从政治上来解决。以习近平同志为核心的党中央在推进全面从严治党中,把党的政治建设摆在更加突出的位置来抓,采取了一系列重大举措,着力加强党的政治建设。强调加强和规范新形势下党内政治生活、净化党内政治生态,把加强和规范党内政治生活作为全面从严治党重点发力的抓手,制定实施了《关于新形势下党内政治生活的若干准则》,为新形势下加强和规范党内政治生活明确了方向、目标、原则、任务和

---

① 习近平在中共中央政治局第六次集体学习时强调 把党的政治建设作为党的根本性建设 为党不断从胜利走向胜利提供重要保证[EB/OL]. http://news. 12371. cn/2018/06/30/AR-TI1530337180320341. shtml.

② 习近平. 在第十八届中央纪律检查委员会第六次全体会议上的讲话[N]. 人民日报,2016-01-12(2).

举措。

党的十九大进一步提出党的政治建设这一重大命题,提出"旗帜鲜明讲政治是我们党作为马克思主义政党的根本要求。党的政治建设是党的根本性建设",把党的政治建设纳入党的建设总体布局,强调要以党的政治建设为统领,把党的政治建设摆在首位,"保证全党服从中央,坚持党中央权威和集中统一领导,是党的政治建设的首要任务"①。习近平总书记在主持十九届中央政治局第六次集体学习时强调,"今天,我们以这个题目进行集体学习,目的是深化对党的政治建设的认识,增强推进党的政治建设的自觉性和坚定性,并以此庆祝党的 97 岁生日"。同时全面系统地论述了加强党的政治建设问题,从把准政治方向、坚持党的政治领导、夯实政治根基、涵养政治生态、防范政治风险、永葆政治本色、提高政治能力七个方面提出明确要求。②

党的十八大以来,通过加强党的政治建设,全党进一步增强了"四个意识",坚定了"四个自信",做到"两个维护",党内政治生活气象更新,政治生态明显好转,党的政治领导力、思想引领力、群众组织力、社会号召力不断增强,团结统一更加巩固,党在革命性锻造中更加坚强,焕发出新的强大生机活力,为党和国家事业发展提供了坚强政治保证。

---

① 习近平.决胜全面建成小康社会 夺取新时代中国特色社会主义伟大胜利——在中国共产党第十九次全国代表大会上的报告[M].北京:人民出版社,2017:62.
② 习近平在中共中央政治局第六次集体学习时强调 把党的政治建设作为党的根本性建设 为党不断从胜利走向胜利提供重要保证[EB/OL]. http://news. 12371. cn/2018/06/30/ARTI1530337180320341. shtml.

（二）加强党的思想建设，为共产党人筑牢信仰之基

思想建设是党的基础性建设。① 党的思想建设是党为保持创造力、凝聚力和战斗力而在思想理论方面所进行的一系列工作。② 党的十九大报告中指出："坚持全面从严治党，必须以党章为根本遵循，把党的政治建设摆在首位，思想建党和制度治党同向发力，统筹推进党的各项建设。"③同时同向发力是对二者紧密结合的进一步要求，既需要党中央坚强有力的领导，又需要各级党组织充分履行主体责任，这样才能更好地发挥管党治党的成效，推动全面从严治党向纵深发展。将思想建党与制度治党一同部署、共同推进，实行制度规定不走形式，推进思想教育不走过场，坚定两者的方向和要求一致，才能加强马克思主义执政党建设，提高党的执政能力和领导水平。只有把党的政治建设摆到首位，坚持以人民为中心的价值导向，使思想建党和制度治党真正成为开展党建工作的两只抓手，才能把党建设得更加有力，为实现伟大复兴的中国梦提供坚强的保障。

对马克思主义的信仰，对社会主义和共产主义的信念，是共产党人的政治灵魂，是共产党人经受住一切考验的精神支柱。回顾中国共产党百年奋斗历程，一代又一代共产党人为了追求民族独立和人民解放，不惜流血牺牲，靠的就是一种信仰，为的就是一个理想。习近平总书记指出："坚守共产党人精神追求，始终是共产党人安身立命的根本，是保持党的团结统一的思想基础。形象地说，理想信念就是共产党人精神上的'钙'，没有理想信念，

---

① 习近平.决胜全面建成小康社会 夺取新时代中国特色社会主义伟大胜利——在中国共产党第十九次全国代表大会上的报告[M].北京：人民出版社,2017:63.

② 思想建设：党的基础性建设[EB/OL].http://www.qstheory.cn/zt2018/ddjsxlzt/30jsxjs/.

③ 习近平.决胜全面建成小康社会夺取新时代中国特色社会主义伟大胜利——在中国共产党第十九次全国代表大会上的报告[M].北京：人民出版社,2017:71.

理想信念不坚定,精神上就会'缺钙',就会得'软骨病'。"①在现实生活中,一些党员、干部出这样那样的问题,说到底是信仰迷茫、精神迷失。事实一再表明,理想信念动摇是最危险的动摇,理想信念滑坡是最危险的滑坡。许许多多的违法乱纪现象的根源,在于世界观、人生观、价值观这个"总开关"出了问题。习近平总书记指出:"我们党以马克思主义为立党之本,以实现共产主义为最高理想,以全心全意为人民服务为根本宗旨。这就是共产党人的本。"②全党9514.8万名党员要团结一心、风雨不动,首先要把这个本立好。习近平总书记强调,理想信念的坚定来自思想理论的坚定。要坚持不懈强化理论武装,毫不放松加强党性教育,持之以恒加强道德教育,教育引导广大党员、干部筑牢信仰之基、补足精神之钙、把稳思想之舵。

党的十八大以来,以习近平同志为核心的党中央把坚定理想信念作为党的思想建设的首要任务,坚持以科学理论引领全党理想信念,持之以恒用习近平新时代中国特色社会主义思想武装全党、教育人民、指导工作。先后在全党开展以为民务实清廉为主要内容的党的群众路线教育实践活动,教育引导全党始终坚持全心全意为人民服务的根本宗旨,始终保持同人民群众的血肉联系;开展"三严三实"专题教育,强调要严以修身,加强党性修养,坚定理想信念,提升道德境界,追求高尚情操,自觉远离低级趣味,自觉抵制歪风邪气;开展"两学一做"学习教育,强调把思想建设放在首位,坚持用党章党规规范党员、干部言行,用党的创新理论武装全党,引导全体党员做合格党员;开展"不忘初心、牢记使命"主题教育,提醒全党不要忘了中国共产党是什么、要干什么这个根本问题,锤炼党员、干部特别是党员领导干部忠诚干净担当的政治品格,确保全党思想统一、步调一致。通过集中性教育和

---

① 《十八大以来重要文献选编》(上)[M].北京:中央文献出版社,2014:80.

② 习近平:对党员、干部来说,思想上的滑坡是最严重的病变[EB/OL]. http://cpc. people. com. cn/xuexi/n1/2017/0112/c385476 - 29016799. html.

经常性教育相结合,不断强化党的理论学习、教育、武装工作,全党理想信念更加坚定、党性更加坚强,为全面从严治党夯实了思想基础。同时,增强不想腐的自觉,通过加强思想道德建设,用坚定理想信念炼就"金刚不坏之身",不断夯实党员干部廉洁从政的思想道德基础,筑牢拒腐防变的思想道德防线。

同时,注重坚持把党的思想建设和制度建设紧密结合起来,实现思想建党制度化和制度治党思想化。习近平总书记指出:"要使加强制度治党的过程成为加强思想建党的过程,也要使加强思想建党的过程成为加强制度治党的过程。"①思想建党制度化在于把强制性的制度规定上升为人们的自觉遵守,使之成为全党的思想共识,形成自觉能动的主观意识;制度治党思想化在于全党从思想上认同制度治党具有重要作用,进而在行动上自觉贯彻制度的落实。不仅要通过加强思想教育和党性修养,强化党员的政治规矩和纪律意识,将思想建党的理念内化为制度治党的行动,还要将制度治党的举措融于思想建党,利用制度推动思想成果的形成,将理论学习和党内生活制度化。党的建设离不开国家和社会这个大背景。全面从严治党也要从国家治理现代化的战略全局出发,依据新时代党的建设新的理念,创新推动思想建党与制度治党的实践路径。在推进国家治理体系现代化的进程中,加强社会主义核心价值观的培育,提升思想建党的文化意蕴,同时将制度治党纳入法治建设的轨道,强化制度治党的理论研究,探寻思想建党与制度治党结合的最优路径,从思想上形成不敢腐、不想腐的意识,从制度上加强不能腐的震慑,更好地推进国家治理现代化的目标。

---

① 习近平. 在党的群众路线教育实践活动总结大会上的讲话[M]. 北京:人民出版社,2014:27.

（三）加强党的纪律建设，为全党营造守纪律、讲规矩的浓厚氛围

没有规矩，不成方圆。中国共产党有9514.8万名党员、486.4万个基层党组织，这么大一个政党靠什么来管好自己的队伍？靠什么来战胜各种风险挑战？习近平总书记指出："党要管党、从严治党，靠什么管，凭什么治？就要靠严明纪律。"①坚持高悬律令之"剑"，严肃党的政治纪律和政治规矩。在全面从严治党的新形势下，只有不断锤炼党性，不断加强纪律建设，坚定维护党的团结统一，坚决维护党中央权威，才能确保全党统一意志、统一行动、步调一致前进。一段时间以来，党的领导弱化和组织涣散、纪律松弛，是我们面临的一个主要挑战和隐患。一些党员、干部对纪律规定置若罔闻，搞"四风"毫不顾忌，搞腐败心存侥幸。大量事例说明，干部出问题，都是因为对纪律的突破，"破法"无不从"破纪"开始。不改变这种局面，就会削弱党的执政能力，动摇党的执政基础，甚至会断送党和人民的美好未来。中国共产党是用革命理想和铁的纪律组织起来的马克思主义政党，组织严密、纪律严明是党的优良传统和政治优势，也是我们的力量所在。在革命战争年代，毛泽东指出，加强纪律性，革命无不胜。纪律是执行路线的保证，没有纪律，党就无法率领群众与军队进行胜利的斗争。在改革开放新时期，邓小平指出，有了理想，还要有纪律才能实现。我们这么大一个国家，怎样才能团结起来、组织起来呢？一靠理想，二靠纪律。组织起来就有力量。

在中国特色社会主义新时代，习近平总书记指出："党面临的形势越复杂、肩负的任务越艰巨，就越要加强纪律建设，越要维护党的团结统一，确保

---

① 《十八大以来重要文献选编》（上）[M].北京:中央文献出版社,2014:764.

全党统一意志、统一行动、步调一致前进。"①在新的历史条件下,我们党要团结带领人民全面建设社会主义现代化国家,同样要靠铁的纪律保证。党的十八大以来,以习近平同志为核心的党中央在推进全面从严治党中,坚持以问题为导向,把纪律建设摆在更加突出的重要位置,强调全面从严治党,重在加强纪律建设,要把纪律摆在前面,坚持纪严于法、纪在法前,用纪律管住全体党员。

一方面,着力建立健全完善制度,以党章为根本遵循,本着于法周延、于事有效的原则,建立健全党内规则体系,扎紧党纪党规的笼子,做到有纪可依。2021 年 7 月 1 日,习近平总书记在庆祝中国共产党成立 100 周年大会上宣布,中国共产党已经"形成比较完善的党内法规体系"。这标志着我们已经形成了比较完善的党内法规制度体系、高效的党内法规制度实施体系、有力的党内法规制度建设保障体系,依据党内法规管党治党的能力和水平显著提高。

一是扎实推进党的建设制度改革,成立了党的建设制度改革专项小组,制定实施《深化党的建设制度改革实施方案》;二是健全党内法规和规范性文件清理机制,2012—2014 年、2018—2019 年先后两次对新中国成立以来出台的党内法规和规范性文件进行全面清理,在中央层面决定废止、宣布失效和修改 865 件,实现了党内法规制度的"瘦身"和"健身",维护了党内法规体系的协调统一②,这在中国共产党的历史上还是第一次;三是党内法规制度体系不断健全完善,制定、修订了《关于新形势下党内政治生活的若干准则》《中国共产党党内监督条例》等 140 多部中央党内法规。③

---

① 习近平在十八届中央纪委二次全会上发表重要讲话[EB/OL]. http://cpc. people. com. cn/n/2013/0122/c64094 - 20289660. html.

② 中国共产党党内法规体系[N]. 人民日报,2021 - 08 - 04.

③ 习近平. 加强党对全面依法治国的领导[EB/OL]. http://www. qstheory. cn/dukan/qs/2019 - 02/15/c_1124114454. htm.

2021年7月正式发布的《中国共产党党内法规体系》,系统梳理了党内法规体系的发展历程、建设过程、框架构成和守正创新的方向。党内法规制度的完备程度,是衡量一个政党发展水平与执政水平的重要标志。在以习近平同志为核心的党中央坚强领导下,中国共产党形成内容科学、程序严密、配套完备、运行有效的比较完善的党内法规体系。

另一方面,强化制度执行。习近平总书记指出,"党内法规不少,主要问题在于执行不力"。强调,"我们总体上已进入有规可依的阶段,目前的主要问题是有规不依、落实不力。一些部门执行制度先紧后松、上紧下松、外紧内松,制度成了'橡皮筋''稻草人',产生'破窗效应'。要带头学习、遵守、执行党章党规,从基本制度严起、从日常规范抓起。中央和国家机关工委要加强督促检查,对党内法规制度执行不力、落实不好、问题突出的,要敢于亮黄牌、掏红牌"①。而"制定纪律就是要执行的"②,"法规制度的生命力在于执行"③。遵守党的纪律是无条件的,要说到做到,有纪必执,有违必查。党的十八大以来,党中央不断强化制度执行,加强监督检查,确保出台一个就执行落实好一个,对违反制度规定踩"红线"、闯"雷区"的,坚持零容忍,发现一起就坚决查处一起,真正让制度、纪律成为带电的"高压线",把从严治党要求落到实处,使党员、干部心有所畏、言有所戒、行有所止,在全党积极营造守纪律、讲规矩的浓厚氛围。

---

① 习近平.在中央和国家机关党的建设工作会议上的讲话[J].求是,2019(21).

② 习近平8篇文稿首次公开发表 关于反腐论述摘编[EB/OL].http://fanfu.people.com.cn/n/2014/0929/c64371-25757418.html.

③ 习近平.加强反腐倡廉法规制度建设 让法规制度的力量充分释放[EB/OL].http://cpc.people.com.cn/n/2015/0627/c64094-27217702.html.

（四）加强党的作风建设，把全面从严治党引向深入

党的作风就是党的形象，关系人心向背，关系党的生死存亡。中国共产党在百年奋斗历程中，铸就了坚持理论联系实际、密切联系群众、批评和自我批评，以及艰苦奋斗、求真务实等优良传统和作风，一代又一代共产党人用人格力量感召亿万人民群众跟党走，万众一心为中国革命、建设、改革伟大事业而团结奋斗。中国共产党人的优良作风，是中国革命、建设、改革事业不断从胜利走向胜利的重要保障。在长期执政、特别是改革开放以来社会主义市场经济不断发展的条件下，面对世情、国情、党情的深刻变化，精神懈怠危险、能力不足危险、脱离群众危险、消极腐败危险更加尖锐地摆在全党面前，一段时间以来，形式主义、官僚主义、享乐主义和奢靡之风问题突出，成为群众深恶痛绝、反映最强烈的问题，也是损害党群干群关系的重要根源。习近平总书记深刻指出："工作作风上的问题绝对不是小事，如果不坚决纠正不良风气，任其发展下去，就会像一座无形的墙把我们党和人民群众隔开，我们党就会失去根基、失去血脉、失去力量。"①

党的十八大以来，以习近平同志为核心的党中央把加强作风建设摆在更加突出的位置，下大气力抓党的作风建设，以党的作风建设的新成效凝聚起推动伟大事业发展的强大力量。在十八届中央政治局常委同中外记者见面会上，习近平主席郑重宣示："打铁还需自身硬。我们的责任，就是同全党同志一道，坚持党要管党、从严治党，切实解决自身存在的突出问题，切实改进工作作风，密切联系群众，使我们党始终成为中国特色社会主义事业的坚

---

① 习近平.科学有效防治腐败 坚定不移把反腐倡廉建设引向深入［EB/OL］. http://cpc. peo-ple. com. cn/n/2013/0123/c64094 – 20292472. html.

强领导核心。"①此后,中央政治局制定实施了关于改进工作作风、密切联系群众的八项规定。习近平总书记指出:"新一届中央领导集体要定规矩,是很重要的规矩。没有规矩,不成方圆。从我们在座各位做起来,新人新办法。制定这方面的规矩,指导思想就是从严要求,体现党要管党、从严治党。党风廉政建设,要从领导干部做起,领导干部首先要从中央领导做起。是很重要的规矩。"②制定这方面的规矩,指导思想就是从严要求,体现党要管党、从严治党。

以习近平同志为核心的党中央从立规矩开始,从作风建设切入,从最高领导层做起,拉开全面从严治党的序幕。随后,党中央在全党深入开展党的群众路线教育实践活动,集中解决形式主义、官僚主义、享乐主义和奢靡之风的问题,全党改进作风有了一个良好开端。针对社会上关于八项规定执行起来会不会是一阵风,或者是流于形式,作风建设已经采取的措施、形成的机制能不能扎根落地,已经取得的成效能不能巩固发展,会不会问题反弹等议论和担心,习近平总书记从一开始就十分明确地指出:"改进工作作风的任务非常繁重,中央八项规定是一个切入口和动员令。中央八项规定既不是最高标准,更不是最终目的,只是我们改进作风的第一步……要以踏石留印、抓铁有痕的劲头抓下去,善始善终、善做善成。"③

党的十八大以来,以习近平同志为核心的党中央一再强调作风建设永远在路上,持之以恒整治"四风",坚持不懈反对形式主义、官僚主义。习近平总书记指出:"当前,'四风'问题在面上有所收敛,但不良作风积习甚深,

①　习近平等十八届中共中央政治局常委同中外记者见面[EB/OL]. http://www. xinhuanet. com/politics/2012 - 11/15/c_113697411. htm.

②　习近平. 抓整治"四风"就是起徙木立信的作用[EB/OL]. http://cpc. people. com. cn/xuexi/ n1/2017/0120/c385474 - 29037249. html.

③　习近平. 更加科学有效地防治腐败 坚定不移把反腐倡廉建设引向深入[N]. 人民日报,2013 - 01 - 23.

树倒根在,稍有松懈,刚刚压下去的问题就可能死灰复燃,防反弹、防回潮任务依然艰巨。"①在改进作风问题上,坚持严格管理,坚持真管真严、敢管敢严、长管长严,贯彻惩前毖后、治病救人的一贯方针,抓早抓小、防微杜渐,最大限度防止干部出问题,最大限度激发干部积极性。强调保持常抓的韧劲、长抓的耐心,在坚持中见常态,向制度建设要长效。经过坚持不懈努力,一些曾被认为不可能刹住的歪风邪气被刹住了,一些曾被认为司空见惯的顽瘴痼疾被攻克了,公款吃喝等"老大难"问题得到明显改观,党的作风建设在全面从严治党中扎实推进,取得明显成效。

(五)加强党的队伍建设,提升党员干部治理能力

党员干部是党和国家事业的中坚力量,其治理能力关系国家长治久安和人民生活幸福。习近平总书记在党的十九大报告中强调"打铁必须自身硬"②,提出"建设高素质专业化干部队伍"③。这是站在新时代推进中国特色社会主义伟大事业高度,从党和国家事业发展全局出发,对加强干部工作和干部队伍建设提出的新的更高的要求。实现"两个一百年"奋斗目标、实现中华民族伟大复兴的中国梦,必须坚持事业为上,把新时代好干部的标准立起来,把综合素质高、专业能力强的干部用起来。党的十九届四中全会通过的《中共中央关于坚持和完善中国特色社会主义制度 推进国家治理体系和治理能力现代化若干重大问题的决定》提出:"把提高治理能力作为新时

---

① 习近平.抓整治"四风"就是起徙木立信的作用[EB/OL]. http://cpc.people.com.cn/xuexi/n1/2017/0120/c385474-29037249.html.

②③ 习近平.决胜全面建成小康社会 夺取新时代中国特色社会主义伟大胜利——在中国共产党第十九次全国代表大会上的报告[M].北京:人民出版社,2017:61.

代干部队伍建设的重大任务。"①新时代干部队伍建设,使党员干部的政治素养、学习思维、实践锻炼、规矩意识得到了强化,治理能力获得提升。党的十九届五中全会通过的《中共中央关于制定国民经济和社会发展第十四个五年规划和二〇三五年远景目标的建议》提出:"加强干部队伍建设,落实好干部标准,提高各级领导班子和干部适应新时代新要求抓改革、促发展、保稳定水平和专业化能力,加强对敢担当善作为干部的激励保护,以正确用人导向引领干事创业导向。"②这一要求,阐明了干事业、创伟业关键在选干部、用人才,突出了新时代选人用人的标杆,抓住了激励干部担当作为这个新时代干部队伍建设的关键点和着力点,彰显了正确用人导向对干事创业的重要引领作用。

党的十八大以来,习近平总书记对组织建设的重要性、好干部标准、优化党员结构、建立健全党员退出机制等做出阐述和说明,进一步推进了组织建设工作。习近平总书记在强调干部队伍建设的重要性时指出:"党要管党,首先是要管好干部;从严治党,关键是从严治吏,要把从严管理干部落实到干部队伍建设全过程。"③2013 年 6 月,习近平总书记在全国组织工作会议上提出了好干部的概念和"二十字"标准。习近平总书记在党的十九大报告中提出了"全面增强执政本领"要求。④ 2018 年 7 月,习近平总书记在全国组织工作会议上指出,基层组织具有鲜明的政治属性,绝不能与一般民间团

---

① 中共中央关于坚持和完善中国特色社会主义制度推进国家治理体系和治理能力现代化若干重大问题的决定[N].人民日报,2019 - 11 - 06.

② 中共中央关于制定国民经济和社会发展第十四个五年规划和二〇三五年远景目标的建议[EB/OL].http://www.gov.cn/zhengce/2020 - 11/03/content_5556991.htm.

③ 十八大以来重要文献选编(上)[M].北京:中央文献出版社,2014:350.

④ 习近平.决胜全面建成小康社会 夺取新时代中国特色社会主义伟大胜利——在中国共产党第十九次全国代表大会上的报告[M].北京:人民出版社,2017:68.

体、社会组织相混同。① 习近平总书记在全国各地的考察调研中都要与党员群众促膝谈心,了解基层党组织建设的成效、存在的问题并做出重要指示。2018 年 11 月,习近平总书记在上海考察时,详细了解上海创新党建工作的思路和模式,要求"基层党建要做到党员工作生活在哪里、党组织就覆盖到哪里,让党员无论在哪里都能找到组织找到家"②。

领导干部是党的骨干力量,是干部队伍的排头兵、领头羊,是"关键少数"。孔子说:"政者,正也。子帅以正,孰敢不正?"(《论语·颜渊》)坚持领导干部模范带头,上级带下级、班长带队伍,才能形成上行下效、整体联动的总体效应。邓小平说过:"党是整个社会的表率,党的各级领导同志又是全党的表率。"③欲影正者端其表,欲下廉者先之身。习近平总书记要求领导干部要本领高强,"要增强学习本领,在全党营造善于学习、勇于实践的浓厚氛围,建设马克思主义学习型政党,推动建设学习大国。增强政治领导本领,坚持战略思维、创新思维、辩证思维、法治思维、底线思维,科学制定和坚决执行党的路线方针政策,把党总揽全局、协调各方落到实处。增强改革创新本领,保持锐意进取的精神风貌,善于结合实际创造性推动工作,善于运用互联网技术和信息化手段开展工作。增强科学发展本领,善于贯彻新发展理念,不断开创发展新局面。增强依法执政本领,加快形成覆盖党的领导和党的建设各方面的党内法规制度体系,加强和改善对国家政权机关的领导。增强群众工作本领,创新群众工作体制机制和方式方法,推动工会、共青团、妇联等群团组织增强政治性、先进性、群众性,发挥联系群众的桥梁纽带作用,组织动员广大人民群众坚定不移跟党走。增强狠抓落实本领,坚持说实

① 习近平在全国组织工作会议上强调 切实贯彻落实新时代党的组织路线 全党努力把党建设得更加坚强有力[N].人民日报,2018 – 07 – 05.

② 习近平在上海考察时强调 坚定改革开放再出发信心和决心加快提升城市能级和核心竞争力[N].人民日报,2018 – 11 – 08.

③ 邓小平文选(第二卷)[M].北京:人民出版社,1994:177.

话、谋实事、出实招、求实效,把雷厉风行和久久为功有机结合起来,勇于攻坚克难,以钉钉子精神做实做细做好各项工作。增强驾驭风险本领,健全各方面风险防控机制,善于处理各种复杂矛盾,勇于战胜前进道路上的各种艰难险阻,牢牢把握工作主动权"①。

党的十八大以来,全面从严治党的一个鲜明特点就是坚持领导带头、以上率下,从中央政治局做起,从自身做起,要求别人做的自己带头做到,要求别人不做的自己带头不做,以自己率先垂范的实际行动层层推进、层层开展,层层立标杆、作示范,不断引导党的建设向纵深推进。无论是中央八项规定还是党的群众路线教育实践活动,无论是"三严三实"专题教育还是"两学一做"学习教育,无不体现了这一点。这也是全面从严治党能够取得巨大成就的重要原因。实践证明,如果没有领导干部特别是高级领导干部的示范带动作用,只是要求广大党员干部做好,全面从严治党就很难推进;如果只是领导干部以身作则,没有下面的层层跟进,全面从严治党向基层延伸就可能受阻,就传达不到"神经末梢",也难以取得最佳效果。只有坚持领导带头与层层跟进相结合,上下联动、上下互动,全面从严治党才能不断产生新成效。

党的十八大以来,已有 90 多万名党员被开除出党,这也充分体现了中国共产党勇于自我革命、敢于刮骨疗毒的勇气,也确保党的肌体健康、党员队伍充满生机活力。②

---

① 习近平.决胜全面建成小康社会 夺取新时代中国特色社会主义伟大胜利——在中国共产党第十九次全国代表大会上的报告[M].北京:人民出版社,2017:68.
② 中组部.十八大以来已有 90 多万名党员出党[EB/OL]. https://m. gmw. cn/baijia/2021 – 08/26/1302513458. html.

（六）加强党风廉政建设，凝聚了党心，振奋了民心

中国共产党高度重视党风廉政建设，坚决反对腐败，并取得明显成效。党的十八届一中全会上，习近平总书记就明确指出："要深入抓好反腐倡廉工作，坚持有案必查、有腐必惩，任何人触犯了党纪国法都要依纪依法严肃查处，决不姑息，党内决不允许腐败分子有藏身之地。"①加强党内监督是马克思主义执政党的本质要求，对提高制度执行力有重要的保障作用。反对腐败、建设廉洁政治，保持党的肌体健康，是中国共产党一贯坚持的鲜明政治立场。但由于复杂原因，一些领域腐败现象仍然易发多发，区域性腐败、系统性腐败、家族式腐败、塌方式腐败等不断发生，一些重大违纪违法案件影响恶劣，更为严重的是，腐败问题和政治问题相互渗透，严重危害党的领导和党的团结统一，党风廉政建设和反腐败斗争形势依然严峻复杂。习近平总书记指出："我们党作为执政党，面临的最大威胁就是腐败。"②人民群众最痛恨腐败现象。如果任凭腐败问题愈演愈烈，最终必然亡党亡国。以习近平同志为核心的党中央从关系党和国家生死存亡的高度，以猛药去疴、重典治乱的决心，以刮骨疗毒、壮士断腕的勇气，坚持反腐败无禁区、全覆盖、零容忍，坚定不移"打虎""拍蝇""猎狐"，一体推进不敢腐、不能腐、不想腐体制机制建设，坚决遏制了腐败现象滋生蔓延势头。

党的十八大以来，围绕党风廉政不断加强了各种监督。一是强调了纪律的重要性，始终把纪律挺在前面，有效地将监督的实践成果转化为制度成果，发挥了制度的优势。二是重点对领导干部实施了监督。领导干部作为

---

① 习近平关于党风廉政建设和反腐败斗争论述摘编（六）[EB/OL]. http://jhsjk. people. cn/article/26433662.

② 习近平. 在庆祝中国共产党成立95周年大会上的讲话[N]. 人民日报,2016 – 07 – 01.

党政工作的一把手,对其加强监督能够发挥示范带动效应。三是充分发挥了各级党委的主体作用。《中国共产党党内监督条例》规定,党委是党内监督的主体力量,应负主要责任,必须严格履行党委监督的职责,防止监督主体责任的缺位。四是为党内监督营造了良好的环境,充分发扬党内民主,通过法律和制度的保障使党章赋予的民主权利得到有效行使,既尊重了党员的主体地位,又能防止权力的滥用。在党和国家的各项监督中,党内监督是处于首位的。党内监督能够带动其他监督。不论是哪种监督方式,归根到底都是为了维护人民群众的根本利益。党的十八大以来,注重党内监督和群众监督的有机结合,积极畅通了人民群众建言献策和批评监督渠道,推进全面从严治党向纵深发展。

党的十八大以来,中国共产党不断扎牢不能腐的笼子。一方面坚持惩治不放松,"老虎""苍蝇"一起打,既坚决查处领导干部违纪违法案件,又切实解决发生在群众身边的不正之风和腐败问题。截至2021年6月,中央纪律检查委员会共立案审查中管干部453人[1],特别是严厉查处了周永康、薄熙来、郭伯雄、徐才厚、令计划这样严重的违纪违法案件,消弭了党和国家的重大政治隐患。坚决清除了发生在群众身边的不正之风和腐败问题,加大对"村霸"和宗族恶势力的整治,截至2017年6月全国共处分乡科级及以下党员、干部114.3万人,处分农村党员、干部64.8万人,[2]维护了群众切身利益。另一方面,加强反腐倡廉制度建设,加强对权力运行的制约和监督,把权力关进制度的笼子里,形成不敢腐的惩戒机制、不能腐的防范机制、不易腐的保障机制。

古今中外的历史实践证明,反腐倡廉的核心是制约和监督权力,不受监

---

① 新时代全面从严治党取得历史性开创性成就[EB/OL]. https://www.ccdi.gov.cn/yaowen/202106/t20210629_245027.html.

② 抓反腐从严:打虎拍蝇 惩腐肃贪[N].人民日报,2017-10-17.

督的权力必然导致腐败。铲除不良作风和腐败现象滋生蔓延的土壤,根本上要靠法规制度。党的十八大以来,陆续出台了《建立健全惩治和预防腐败体系2013—2017年工作规划》《中国共产党廉洁自律准则》和《中国共产党纪律处分条例》等,加快了反腐倡廉党内法规制度建设步伐,制度的笼子越织越密、越扎越牢。通过一系列党内法规和国家法律配套措施的出台,加强了对权力运行的制约和监督。同时,也发挥了巡视利剑作用。党的十八大以来,以习近平同志为核心的党中央高度重视巡视工作,明确把巡视作为党内监督的一项战略性制度安排,巡视工作实现了全覆盖,巡视的强度、力度和效果前所未有,在党风廉政建设和反腐败斗争中发挥了重要的震慑作用和遏制作用。

此外,在党风廉政建设中,坚持抓"关键少数"和管"绝大多数"相统一,既对"关键少数"特别是高级干部提出更高更严的标准,进行更严的管理和监督;又对广大党员提出普遍性要求。由于广大党员中普通党员占多数,只抓领导干部这个"关键少数"远远不够,还需要发挥绝大多数的规模效应才能更好地净化党内政治生态。党的十八大以来,在推进全面从严治党的进程中,高度重视基层党组织建设,基层党组织建设取得了显著效果。同时,还发挥了反腐倡廉教育和廉政文化建设的作用,源头预防腐败的发生。中纪委拍摄了《永远在路上》电视专题片,各地各部门组织参观落马高官图片展、观看反腐倡廉教育影视片等,发挥了警示教育作用。

通过一系列做法和举措,以及坚持不懈的努力,腐败蔓延势头得到了有效遏制,反腐败斗争压倒性态势已经形成,不敢腐的目标初步实现,不能腐的制度日益完善,不想腐的堤坝正在构筑,党内政治生活呈现出新的气象,凝聚了党心,振奋了民心,成为新时代加强党的建设和推进全面从严治党的一大突出亮点。

下　篇

取得历史性成就的理论与思想基础

七、改革的价值论

全面深化改革的出发点是为了人民，落脚点也是为了人民。一切为了人民、以人民为中心的价值理念贯彻改革始终。党的十八届三中全会确立了全面深化改革的价值取向："全面深化改革必须以促进社会公平正义、增进人民福祉为出发点和落脚点。"在《中共中央关于全面深化改革若干重大问题的决定》的说明中，习近平总书记重点阐释了全会提出全面深化改革五个方面的考虑，其一就是"抓住重点，围绕解决好人民群众反映强烈的问题，回应人民群众呼声和期待，突出重要领域和关键环节，突出经济体制改革牵引作用"①。全面深化改革是中国共产党领导全国各族人民进行的一场伟大革命。"人民是历史的创造者，群众是真正的英雄。"②人民群众是历史活动的主体，是社会物质财富和精神财富的创造者，也是共产党力量的源泉。因此，中国的全面深化改革始终是"坚持以人为本，尊重人民主体地位，发挥群众首创精神，紧紧依靠人民推动改革"③，并成为全面深化改革的基本经验。

---

① 习近平谈治国理政[M]. 北京：外文出版社，2014：74.
② 习近平谈治国理政[M]. 北京：外文出版社，2014：5.
③ 习近平谈治国理政[M]. 北京：外文出版社，2014：27.

（一）以人民为中心是全面深化改革的价值导向

全面深化改革的价值缘起是为了满足人民对美好生活向往的需求，人民利益至上是全面改革的根本遵循。人的问题始终是事关改革性质和命运的根本问题和原则问题。全面深化改革坚持以人民为中心的发展思想，把人民贯穿于全面深化改革的全过程，充分彰显了习近平全面深化改革重要思想的价值理念。习近平在对中外记者谈未来奋斗目标时指出："人民对美好生活的向往，就是我们的奋斗目标。"在短短的讲话中，习近平总书记19次讲到"人民"。[①] 有媒体评论："中国新政，已见雏形。"全面深化改革之所以能取得举世瞩目的辉煌成就，根本原因在于改革的目标是人民的利益，坚持人民群众的利益高于一切，"始终把人民利益摆在至高无上的地位"[②]。在实践中，全面深化改革始终围绕得民心、顺民意、谋民利，"使改革发展成果更多更公平惠及全体人民"。

全面深化改革的终极目标是为了实现人的全面发展。全面深化改革的出发点是为了人民，落脚点也是为了人民；既要依靠人民，更要服务人民。这是全面深化改革的根本价值取向。一切为了人民、以人民为中心的价值理念贯彻于全面深化改革全过程。中国的改革是从人民群众的根本利益出发谋划的改革，把人民利益放在首位，改革发展的过程就是为民造福的过程。经济发展水平高了，人民群众的利益诉求也日益增多。为此，党中央提出要"更好满足人民在经济、政治、文化、社会、生态等方面日益增长的需要，

---

① 习近平谈治国理政[M]. 北京：外文出版社，2014：4.

② 习近平. 决胜全面建成小康社会 夺取新时代中国特色社会主义伟大胜利——在中国共产党第十九次全国代表大会上的报告[M]. 北京：人民出版社，2017：11－12.

更好推动人的全面发展、社会全面进步"①。全面深化改革的根本追求是普惠人民,不断提高人民群众的生活水平,让人民生活得更加美好,共同享有梦想成真的机会。今后的改革开放,将会继续秉持人民利益至上的根本价值立场,推动改革开放和社会主义现代化建设迈上新台阶。

（二）不忘初心是全面深化改革的动力源

无论是一个国家、一个民族,还是一个政党,想要不停顿地向前迈进,都要有强大的动力。习近平总书记指出,"人民群众是我们力量的源泉"②。党的十一届三中全会以来,改革开放改变了中国落后的社会生产,使"站起来"的中国人民开始"富起来"。中国特色社会主义进入新时代,必须解决发展不平衡不充分问题,以满足人民日益增长的美好生活需要,迎来"强起来"。党的十八届三中全会全力推进全面深化改革,目标是为中国人民谋幸福、为中华民族谋复兴。党的十九大报告指出,"中国共产党人的初心和使命,就是为中国人民谋幸福,为中华民族谋复兴",而且"这个初心和使命是激励中国共产党人不断前进的根本动力"。③习近平总书记参观"大潮起珠江——广东改革开放40周年展览"时强调,"我们要不忘改革开放初心"。"不忘初心",是习近平总书记对全党要始终具有崇高的理想信念,始终保持宗旨意识、使命意识、问题意识、风险意识、责任意识、担当意识的一个重要要求。总书记在深圳经济特区建立40周年庆祝大会上讲话指出:"中国共产党根基在人民、血脉在人民。人民对美好生活的向往就是我们的奋斗目标。经

---

① 习近平.决胜全面建成小康社会 夺取新时代中国特色社会主义伟大胜利——在中国共产党第十九次全国代表大会上的报告[M].北京:人民出版社,2017:11 - 12.

② 习近平谈治国理政[M].北京:外文出版社,2014:5.

③ 习近平.决胜全面建成小康社会 夺取新时代中国特色社会主义伟大胜利——在中国共产党第十九次全国代表大会上的报告[M].北京:人民出版社,2017:1.

济特区改革发展的出发点和落脚点都要聚焦到这个目标上来。生活过得好不好，人民群众最有发言权。要从人民群众普遍关注、反映强烈、反复出现的问题出发，拿出更多改革创新举措，把就业、教育、医疗、社保、住房、养老、食品安全、生态环境、社会治安等问题一个一个解决好，努力让人民群众的获得感成色更足、幸福感更可持续、安全感更有保障。"①人民群众的获得感既包括能分享经济发展的成果，还包括能更有效地参与国家与社会公共事务的治理。"我们要健全民主制度、拓宽民主渠道、丰富民主形式、完善法治保障，确保人民依法享有广泛充分、真实具体、有效管用的民主权利。我们要着力解决人民群众所需所急所盼，让人民共享经济、政治、文化、社会、生态等各方面发展成果，有更多、更直接、更实在的获得感、幸福感、安全感，不断促进人的全面发展、全体人民共同富裕。"②

一切为了人民是中国全面深化改革的初衷。"为人民谋幸福，为民族谋复兴，为世界谋大同"是改革开放初心的充分表达。中国共产党在带领人民从革命走向建设、迈向改革的进程中，始终考量的是人民群众的根本利益。在新民主主义革命时期，以毛泽东同志为主要代表的中国共产党人坚持"一切为了群众、一切依靠群众，从群众中来，到群众中去"的群众路线，把全心全意为人民服务作为党的根本宗旨，赢得了中国革命和建设事业的伟大胜利。邓小平指出，"群众路线和群众观点是我们的传家宝"③。党的十八大以来，以习近平同志为核心的党中央，始终坚守人民的改革底线，筑牢党同人民群众的血肉联系。习近平总书记提出，在全面深化改革过程中，要"坚持全心全意为人民服务的根本宗旨，实现好、维护好、发展好最广大人民根本

---

① 习近平在深圳经济特区建立40周年庆祝大会上的讲话[EB/OL]. http://www.gov.cn/xin-wen/2020－10/14/content_5551299.htm.

② 习近平.论坚持全面深化改革[M].北京:中央文献出版社,2018:515.

③ 邓小平文选(第二卷)[M].北京:人民出版社,1994:368.

利益,把人民拥护不拥护、赞成不赞成、高兴不高兴、答应不答应作为衡量一切工作得失的根本标准,使我们党始终拥有不竭的力量源泉"①。在中国改革开放取得辉煌成就而又面临重大机遇和挑战的特殊时期,习近平总书记强调"我们要不忘改革开放初心",富有新意,寓意深远。

中国之所以能在复杂局面下持续有效全面推进改革,其根本动力在于"为中国人民谋幸福,为中华民族谋复兴"这个初心和使命。中国全面深化改革取得历史性成就,在于中国共产党能够坚守初心和使命,不断增强人民群众的获得感、幸福感、安全感,善于从群众关注的焦点、百姓生活的难点中寻找改革切入点,使全面深化改革始终得到广大人民群众的支持。不忘改革开放初心,就是要始终坚持以人民为中心的发展思想,把为人民谋幸福作为检验改革开放成效的标准,让改革开放成果更好惠及广大人民群众,激发全社会的创造力和发展活力。

(三)人民是全面深化改革的主体力量

改革首先要解决为了谁、依靠谁问题。习近平总书记指出,全面深化改革"是一场人民广泛参与的深刻变革"②。习近平总书记多次强调,全面深化改革,必须凝聚共识,使全党全社会理解改革、支持改革、参与改革,寻求最大公约数,汇聚起全面推进改革开放的强大正能量。"必须坚持以人民为中心,不断实现人民对美好生活的向往。改革开放四十年的实践启示我们:为中国人民谋幸福,为中华民族谋复兴,是中国共产党人的初心和使命,也是改革开放的初心和使命。我们党来自人民、扎根人民、造福人民,全心全意

---

① 习近平. 在庆祝中国共产党成立95周年大会上的讲话(2016年7月1日)[J].求是,2021(8).
② 习近平主持召开中央全面深化改革委员会第十七次会议[EB/OL].https://www.12371.cn/2020/12/30/ARTI1609327087287111.shtml.

为人民服务是党的根本宗旨,必须以最广大人民根本利益为我们一切工作的根本出发点和落脚点,坚持把人民拥护不拥护、赞成不赞成、高兴不高兴作为制定政策的依据,顺应民心、尊重民意、关注民情、致力民生,既通过提出并贯彻正确的理论和路线方针政策带领人民前进,又从人民实践创造和发展要求中获得前进动力,让人民共享改革开放成果,激励人民更加自觉地投身改革开放和社会主义现代化建设事业。"①

  全面深化改革以来,正是因为紧紧依靠人民,才能够将改革推向纵深。习近平总书记指出,"人民是改革的主体,要坚持党的群众路线,建立社会参与机制,充分发挥人民群众 积极性、主动性、创造性,充分发挥工会、共青团、妇联等人民团体作用,齐心协力推进改革。"②在全面深化改革进程中,我们始终相信人民、依靠人民。只要有人民支持和参与,无论遇到任何艰难险阻,定能够爬坡过坎,取得成功。"前进道路上,我们必须始终把人民对美好生活的向往作为我们的奋斗目标,践行党的根本宗旨,贯彻党的群众路线,尊重人民主体地位,尊重人民群众在实践活动中所表达的意愿、所创造的经验、所拥有的权利、所发挥的作用,充分激发蕴藏在人民群众中的创造伟力。"③全面深化改革通过共识凝聚,找到最大公约数。"凝聚共识,就是要形成推进改革开放的合力。人心齐,泰山移。没有广泛共识,改革难以顺利推进,推进了也难以取得全面成功。"④"把最大公约数找出来,在改革开放上形成聚焦,做事就能事半而功倍。磨刀不误砍柴工。这些工作要做,不要怕耽误功夫,事缓则圆。包括一些工作试点先行,也可以解决思想认识问题。我们要尊重人民首创精神,最大限度集中群众智慧,把党内外一切可以团结的

---

① 习近平.论坚持全面深化改革[M].北京:中央文献出版社,2018:514.

② 习近平.中共中央关于全面深化改革若干重大问题的决定[M].北京:人民出版社,2013:60.

③ 习近平.论坚持全面深化改革[M].北京:中央文献出版社,2018:514 - 515.

④ 习近平.论坚持全面深化改革[M].北京:中央文献出版社,2018:61.

力量广泛团结起来,把国内外一切可以调动的积极因素充分调动起来,汇合成推进改革开放的强大力量。"①

广大人民衷心拥护和积极参与改革的最根本原因在于,人民群众是全面深化改革的实践主体,全面改革一直坚持以人民为中心、尊重人民群众的主体地位。"只要我们紧紧依靠13亿多中国人民,坚定不移走自己的路,我们就一定能战胜一切艰难险阻,不断取得新的成绩,最终实现我们确立的目标。"②为此,习近平总书记要求,"不断提高领导、谋划、推动、落实改革的能力和水平,切实做到人民有所呼、改革有所应"。人民是全面深化改革的试金石。全面深化改革的成效最终要看人民是否达到共同富裕,能否给人民群众带来更多的获得感、幸福感。"提高改革决策的科学性,很重要的一条就是要广泛听取群众意见和建议,及时总结群众创造的新鲜经验,充分调动群众推进改革的积极性、主动性、创造性,把最广大人民智慧和力量凝聚到改革上来,同人民一道把改革推向前进。"③

人民是全面深化改革的源泉。全面深化改革为了人民,也同样要依靠人民。"只要我们始终坚持为了人民、依靠人民,尊重人民群众主体地位和首创精神,把人民群众中蕴藏着的智慧和力量充分激发出来,就一定能够不断创造出更多令人刮目相看的人间奇迹!"④习近平总书记强调:"中国要飞得高、跑得快,就得依靠十三亿人民的力量。"⑤并指出,"改革开放在认识和实践上的每一次突破和发展,改革开放中每一个新生事物的产生和发展,改

① 习近平.实现中国梦必须凝聚力量[EB/OL]. http://theory. people. com. cn/n/2014/0902/c40531 - 25586798. html.

② 习近平谈治国理政[M]. 北京:外文出版社,2014:101.

③ 十八大以来重要文献选编(上)[M]. 北京:中央文献出版社,2014:554.

④ 习近平.在全国脱贫攻坚总结表彰大会上的讲话[EB/OL]. http://www. xinhuanet. com/nzzt/139/.

⑤ 十八大以来重要文献选编(上)[M]. 北京:中央文献出版社,2014:554.

革开放每一个方面经验的创造和积累,无不来自亿万人民的实践和智慧。"①要"坚持党的领导和尊重人民首创精神相结合,注重改革的系统性、整体性、协同性,统筹各领域改革进展,形成整体效应"②。没有人民的坚定支持和广泛参与,全面深化改革不可能取得成功。只要有人民支持和参与,无论遇到什么艰难险阻,定能够爬坡过坎,最终取得成功。正是由于"把以人民为中心的发展思想体现在经济社会发展各个环节,做到老百姓关心什么、期盼什么,改革就要抓住什么、推进什么,通过改革给人民群众带来更多获得感"③。因此习近平总书记强调,"要尊重人民群众首创精神,不断从人民群众中汲取经济特区发展的创新创造活力"④。"让人民群众感受到实实在在的改革成效,引导广大干部群众共同为改革想招、一起为改革发力"⑤,全面深化改革才能够取得历史性成就。

(四)站在人民立场上把握和处理好改革重大问题

实现和维护最广大人民的根本利益、整体利益和长远利益是全面深化改革的根本价值尺度。把握和处理涉及改革的重大问题必须站在人民的立场上考量,把人民的利益放在第一位,进行顶层设计,出台政策和举措。习

---

① 习近平谈治国理政[M]. 北京:外文出版社,2014:68.

② 习近平出席深化党和国家机构改革总结会议并发表重要讲话[EB/OL]. http://www. gov. cn/xinwen/2019 – 07/05/content_5406606. htm.

③ 习近平主持召开中央全面深化改革领导小组第二十三次会议强调改革既要往增添发展新动力方向前进 也要往维护社会公平正义方向前进[EB/OL]. http://news. 12371. cn/2016/04/18/ARTI1460977522717365. shtml.

④ 习近平在深圳经济特区建立 40 周年庆祝大会上的讲话[EB/OL]. http://www. gov. cn/xinwen/2020 – 10/14/content_5551299. htm.

⑤ 习近平主持召开中央全面深化改革领导小组第四次会议强调,共同为改革想招一起为改革发力 群策群力把各项改革工作抓到位 [EB/OL]. http://news. 12371. cn/2014/08/18/ARTI1408357507924778. shtml.

近平总书记强调,"推进任何一项重大改革,都要站在人民立场上把握和处理好涉及改革的重大问题,都要从人民利益出发谋划改革思路、制定改革措施"①。全面深化改革的持续推进必须着眼于解决人民群众最关心最直接最现实的利益问题。全面深化改革的各个阶段、所有过程,都要充分体现人民的立场。

中国的改革始终关注人民群众利益的获取与维护,在解决社会主要矛盾中推动改革。党的八大分析了我国社会主义改造基本完成后的形势,指明了我国当时的社会主要矛盾,即人民对于建立先进的工业国的要求同落后的农业国的现实之间的矛盾,是人民对于经济文化迅速发展的需要同当前经济文化不能满足人民需要的状况之间的矛盾。② 党的十一届六中全会指出:"在社会主义改造基本完成以后,我国所要解决的主要矛盾,是人民日益增长的物质文化需要同落后的社会生产之间的矛盾。"③由此,消除贫穷成为中国的首要任务,改革开放成为中国发展的关键词。党的十九大提出,新时代我国社会的主要矛盾是"人民日益增长的美好生活需要和不平衡不充分的发展之间的矛盾"④。在中国经济总量稳居世界第二的情况下,人民群众的生活水平有了普遍的提高和改善,但是"我们的人民热爱生活,期盼有更好的教育、更稳定的工作、更满意的收入、更可靠的社会保障、更高水平的医疗卫生服务、更舒适的居住条件、更优美的环境,期盼孩子们能成长得更好、工作得更好、生活得更好"⑤。全面深化改革就要满足人民群众更多、更高的需求。在每次深改组会议上,习近平总书记几乎都会提到"人民"。在

---

①　习近平谈治国理政[M]. 北京:外文出版社,2014:98.

②　中国共产党第八次全国代表大会[EB/OL]. http://fuwu. 12371. cn/2012/06/05/AR-TI1338864752932126. shtml.

③　三中全会以来重要文献选编(下)[M]. 北京:人民出版社,1982:839.

④　习近平.决胜全面建成小康社会 夺取新时代中国特色社会主义伟大胜利——在中国共产党第十九次全国代表大会上的报告[M]. 北京:人民出版社,2017:11.

⑤　习近平谈治国理政[M]. 北京:外文出版社,2014:4.

全面深化改革进行的 1000 天中,中央深改组召开了 27 次会议,审议了 162 份文件,涉及政治、经济、文化、司法等各个议题,无一不是回应人民之"呼",全面回应人民关切。

改革是为了人民群众、发展是为了人民群众,同时也要注重人民群众的接受程度,所以党提出要把改革的力度、发展的速度和社会可承受的程度有机统一起来,其着眼点就是要始终维护人民群众的利益。改革开放是解放和发展生产力的动力,必须给人民群众带来看得见的实惠。坚持为了人民、依靠人民、惠及人民,是全面深化改革始终得到人民支持、持续深入推进的重要密码。①

(五)人民性是全面深化改革的试金石

改革的本质属性是"人民性"。"坚持人民性,就是要把实现好、维护好、发展好最广大人民根本利益作为出发点和落脚点,坚持以民为本、以人为本。"②"检验我们一切工作的成效,最终都要看人民是否真正得到了实惠,人民生活是否真正得到了改善,这是坚持立党为公、执政为民的本质要求,是党和人民事业不断发展的重要保证。"③党的十九大报告指出:"全党必须牢记,为什么人的问题,是检验一个政党、一个政权性质的试金石。"④习总书记强调,"推进党和国家各项工作,必须坚持问题导向,倾听人民呼声"⑤。尽管

---

① 李君如.初心和使命推动改革开放行稳致远[M].北京:人民日报,2019 - 07 - 19。

② 习近平谈治国理政[M].北京:外文出版社,2014:154.

③ 习近平在山东考察时强调 认真贯彻党的十八届三中全会精神,汇聚起全面深化改革的强大正能量[N],光明日报,2013 - 11 - 29.

④ 习近平.决胜全面建成小康社会 夺取新时代中国特色社会主义伟大胜利——在中国共产党第十九次全国代表大会上的报告[M].北京:人民出版社,2017:44 - 45.

⑤ 习近平.在全国政协新年茶话会上的讲话[EB/OL].http://www.xinhuanet.com/politics/2015 - 12/31/c_1117643035.htm.

改革道路任重道远,但改革的"人民"本质决定了改革具有光明的前景。改革必然会对利益分配产生巨大影响,因此要冲破思想观念障碍,突破利益固化藩篱,有效"引导全党全社会都理解改革、支持改革、参与改革、推进改革"①。"改革发展必须坚持以人民为中心,把人民对美好生活的向往作为我们的奋斗目标,依靠人民创造历史伟业!"②通过大刀阔斧改革,中国解决了一些多年来想解决但一直没有很好解决的问题,向人民交出了一份沉甸甸的民生成绩单。

　　通过改革开放,中国人民的生活水平显著提升。但是也存在着不可忽视的问题:贫富差距不断拉大,区域差异日益加深,城乡差别持续扩大,这些都与共同富裕的改革路向背道而驰。为此,习近平总书记提出:"生活在我们伟大祖国和伟大时代的中国人民,共同享有人生出彩的机会,共同享有梦想成真的机会,共同享有同祖国和时代一起成长与进步的机会。有梦想,有机会,有奋斗,一切美好的东西都能够创造出来。"③全面深化改革是利益的调整,直接影响着人民群众的获得感。因此要"推出一批能叫得响、立得住、群众认可的硬招实招","把改革方案的含金量充分展示出来,让人民群众有更多获得感"。④ 通过全面深化改革,最终达到共同富裕。改革成果必须惠及每一位社会成员,由人民共享。共享发展致力于解决收入分配不公、公共产品供给不均衡等问题,从而不断提升人民对全面深化改革的政治认同和

---

① 中共中央宣传部编. 习近平总书记系列重要讲话读本[M]. 北京:学习出版社、人民出版社, 2016:54.

② 习近平在浦东开发开放30周年庆祝大会上的讲话[M]. 北京:人民日报,2020-11-12.

③ 习近平. 在第十二届全国人民代表大会第一次会议上的讲话[EB/OL]. http://www.xinhuanet.com/2013lh/2013-03/17/c_115055434.htm.

④ 习近平主持召开中央全面深化改革领导小组第十次会议强调,科学统筹突出重点对准焦距让人民对改革有更多获得感[EB/OL]. http://news.12371.cn/2015/02/27/ARTI1425026203771933.shtml.

可靠支持。①

同时,中国梦凝聚了全面深化改革的共识,涵盖了全体中国人民的共同利益,是各个不同利益群体的最大公约数。中国梦与每个人的梦想紧密相连,强调国家富强、民族振兴,内涵了人民的富裕幸福,正如习近平总书记指出:"中国梦归根到底是人民的梦,必须紧紧依靠人民来实现,必须不断为人民造福。"②"这个梦想,凝聚了几代中国人的夙愿,体现了中华民族和中国人民的整体利益,是每一个中华儿女的共同期盼。历史告诉我们,每个人的前途命运都与国家和民族的前途命运紧密相连。国家好,民族好,大家才会好。"③"实现中华民族伟大复兴的中国梦,必须紧紧依靠人民,充分调动最广大人民的积极性、主动性、创造性。"④

---

① 臧乃康、张士威. 人民性:习近平全面深化改革重要思想的价值归依[J]. 党政研究,2018(11).
② 习近平. 在第十二届全国人民代表大会第一次会议上的讲话[EB/OL]. http://www. xinhua-net. com/2013lh/2013 – 03/17/c_115055434. htm.
③ 习近平在参观《复兴之路》展览时强调:承前启后 继往开来 继续朝着中华民族伟大复兴目标奋勇前进[EB/OL]. https://news. 12371. cn/2012/11/30/ARTI1354224003616762. shtml.
④ 习近平. 在党的群众路线教育实践活动总结大会上的讲话[EB/OL]. http://www. xinhuanet. com/politics/2014 – 10/08/c_1112740663. htm.

八、改革的方向论

全面深化改革是党在新的历史条件下带领人民进行的一场新的伟大革命，习近平总书记关于全面深化改革的论述是根据历史必然性和现实紧迫性提出的新的理论，深刻回应了全面深化改革"为什么改""往哪儿改""为谁改""怎么改""如何改到位"等时代关切，指明了全面深化改革的根本方向。习近平总书记反复强调，改革开放是一场深刻革命，要把握好改革的正确方向。改革无论如何改，都要坚持和加强党的全面领导，只有坚持和加强党的全面领导，才能够把握好全面深化改革的正确方向，才不会改弦易辙。

（一）党中央"顶层设计"与英明领导全面深化改革

全面深化改革取得的历史性成就与历史性变革，根本在于以习近平同志为核心的党中央对新时代改革做出的顶层设计，和党中央的英明领导。正是由于党和国家改革的坚定决心，才把全面改革推向纵深发展。党的十九大报告指出："坚持党对一切工作的领导。党政军民学，东西南北中，党是领导一切的。"①"改革开放以来,我们党开始以全新的角度思考国家治理体系问题,强调领导制度、组织制度问题更带有根本性、全局性、稳定性和长期性。"②习近平总书记提出,要"把坚持党的领导贯彻和体现到改革发展稳定、内政外交国防、治党治国治军各个领域各个方面,确保党始终总揽全局、协调各方"③。在以习近平同志为核心的党中央领导下,中国以前所未有的力度全面深入推进改革,取得了不菲的成绩。在一系列重大战略部署指引下,重要领域和关键环节改革取得实质性的突破,改革集中推进、全面深入、成果显著。

习近平总书记多次指出,中国共产党领导是中国特色社会主义最本质的特征,"办好中国的事情,关键在党。中国特色社会主义最本质的特征是中国共产党领导,中国特色社会主义制度的最大优势是中国共产党领导。坚持和完善党的领导,是党和国家的根本所在、命脉所在,是全国各族人民的利益所在、幸福所在"④。党的十九届四中全会再次强调,"党是最高政治领导力量。必须坚持党政军民学、东西南北中,党是领导一切的,坚决维护党中央权威,健全总揽全局、协调各方的党的领导制度体系,把党的领导落实到国家治理各领域各方面各环节"⑤。这些论述科学总结了中国坚持和加强党的全面领导制度的经验,深刻揭示了中国共产党在国家制度和国家治理体系中的地位作用。在《关于深化党和国家机构改革决定稿和方案稿的说明》中,习近平总书记就决定稿涉及的几个问题介绍党中央决定的考虑,

---

① 习近平.决胜全面建成小康社会 夺取新时代中国特色社会主义伟大胜利——在中国共产党第十九次全国代表大会上的报告[M].北京:人民出版社,2017:11-12.
② 习近平.论坚持全面深化改革[M].北京:中央文献出版社,2018:91.
③ 中共中央党史和文献研究院编.论坚持党对一切工作的领导[M].北京:中央文献出版社,2019.
④ 习近平.在庆祝中国共产党成立95周年大会上的讲话[J].求是,2021(8).
⑤ 中共中央关于坚持和完善中国特色社会主义制度 推进国家治理体系和治理能力现代化若干重大问题的决定[N].人民日报,2019-11-06.

其中第一就是"关于加强党的全面领导",指出,"这是深化党和国家机构改革必须坚持的重要原则。中国共产党领导是中国特色社会主义最本质的特征,是全党全国各族人民共同意志和根本利益的体现,是决胜全面建成小康社会、夺取新时代中国特色社会主义伟大胜利的根本保证",要"着力从制度安排上发挥党的领导这个最大的体制优势,统筹考虑党和国家各类机构设置,协调好并发挥出各类机构职能作用,完善科学领导和决策、有效管理和执行的体制机制,确保党长期执政和国家长治久安"。① 党的十九届四中全会报告总结了中国特色社会主义的十三个显著优势,其中首要的显著优势就是:"坚持党的集中统一领导,坚持党的科学理论,保持政治稳定,确保国家始终沿着社会主义方向前进的显著优势";概括出"十三个坚持和完善",排在第一的是"坚持和完善党的领导制度体系,提高党科学执政、民主执政、依法执政水平",并再一次强调,"健全党中央对重大工作的领导体制,强化党中央决策议事协调机构职能作用"。② 进一步突出了坚持和完善党的领导。

实践证明,只有充分发挥党总揽全局、协调各方的核心作用,把准改革政治方向、立场、定位、大局,才能够保证艰巨复杂的中国改革沿着正确方向顺利推进。"深圳等经济特区改革发展事业取得的成就,是党中央坚强领导的结果,是广大干部群众开拓进取的结果,是全国人民和四面八方广泛支持的结果。"③新冠肺炎疫情袭来,2020 年 1 月 25 日农历正月初一,中共中央政治局常务委员会召开会议,对疫情防控特别是患者治疗工作进行再研究、再部署、再动员。党中央向湖北等疫情严重地区派出指导组,推动有关地方全

---

① 习近平谈治国理政(第三卷)[M]. 北京:外文出版社,2020:89 - 90.

② 中共中央关于坚持和完善中国特色社会主义制度、推进国家治理体系和治理能力现代化若干重大问题的决定[N]. 人民日报,2019 - 11 - 06.

③ 习近平在深圳经济特区建立 40 周年庆祝大会上的讲话[EB/OL]. http://www. gov. cn/xin-wen/2020 - 10/14/content_5551299. htm.

面加强防控一线工作。习近平总书记果断作出决策,在党中央集中统一领导下,取得了抗击疫情战争的决定性胜利。打赢抗击疫情这场人民战,根本上是源于党的全面领导。正如习近平总书记所指出的:"我国社会主义政治制度优越性的一个突出特点是党总揽全局、协调各方的领导核心作用,形象地说是'众星捧月',这个'月'就是中国共产党。在国家治理体系的大棋局中,党中央是坐镇中军帐的'帅',车马炮各展其长,一盘棋大局分明。如果中国出现了各自为政、一盘散沙的局面,不仅我们确定的目标不能实现,而且必定会产生灾难性后果。中国近代以后到新中国成立之前的100多年历史已经充分证明了这一点。"①

在庆祝改革开放四十周年大会上的讲话中,习近平总书记对新时代中国改革提出了"九个必须"的要求,其中第一个必须就是"坚持党对一切工作的领导,不断加强和改善党的领导"。"改革开放四十年的实践启示我们:中国共产党领导是中国特色社会主义最本质的特征,是中国特色社会主义制度的最大优势。党政军民学,东西南北中,党是领导一切的。正是因为始终坚持党的集中统一领导,我们才能实现伟大历史转折、开启改革开放新时期和中华民族伟大复兴新征程,才能成功应对一系列重大风险挑战、克服无数艰难险阻,才能有力应变局、平风波、战洪水、防非典、抗地震、化危机,才能既不走封闭僵化的老路也不走改旗易帜的邪路,而是坚定不移走中国特色社会主义道路。坚持党的领导,必须不断改善党的领导,让党的领导更加适应实践、时代、人民的要求。在坚持党的领导这个决定党和国家前途命运的重大原则问题上,全党全国必须保持高度的思想自觉、政治自觉、行动自觉,丝毫不能动摇。"②这一论述坚定了中国全面深化改革的方向和道路。

---

① 习近平.中国共产党领导是中国特色社会主义最本质的特征[J].求是,2020(4).
② 习近平.论坚持全面深化改革[M].北京:中央文献出版社,2018:513.

在以习近平同志为核心的党中央领导下,我国各领域改革全面深入推进,改革成就不断彰显,人民群众对政府的满意度不断提升。香港《南华早报》发表文章指出,哈佛大学研究报告显示,2003—2016 年,中国民众对政府总体满意度明显上升。该研究基于 8 轮调查数据,包括面对面访谈,超 3.1 万中国人参与。受访者对中央政府满意度从 86.1% 升至 93.1%,对乡镇政府满意度从 43.6% 升至 70.2%。报告总结:到 2016 年,中国政府比过去 20 年中的任何时候都更受欢迎。中国政府提供的医疗保健、社会福利及其他基本公共服务比 2003 年开始调查时要好得多,也更公平。①

(二)中国国家治理秘诀:党的领导制度体系

党的十九届四中全会确立了"党的领导制度体系",包括:"建立不忘初心、牢记使命的制度;完善坚定维护党中央权威和集中统一领导的各项制度;健全党的全面领导制度;健全为人民执政、靠人民执政的各项制度;健全提高党的执政能力和领导水平制度;完善全面从严治党制度。"②这几个方面制度形成了系统、完备的党的领导制度体系。"中国共产党是中国特色社会主义事业的领导核心,处在总揽全局、协调各方的地位。在当今中国,没有大于中国共产党的政治力量或其他什么力量。党政军民学,东西南北中,党是领导一切的,是最高的政治领导力量。中国共产党是执政党,党的领导是做好党和国家各项工作的根本保证,是我国政治稳定、经济发展、民族团结、社会稳定的根本点,绝对不能有丝毫动摇。"③"党的领导制度是我国的根本

---

① 《美调查报告显示:中国民众对政府满意度高》[EB/OL]. http://www.cssn.cn/hqxx/202007/t20200731_5163886.shtml

② 中共中央关于坚持和完善中国特色社会主义制度、推进国家治理体系和治理能力现代化若干重大问题的决定[N]. 人民日报,2019-11-06.

③ 习近平谈治国理政(第二卷)[M]. 北京:外文出版社,2017:128.

领导制度。我们推进各方面制度建设、推动各项事业发展、加强和改进各方面工作，都必须坚持党的领导，自觉贯彻党总揽全局、协调各方的根本要求。"①在党的领导体制机制中，"提高党把方向、谋大局、定政策、促改革的能力和定力，确保党始终总揽全局、协调各方"②，是党的职能定位。因此要"完善坚持党的领导的体制机制，提高党把方向、谋大局、定政策、促改革的能力和定力，坚决扭转一些地方和部门存在的党的领导弱化、党的建设缺失现象，确保全党在思想上政治上行动上同党中央保持高度一致。"③

习近平总书记指出，实现"两个一百年"奋斗目标，"我们不知还要爬多少坡、过多少坎、经历多少风风雨雨、克服多少艰难险阻。我曾经引用过杨万里的一首诗：'莫言下岭便无难，赚得行人错喜欢。正入万山圈子里，一山放出一山拦。'应对和战胜前进道路上的各种风险和挑战，关键在党。我们要聚精会神抓好党的建设，使我们党越来越成熟、越来越强大、越来越有战斗力。这是全党的政治责任，首先是中央政治局的政治责任"④。"中国共产党是中国特色社会主义事业的领导核心。我国社会主义政治制度优越性的一个突出特点是党总揽全局、协调各方的领导核心作用，形象地说是'众星捧月'，这个'月'就是中国共产党。中国最大的国情就是中国共产党的领导。什么是中国特色？这就是中国特色。"⑤中国经济的改革及各方面的改革，都是在党的领导下进行的，正如习近平总书记指出的"党是领导一切的"，"这是党领导人民进行革命、建设、改革最可宝贵的经验。我们推进各方面制度建设、推动各项事业发展、加强和改进各方面工作，都必须坚持党

①⑤　习近平.中国共产党领导是中国特色社会主义最本质的特征[J].求是,2020(14).

②　习近平.决胜全面建成小康社会 夺取新时代中国特色社会主义伟大胜利——在中国共产党第十九次全国代表大会上的报告[M].北京:人民出版社,2017:20－21.

③　习近平在全国组织工作会议上的讲话[EB/OL]. https://www. 12371. cn/2018/09/17/AR-TI1537150840597467. shtml.

④　习近平:坚持从严治党落实管党治党责任 把作风建设要求融入党的制度建设[EB/OL]. http://cpc. people. com. cn/n/2014/0701/c64094－25221029. html.

的领导,自觉贯彻党总揽全局、协调各方的根本要求。"①"中国特色社会主义有很多特点和特征,但最本质的特征是坚持中国共产党领导。加强党对经济工作的领导,全面提高党领导经济工作水平,是坚持民主集中制的必然要求,也是我们政治制度的优势。党是总揽全局、协调各方的,经济工作是中心工作,党的领导当然要在中心工作中得到充分体现,抓住了中心工作这个牛鼻子,其他工作就可以更好展开。"②

党的全面领导不是抽象的而是具体的,体现到治国理政的方方面面。在国家治理体系中,党对重大工作的领导体制机制,在党的全面领导制度安排中具有纲举目张的统领作用。邓小平指出:"领导制度、组织制度问题更带有根本性、全局性、稳定性和长期性。"③党中央设立的决策和议事协调机构是党对重大工作领导行之有效的制度设计。全面深化改革既需要顶层设计,也需要机制保障。面对改革的艰难险阻,党中央作出了全面深化改革的重大战略部署,形成了完善的领导体制与决策机制,成立了中央全面深化改革领导小组。2014 年 2 月,习近平总书记在接受俄罗斯电视台专访时指出:"为了集中力量推进改革,我们成立了中央全面深化改革领导小组,由我本人担任组长,任务就是统一部署和协调一些重大问题,再把工作任务分解下去逐一落实。"④中央全面深化改革领导小组成立后,共召开了 40 次深改小组会议,专门就中国的改革进行顶层设计,统筹协调推进,审议、通过重点改革文件 360 多个,重要领域和关键环节改革取得突破性进展。党的十九届三中全会进一步将中央全面深化改革领导小组改为中央全面深化改革委员

---

① 习近平.坚持和完善中国特色社会主义制度 推进国家治理体系和治理能力现代化[J].求是,2020(1).

② 习近平在中央经济工作会议上的讲话[EB/OL]. http://www. xinhuanet. com/politics/leaders/2020 - 07/15/c_1126241149. htm.

③ 邓小平文选(第二卷)[M]. 北京:人民出版社,1994:332.

④ 习近平谈治国理政[M]. 北京:外文出版社,2014:101.

会,形成了更为集中统一的改革领导体制、务实高效的统筹决策机制、上下联动的协调推进机制、有力有序的督办落实机制,基本确立了主要领域改革的主体框架。在中央全面深化改革委员会第十七次会议上,习近平总书记指出:"这是一场改革组织方式的深刻变革。我们加强党对全面深化改革的集中统一领导,以全局观念和系统思维谋划推进改革,从前期夯基垒台、立柱架梁,到中期全面推进、积厚成势,再到现阶段加强系统集成、协同高效,蹄疾步稳、有力有序解决各领域各方面体制性障碍、机制性梗阻、政策性创新问题,方向目标清晰,战略部署明确,方法路径高效,实现由局部探索、破冰突围到系统协调、全面深化的历史性转变。"①截至2021年7月,总计召开了60次深改小组/委员会会议。新冠肺炎疫情袭来,党中央第一时间成立了中央应对疫情工作领导小组,在中央政治局常务委员会领导下开展工作,及时研究部署工作,充分发挥了党中央议事协调机构的重要作用。

党的十九届三中全会明确了党中央决策议事协调机构在中央政治局及其常委会领导下开展工作,"加强党的全面领导,首先要加强党对涉及党和国家事业全局的重大工作的集中统一领导。党中央决策议事协调机构在中央政治局及其常委会领导下开展工作。优化党中央决策议事协调机构,负责重大工作的顶层设计、总体布局、统筹协调、整体推进"。而且,强化了党组织在同级组织中的领导地位,"理顺党的组织同其他组织的关系,更好发挥党总揽全局、协调各方作用。在国家机关、事业单位、群团组织、社会组织、企业和其他组织中设立的党委(党组),接受批准其成立的党委统一领导"②。"党的领导是我们的最大制度优势。加强对一切工作的领导,这一要求不是空洞的、抽象的,要在各方面各环节落实和体现。要通过深化党和

---

① 习近平主持召开中央全面深化改革委员会第十七次会议并发表重要讲话[EB/OL]. http://www. gov. cn/xinwen/2020 – 12/30/content_5575462. htm? tdsourcetag = s_pcqq_aiomsg.

② 中共中央关于深化党和国家机构改革的决定[M]. 北京:人民出版社,2018:20 – 21.

国家机构改革,努力从机构职能上解决党对一切工作领导的体制机制问题,解决党长期执政条件下我国国家治理体系中党政军群的机构职能关系问题,为有效发挥中国共产党领导这一最大制度优势提供完善有力的体制机制保障、坚实的组织基础和有效的工作体系,确保党对国家和社会实施领导的制度得到加强和完善,更好担负起进行伟大斗争、建设伟大工程、推进伟大事业、实现伟大梦想的重大职责。"①"党中央作出的决策部署,党的组织、宣传、统战、政法等部门要贯彻落实,人大、政府、政协、法院、检察院的党组织要贯彻落实,事业单位、人民团体等的党组织也要贯彻落实,党组织要发挥作用。各方面党组织应该对党委负责、向党委报告工作。有的同志习惯于把分管工作当成自己的禁脔,觉得既然分管就没有必要报告了,也不希望其他人来过问,有的甚至不愿意党委过问,不然就是党政不分了。这种想法是不正确的。党委是起领导核心作用的,各方面都应该自觉向党委报告重大工作和重大情况,在党委统一领导下尽心尽力做好自身职责范围内的工作。报告一下有好处,集思广益,群策群力,事情能办得更好。各地区各部门党委(党组)要加强向党中央报告工作,这也是一个规矩。"②

讲到政协工作,习近平总书记指出:"中国共产党的领导是包括各民主党派、各团体、各民族、各阶层、各界人士在内的全体中国人民的共同选择,是中国特色社会主义最本质的特征,也是人民政协事业发展进步的根本保证。人民政协事业要沿着正确方向发展,就必须毫不动摇坚持中国共产党的领导。"③谈到军队,习近平总书记指出:"坚持党对人民军队的绝对领导。建设一支听党指挥、能打胜仗、作风优良的人民军队,是实现'两个一百年'奋斗目标、实现中华民族伟大复兴的战略支撑。必须全面贯彻党领导人民

---

①② 习近平.中国共产党领导是中国特色社会主义最本质的特征[J].求是,2020(14).

③ 习近平.在庆祝中国人民政治协商会议成立65周年大会上的讲话[EB/OL].http://www.cppcc.gov.cn/zxww/2014/09/22/ARTI1411347149694373.shtml.

军队的一系列根本原则和制度。"①在省部级主要领导干部学习贯彻党的十九届五中全会精神专题研讨班开班式上,习近平总书记指出:"要加强党对社会主义现代化建设的全面领导。贯彻落实党的十九届五中全会精神要同贯彻落实党的十九届四中全会精神紧密结合起来,不断推进国家治理体系和治理能力现代化,推动党对社会主义现代化建设的领导在职能配置上更加科学合理、在体制机制上更加完备完善、在运行管理上更加高效。"②

(三)依靠党的领导把握全面深化改革的正确方向

方向决定道路,道路决定命运。"我们党领导的改革历来是全面改革,问题的实质是改什么、不改什么,有些不能改的,再过多长时间也是不改,不能把这说成是不改革。我们不断推进改革,是为了推进党和人民事业更好发展,而不是为了迎合某些人的'掌声',不能把西方的理论、观点生搬硬套在自己身上,要从我国国情出发、从经济社会发展实际出发,有领导有步骤地推进改革,不求轰动效应,不做表面文章,始终坚持改革开放正确方向。"③改革开放是一场深刻革命,必须坚持正确方向,沿着正确道路推进。全面深化改革必须高举旗帜,绝不能改航转向。新的历史条件下,面对日益复杂的国际国内环境,面对关于改革方向的种种杂音噪音,习近平总书记鲜明指出:"我们的改革开放是有方向、有立场、有原则的。"④习近平总书记在湖北考察时还明确指出,中国是一个大国,决不能在根本性问题上出现颠覆性错

① 习近平.决胜全面建成小康社会 夺取新时代中国特色社会主义伟大胜利——在中国共产党第十九次全国代表大会上的报告[M].北京:人民出版社,2017.24.

② 习近平在省部级主要领导干部学习贯彻党的十九届五中全会精神专题研讨班开班式上发表重要讲话[EB/OL].https://www.ccps.gov.cn/xtt/202101/t20210111_147076.shtml.

③ 习近平.论坚持全面深化改革[M].北京:中央文献出版社,2018:57.

④ 习近平.论坚持全面深化改革[M].北京:中央文献出版社,2018:55.

误，一旦出现就无法挽回、无法弥补。①

　　改革开放必须坚持正确的方向，高举社会主义旗帜。"中国共产党是国家最高政治领导力量，是实现中华民族伟大复兴的根本保证。东西南北中，党政军民学，党是领导一切的。全国各党派、各团体、各民族、各阶层、各界人士要紧密团结在党中央周围。"②"改革开放四十年的实践启示我们：我国是一个大国，决不能在根本性问题上出现颠覆性错误。"③因此要准确把握改革的走向，必须有战略上的定力。"要从纷繁复杂的事物表象中把准改革脉搏，在众说纷纭中开好改革药方，没有很强的战略定力是不行的。"④战略定力需要从战略上坚持正确的方向。习近平总书记明确指出："要从我国国情出发、从经济社会发展实际出发，有领导有步骤推进改革，不求轰动效应，不做表面文章，始终坚持改革开放正确方向。"⑤而"党是我们各项事业的领导核心，古人讲的'六合同风，九州共贯'，在当代中国，没有党的领导，这个是做不到的。中央委员会，中央政治局，中央政治局常委会，这是党的领导决策核心"⑥。"坚持和完善党的领导，是党和国家的根本所在、命脉所在，是全国各族人民的利益所在、幸福所在。"⑦"没有党的领导，民族复兴必然是空想。历史和人民把我们党推到了这样的位置，我们就要以坚强有力的政治领导承担起应该承担的政治责任。"⑧"我国经济社会发展之所以能够取得世所罕见的巨大成就，我国人民生活水平之所以能够大幅度提升，都同我们坚定不移坚持党的领导、充分发挥各级党组织和全体党员作用是分不开的。

　　① 习近平在湖北武汉主持召开部分省市负责人座谈会［EB/OL］. http://www.gov.cn/ldhd/2013－07/24/content_2454544.htm.

　　②⑦⑧ 习近平.中国共产党领导是中国特色社会主义最本质的特征［J］.求是，2020(14).

　　③ 习近平.论坚持全面深化改革［M］.北京：中央文献出版社，2018：521.

　　④ 习近平关于全面深化改革论述摘编［M］.北京：中央文献出版社，2014：19.

　　⑤ 习近平关于全面深化改革论述摘编［M］.北京：中央文献出版社，2014：20.

　　⑥ 习近平在十八届中央纪委三次全会上发表重要讲话［EB/OL］. http://www.gov.cn/ldhd/2014－01/14/content_2566862.htm.

在我国,党的坚强有力领导是政府发挥作用的根本保证。"①

习近平总书记还从历史角度强调了中国共产党为什么行。"中国有了中国共产党执政,是中国、中国人民、中华民族的一大幸事。只要我们深入了解中国近代史、中国现代史、中国革命史,就不难发现,如果没有中国共产党领导,我们的国家、我们的民族不可能取得今天这样的成就,也不可能具有今天这样的国际地位。在坚持党的领导这个重大原则问题上,我们脑子要特别清醒、眼睛要特别明亮、立场要特别坚定,绝不能有任何含糊和动摇。"②"一定要认清,中国最大的国情就是中国共产党的领导。什么是中国特色? 这就是中国特色。中国共产党领导的制度是我们自己的,不是从哪里克隆来的,也不是亦步亦趋效仿别人的。无论我们吸收了什么有益的东西,最后都要本土化。十月革命的风吹进来了,但我们党最终也没有成为一个苏联式的党。"③在庆祝改革开放四十周年大会上,习近平总书记总结道:"四十年来,我们始终坚持加强和改善党的领导,积极应对在长期执政和改革开放条件下党面临的各种风险考验,持续推进党的建设新的伟大工程,保持党的先进性和纯洁性,保持党同人民群众的血肉联系……我们党在革命性锻造中坚定走在时代前列,始终是中国人民和中华民族的主心骨!"④他提出,前进道路上,"我们党要总揽全局、协调各方,坚持科学执政、民主执政、依法执政,完善党的领导方式和执政方式,提高党的执政能力和领导水平,不断提高党把方向、谋大局、定政策、促改革的能力和定力,确保改革开放这艘航船沿着正确航向破浪前行"⑤。习近平总书记也总结了深圳经济特区坚持党的领导的改革经验:"四十年改革开放实践,创造了伟大奇迹,积累了宝

---

① 习近平.在十八届中央政治局第十五次集体学习时的讲话[N].人民日报,2014-05-28.
②③ 习近平.中国共产党领导是中国特色社会主义最本质的特征[J].求是,2020(14).
④ 习近平.论坚持全面深化改革[M].北京:中央文献出版社,2018:511.
⑤ 习近平.论坚持全面深化改革[M].北京:中央文献出版社,2018:514.

贵经验,深化了我们对中国特色社会主义经济特区建设规律的认识。一是必须坚持党对经济特区建设的领导,始终保持经济特区建设正确方向。"①

(四)打铁必须自身硬

习近平总书记强调:"中国的事情要办好首先中国共产党的事情要办好。应对和战胜前进道路上的各种风险和挑战,关键在党。我们要聚精会神抓好党的建设,使我们党越来越成熟、越来越强大、越来越有战斗力。"②而打铁需要自身硬,党要实现领导,"必须坚持全面从严治党,不断提高党的创造力、凝聚力、战斗力。改革开放四十年的实践启示我们:打铁必须自身硬。办好中国的事情,关键在党,关键在坚持党要管党、全面从严治党"。"坚定不移推进党的伟大自我革命,敢于清除一切侵蚀党的健康肌体的病毒,使党不断自我净化、自我完善、自我革新、自我提高,不断增强党的政治领导力、思想引领力、群众组织力、社会号召力,才能确保党始终保持同人民群众的血肉联系。"③党的领导是在宪法框架下,通过制度化、法律化实现的。"我国宪法确认了中国共产党的执政地位,确认了党在国家政权结构中总揽全局、协调各方的核心地位,这是中国特色社会主义最本质的特征,是中国特色社会主义制度的最大优势,是社会主义法治最根本的保证。实践表明,党的领导、人民当家作主、依法治国完全可以有机统一起来。我们一直强调,党领导人民制定宪法法律,领导人民实施宪法法律,党自身必须在宪法法律范围内活动。"④

---

　　① 习近平在深圳经济特区建立 40 周年庆祝大会上的讲话[EB/OL]. http://www.gov.cn/xin-wen/2020 – 10/14/content_5551299.htm.

　　②④ 习近平.中国共产党领导是中国特色社会主义最本质的特征[J].求是,2020(14).

　　③ 习近平.论坚持全面深化改革[M].北京:中央文献出版社,2018:520 – 521.

习近平总书记指出："党的十五大早就明确了，就是广大人民群众在党的领导下，依照宪法和法律规定，通过各种途径和形式管理国家事务，管理经济文化事业，管理社会事务，保证国家各项工作都依法进行，逐步实现社会主义民主的制度化、法律化，使这种制度和法律不因领导人的改变而改变，不因领导人看法和注意力的改变而改变。我们讲依宪治国、依宪执政，不是要否定和放弃党的领导，而是强调党领导人民制定宪法和法律，党领导人民执行宪法和法律，党自身必须在宪法和法律范围内活动。我国宪法是以根本法的形式反映了党带领人民进行革命、建设、改革取得的成果，反映了在历史和人民选择中形成的党的领导地位。"①"坚持党的领导，更加注重改进党的领导方式和执政方式。依法治国，首先是依宪治国；依法执政，关键是依宪执政。新形势下，我们党要履行好执政兴国的重大职责，必须依据党章从严治党、依据宪法治国理政。党领导人民制定宪法和法律，党领导人民执行宪法和法律，党自身必须在宪法和法律范围内活动，真正做到党领导立法、保证执法、带头守法。"②在《宪法》修改中，也将党的领导纳入："中国共产党领导是中国特色社会主义最本质的特征，这次宪法修改建议将这个内容明确载入宪法总纲。坚持党的领导是社会主义法治的根本要求，是全面依法治国题中应有之义。我们是中国共产党执政并长期执政，坚持依宪治国、依宪执政，首先就包括坚持宪法确定的中国共产党领导地位不动摇。"③

同时，党还通过全面从严实现领导。习近平总书记指出："坚持全面从严治党。勇于自我革命，从严管党治党，是我们党最鲜明的品格。""不断增强党自我净化、自我完善、自我革新、自我提高的能力，始终保持党同人民群

①③ 习近平.中国共产党领导是中国特色社会主义最本质的特征[J].求是,2020(14).
② 习近平谈治国理政[M].北京:外文出版社,2014:141－142.

众的血肉联系。"①"坚持党的领导,首先是坚持党中央权威和集中统一领导,这是党的领导的最高原则,任何时候任何情况下都不能含糊、不能动摇。必须增强政治意识、大局意识、核心意识、看齐意识,自觉维护党中央权威和集中统一领导,自觉在思想上政治上行动上同党中央保持高度一致。"②在前进道路上,要"不断增强全党执政本领,把党建设得更加坚强、更加有力。"③尤其是改革开放的前沿阵地,更要加强党的自身建设。"经济特区处于改革开放最前沿,加强党的全面领导和党的建设有着更高要求。要深入贯彻新时代党的建设总要求,以改革创新精神在加强党的全面领导和党的建设方面率先示范,扩大基层党的组织覆盖和工作覆盖。"④

———————————

①　习近平. 决胜全面建成小康社会 夺取新时代中国特色社会主义伟大胜利——在中国共产党第十九次全国代表大会上的报告[M]. 北京:人民出版社,2017:26.

②　习近平. 中国共产党领导是中国特色社会主义最本质的特征[J]. 求是,2020(14).

③　习近平. 论坚持全面深化改革[M]. 北京:中央文献出版社,2018:521.

④　习近平在深圳经济特区建立 40 周年庆祝大会上的讲话[EB/OL]. http://www. gov. cn/xin-wen/2020 – 10/14/content_5551299. htm.

九、改革的目标论

习近平总书记在党的十八届三中全会上提出全面深化改革的总目标——完善和发展中国特色社会主义制度，推进国家治理体系和治理能力现代化，"这是坚持和发展中国特色社会主义的必然要求，也是实现社会主义现代化的应有之义"①。党的十九大进一步将全面深化改革作为习近平新时代中国特色社会主义思想和新时代坚持和发展中国特色社会主义基本方略之一。② 党的十九届四中全会审议通过了《中共中央关于坚持和完善中国特色社会主义制度 推进国家治理体系和治理能力现代化若干重大问题的决定》，进一步将全面深化改革的总目标转化为中国国家治理的系统制度，以制度集成的形式彰显了中国的制度自信，也为今后中国的现代化发展、实现中华民族伟大复兴奠定了制度基础。通过一次全会专门研究国家制度和国家治理问题，在我们党的历史上是第一次；而且这也是第一次系统描绘中国特色社会主义制度的体系构成。两个第一次，向世人表明了中国未来发展

---

① 习近平.论坚持全面深化改革[M].北京:中央文献出版社,2018:88.
② 习近平.决胜全面建成小康社会 夺取新时代中国特色社会主义伟大胜利——在中国共产党第十九次全国代表大会上的报告[M].北京:人民出版社,2017:21.

"坚持和巩固什么、完善和发展什么",开辟了"中国治理"的新境界。

为什么要提出全面深化改革的总目标？习近平总书记指出,"过去,我们也提出过改革目标,但大多数是从具体领域提的";而"总目标问题,要用广阔的世界历史眼光来看";"总目标问题,还要放到近代以来我国社会变革的历史过程中去看";"我们党在全国执政后,继续探索这个问题";"今天,我们党处在这样的历史方位上,摆在我们面前的一项重大历史任务,就是推动中国特色社会主义制度更加成熟更加定型。"①在总目标的指引下,新时代全面深化改革取得了新的辉煌。全面深化改革总目标的提出,不仅丰富和深化了社会主义现代化的内涵,更重要的是阐明了全面深化改革的总方向、性质和根本任务,明确了全面深化改革的总抓手。"改革开放以来,我们党开始以全新的角度思考国家治理体系问题"②,"这是一场国家制度和治理体系的深刻变革。我们始终突出制度建设这条主线,不断健全制度框架,筑牢根本制度、完善基本制度、创新重要制度。在抗击新冠肺炎疫情、决胜全面建成小康社会、决战脱贫攻坚、'十三五'规划实施、全年经济工作等进程中,制度建设发挥了重要作用,改革的关键一招作用充分彰显"③。在庆祝改革开放四十周年大会上,习近平总书记指出:"改革开放四十年的实践启示我们:制度是关系党和国家事业发展的根本性、全局性、稳定性、长期性问题。我们扭住完善和发展中国特色社会主义制度这个关键,为解放和发展社会生产力、解放和增强社会活力、永葆党和国家生机活力提供了有力保证,为保持社会大局稳定、保证人民安居乐业、保障国家安全提供了有力保证。"④习近平总书记关于推进国家治理现代化的一系列重要论述,既坚持了马克思

---

①　习近平. 论坚持全面深化改革[M]. 北京:中央文献出版社,2018:88－93.

②　习近平. 论坚持全面深化改革[M]. 北京:中央文献出版社,2018:91.

③　习近平主持召开中央全面深化改革委员会第十七次会议并发表重要讲话[EB/OL]. http://www. gov. cn/xinwen/2020－12/30/content_5575462. htm? tdsourcetag = s_pcqq_aiomsg.

④　习近平. 论坚持全面深化改革[M]. 北京:中央文献出版社,2018:517.

主义经典作家有关国家治理的思想核心与精髓,把马克思主义国家治理观提升到了新境界;又创造性地继承了中国传统文化中有关国家治理的理念与智慧;同时还批判地汲取了西方关于国家治理的经验与教训,从而彰显了中国本土的现代国家治理的逻辑与实践。

(一)国家治理体系和治理能力现代化是新时代治理国家的创造性探索

怎样治理社会主义国家尤其是中国这样一个社会主义大国,在世界范围内没有现成的答案。我们党一直思考与探索建立什么样的国家治理体系与中国特色社会主义制度相契合。党的十八届三中全会首次提出"国家治理体系和治理能力现代化",并将其视为全面深化改革的总目标。推进国家治理体系和治理能力现代化,是完善和发展中国特色社会主义制度的必然要求,也是建设社会主义现代化强国题中之义。习近平总书记阐释了为什么要提出"国家治理体系和治理能力现代化":"'恐怕再有三十年的时间,我们才会在各方面形成一整套更加成熟、更加定型的制度。在这个制度下的方针、政策,也将更加定型化。'当年看到邓小平同志这段话,我脑子里就浮现几个问题:为什么邓小平同志要强调形成一整套更加成熟更加定型的制度? 什么是更加成熟、更加定型的制度? 为什么邓小平同志要强调'再有三十年的时间'才行?""在主持起草三中全会决定过程中,我觉得邓小平同志讲的'再有三十年的时间'就是二〇二二年,时间很紧了,必须尽早把这个战略构想落下来,提出一个总目标,并用它来统领各领域改革。在集思广益的基础上,三中全会把完善和发展中国特色社会主义制度、推进国家治理体系和治理能力现代化确定为全面深化改革的总目标。"①"今天,摆在我们面前的一项重大历史任务,就是推动中国特色社会主义制度更加成熟更加定型,为党和国家事业发展、为人民幸福安康、为社会和谐稳定、为国家长治久安提供一整套更完备、更稳定、更管用的制度体系。"②而这项工程规模宏大,不能零敲碎打,需要全面系统地进行,在国家治理体系和治理能力现代化上形成总体效应、取得总体效果。"推进国家治理体系和治理能力现代化,就是要适应时代变化,既改革不适应实践发展要求的体制机制、法律法规,又不断构建新的体制机制、法律法规,使各方面制度更加科学、更加完善,实现党、国家、社会各项事务治理制度化、规范化、程序化。"③

党的十九大再次强调推进国家治理体系和治理能力现代化的重要性,继续把其作为全面深化改革总目标的内容和全面深化改革的重要内容,并将"实现国家治理体系和治理能力现代化"放在未来发展的"两个阶段"中考量,提出在 2035 年"基本实现国家治理体系和治理能力现代化"的目标;到21 世纪中叶,实现国家治理体系和治理能力现代化,明确了改革总目标实现的时间节点。④ 党的十九届四中全会对十九大提出的发展目标做了进一步细化和拓展,提出到我们党成立一百年时,在各方面制度更加成熟更加定型上取得明显成效;到 2035 年,各方面制度更加完善,基本实现国家治理体系和治理能力现代化;到新中国成立一百年时,全面实现国家治理体系和治理能力现代化,使中国特色社会主义制度更加巩固,优越性充分展现。⑤ 在党的十九届五中全会上,又将"推进国家治理体系和治理能力现代化"作为"十

---

① 习近平谈治国理政[M].北京:外文出版社,2014:87 - 88.

② 习近平.论坚持全面深化改革[M].北京:中央文献出版社,2018:94.

③ 习近平.切实把思想统一到党的十八届三中全会精神上来[N].人民日报,2013 - 11 - 12.

④ 习近平.决胜全面建成小康社会 夺取新时代中国特色社会主义伟大胜利——在中国共产党第十九次全国代表大会上的报告[M].北京:人民出版社,2017:28 - 29.

⑤ 中共中央关于坚持和完善中国特色社会主义制度、推进国家治理体系和治理能力现代化若干重大问题的决定[N].人民日报,2019 - 11 - 06.

四五"时期经济社会发展的指导思想之一、必须遵循的原则之一、主要目标之一。① 这充分体现了以习近平同志为核心的党中央高瞻远瞩的战略眼光和强烈的历史担当。

实践证明,中国特色社会主义制度和国家治理体系是以马克思主义为指导、植根中国大地、具有深厚中华文化根基、深得人民拥护的制度和治理体系,是具有强大生命力和巨大优越性的制度和治理体系,是能够持续推动拥有近十四亿人口大国进步和发展、确保拥有五千多年文明史的中华民族实现"两个一百年"奋斗目标进而实现伟大复兴的制度和治理体系。② 新时代谋划全面深化改革,必须以坚持和完善中国特色社会主义制度、推进国家治理体系和治理能力现代化为主轴,深刻把握我国发展要求和时代潮流,把制度建设和治理能力建设摆到更加突出的位置,继续深化各领域各方面体制机制改革,推动各方面制度更加成熟更加定型,推进国家治理体系和治理能力现代化。

(二)国家治理体系和治理能力是一个国家制度和制度执行能力的集中体现

"制度优势是一个国家的最大优势,制度竞争是国家间最根本的竞争。制度稳则国家稳。"③全面深化改革新的历史任务,就是建立更完备、更稳定、更管用的制度体系。这是改革进程向前拓展的必然要求,而且中国也具备

① 中共中央关于制定国民经济和社会发展第十四个五年规划和二〇三五年远景目标的建议[EB/OL]. http://www. gov. cn/zhengce/2020 - 11/03/content_5556991. htm.

② 中共中央关于坚持和完善中国特色社会主义制度 推进国家治理体系和治理能力现代化若干重大问题的决定[N]. 人民日报,2019 - 11 - 06.

③ 习近平. 坚持和完善中国特色社会主义制度 推进国家治理体系和治理能力现代化[J]. 求是,2020(1).

了这样的实践基础。关于国家治理体系和治理能力，习近平总书记作了权威解读："国家治理体系是在党领导下管理国家的制度体系，包括经济、政治、文化、社会、生态文明和党的建设等各领域体制机制、法律法规安排，也就是一整套紧密相连、相互协调的国家制度。"①习近平总书记创造性地提出国家治理体系和治理能力现代化，"我们讲过很多现代化，包括农业现代化、工业现代化、科技现代化、国防现代化等，国家治理体系和治理能力现代化是第一次讲"②。这是理论的重大升华，表明了我国现代化达到了新的高度。党的十九届四中全会第一次从制度与体系方面系统地总结我国制定具有的十三个显著优势，得出了规律性的结论。实践中，我们党更是将制度的坚持和完善贯穿始终。党的十九届四中全会提出的目标和任务"很多都是我国国家制度和国家治理体系建设中的空白点和薄弱点，具有鲜明的问题导向。在实际工作中，必须突出坚持和完善支撑中国特色社会主义制度的根本制度、基本制度、重要制度，着力固根基、扬优势、补短板、强弱项，构建系统完备、科学规范、运行有效的制度体系"③。

有了顶层设计的制度体系，还需要通过治理能力使其发挥效能。习近平总书记指出，国家治理体系和治理能力是一个国家的制度和制度执行能力的集中体现，两者相辅相成。④ 国家治理能力"是运用国家制度管理社会各方面事务的能力"⑤，"有了好的国家治理体系才能提高治理能力，提高国家治理能力才能充分发挥国家治理体系的效能"⑥。"我们在国家治理体系和治理能力方面还有许多亟待改进的地方，在提高国家治理能力上需要下

①　习近平谈治国理政［M］.北京：外文出版社，2014：91.
②　习近平.论坚持全面深化改革［M］.北京：中央文献出版社，2018：87.
③　习近平.坚持和完善中国特色社会主义制度　推进国家治理体系和治理能力现代化［J］.求是，2020（1）.
④　习近平谈治国理政［M］.北京：外文出版社，2014：105.
⑤⑥　习近平谈治国理政［M］.北京：外文出版社，2014：91.

更大气力。只有以提高党的执政能力为重点,尽快把我们各级干部、各方面管理者的思想政治素质、科学文化素质、工作本领都提高起来,尽快把党和国家机关、企事业单位、人民团体、社会组织等的工作能力都提高起来,国家治理体系才能更加有效运转。"①因此"必须适应国家现代化总进程,提高党科学执政、民主执政、依法执政水平,提高国家机构履职能力,提高人民群众依法管理国家事务、经济社会文化事务、自身事务的能力,实现党、国家、社会各项事务治理制度化、规范化、程序化,不断提高运用中国特色社会主义制度有效治理国家的能力"②。为此,习近平总书记对各级管理者提出,"要更加注重治理能力建设,增强按制度办事、依法办事意识,善于运用制度和法律治理国家,把各方面制度优势转化为管理国家的效能,提高党科学执政、民主执政、依法执政水平"③。

虽然我国在国家治理体系和治理能力方面具有独特优势,基本上适应国情与发展要求,但与现代化发展、"两个一百年"目标的实现仍存在一定差距。为此,习近平总书记指明了实现国家治理体系和治理能力现代化的路径:"要适应时代变化,既改革不适应实践发展要求的体制机制、法律法规,又不断构建新的体制机制、法律法规,使各方面制度更加科学、更加完善。"④也就是通过"改革不适应"与"构建新的"两个路径,并通过提高国家机构履职能力、提高人民群众依法管理国家与自身事务等能力,"实现党、国家、社会各项事务治理制度化、规范化、程序化,不断提高运用中国特色社会主义制度有效治理国家的能力"⑤。"要把提高治理能力作为新时代干部队伍建设的重大任务,通过加强思想淬炼、政治历练、实践锻炼、专业训练,推动广

---

① 习近平谈治国理政[M].北京:外文出版社,2014:105.

② 习近平谈治国理政[M].北京:外文出版社,2014:104.

③ 习近平.切实把思想统一到党的十八届三中全会精神上来[N].人民日报,2013-11-12.

④ 中共中央关于深化党和国家机构改革的决定(全文)[N].人民日报,2018-03-05.

⑤ 习近平谈治国理政[M].北京:外文出版社,2014:92.

大干部严格按照制度履行职责、行使权力、开展工作。各级党组织要严格把好政治关、廉洁关，严把素质能力关，及时把那些愿干事、真干事、干成事的干部发现出来、任用起来……要加强干部教育培训，使广大干部政治素养、理论水平、专业能力、实践本领跟上时代发展步伐。要深化干部制度改革，完善管思想、管工作、管作风、管纪律的从严管理机制，推动形成能者上、优者奖、庸者下、劣者汰的正确导向。"①

（三）实现国家治理体系和治理能力现代化必须深化体制机制改革

完善国家治理体系，必须要对体制机制进行深化改革。"党的十八届三中全会以来，我们聚焦深层次体制机制障碍，推出一系列重大改革，打通理顺许多堵点难点，很多领域实现了历史性变革、系统性重塑、整体性重构。随着我国迈入新发展阶段，要聚焦基础性和具有重大牵引作用的改革举措，在政策取向上相互配合、在实施过程中相互促进、在改革成效上相得益彰，推动各方面制度更加成熟更加定型"②。"行政体制改革是推动上层建筑适应经济基础的必然要求。实现全面建成小康社会和全面深化改革开放的目标，必须深化已进行30多年并取得重要成果的行政体制改革，破除制约经济社会发展的体制机制弊端。"③前进道路上，"我们要坚决破除一切妨碍发展的体制机制障碍和利益固化藩篱，加快形成系统完备、科学规范、运行有效

---

① 习近平主持中央政治局第二十次集体学习并讲话［EB/OL］. http://www. gov. cn/xinwen/2020 - 05/29/content_5516059. htm.

② 习近平. 在浦东开发开放 30 周年庆祝大会上的讲话［N］. 人民日报,2020 - 11 - 12.

③ 习近平向各民主党派全国工商联和无党派人士通报情况听取意见:行政体制改革推动上层建筑适应经济基础［N］. 人民日报,2013 - 02 - 28.

的制度体系,推动中国特色社会主义制度更加成熟更加定型。"①习近平总书记指出:"科学的宏观调控,有效的政府治理,是发挥社会主义市场经济体制优势的内在要求。更好发挥政府作用,就要切实转变政府职能,深化行政体制改革,创新行政管理方式,健全宏观调控体系,加强市场活动监管,加强和优化公共服务,促进社会公平正义和社会稳定,促进共同富裕。各级政府一定要严格依法行政,切实履行职责,该管的事一定要管好、管到位,该放的权一定要放足、放到位,坚决克服政府职能错位、越位、缺位现象。"②

党的十八大以来,党中央统筹推进经济、政治、文化、社会、生态文明等各领域体制机制改革,将长远制度建设与解决突出问题、整体推进与重点工作、顶层设计与试点探路、改革创新与法律法规立改废释、破除体制机制顽疾与解决新矛盾结合起来,重大改革方案接连出台,触及利益之深、推进力度之大前所未有,为构建系统完备、科学规范、运行有效的制度体系打下了坚实基础。

党的十九大站在更高起点部署了一大批力度更大、要求更高、举措更实的改革任务,进一步推进全面深化改革。"通过全面深化改革,我们已经在加强党的领导、推进依法治国、理顺政府和市场关系、健全国家治理体系、提高治理能力等方面及若干重要领域和关键环节取得重大突破。"③习近平总书记在中央深改委第十七次会议上总结了全面深化改革以来在体制机制方面进行的深入改革以及取得的成效:"党的十八届三中全会以来,党中央以前所未有的决心和力度冲破思想观念的束缚,突破利益固化的藩篱,坚决破除各方面体制机制弊端,积极应对外部环境变化带来的风险挑战,开启了气势如虹、波澜壮阔的改革进程。全面深化改革是一场思想理论的深刻变革,

---

① 习近平.论坚持全面深化改革[M].北京:中央文献出版社,2018:518
② 习近平.论坚持全面深化改革[M].北京:中央文献出版社,2018:106.
③ 习近平.论坚持全面深化改革[M].北京:中央文献出版社,2018:425

科学回答了在新时代为什么要全面深化改革、怎样全面深化改革等一系列重大理论和实践问题;是一场改革组织方式的深刻变革,从前期夯基垒台、立柱架梁,到中期全面推进、积厚成势,再到现阶段加强系统集成、协同高效,蹄疾步稳、有力有序解决各领域各方面体制性障碍、机制性梗阻、政策性创新问题,方向目标清晰,战略部署明确,方法路径高效,实现由局部探索、破冰突围到系统协调、全面深化的历史性转变;是一场国家制度和治理体系的深刻变革;是一场人民广泛参与的深刻变革。"①

(四)深化党和国家机构改革是推进国家治理体系和治理能力现代化的一场深刻变革

"党和国家机构职能体系是中国特色社会主义制度的重要组成部分,是我们党治国理政的重要保障"②,"是国家治理体系和治理能力的重要支撑"③。马克思指出:"随着经济基础的变更,全部庞大的上层建筑也或慢或快地发生变革。"④"政治中最本质的东西即国家政权机构"⑤,由于"党和国家机构属于上层建筑,必须适应经济基础的要求。经济不断发展,社会不断进步,人民生活不断改善,上层建筑就要适应新的要求不断进行改革。这是人类社会发展的一条普遍规律"⑥。邓小平也指出,精简机构是一场革命,如

---

①　习近平主持召开中央全面深化改革委员会第十七次会议并发表重要讲话[EB/OL]. http://www. gov. cn/xinwen/2020 – 12/30/content_5575462. htm? tdsourcetag = s_pcqq_aiomsg.

②　中共中央关于深化党和国家机构改革的决定[M].北京:人民出版社,2018:11 – 12.

③　中共中央举行党外人士座谈会和民主协商会 习近平主持会议并发表重要讲话[EB/OL]. http://www. gov. cn/xinwen/2018 – 03/01/content_5269809. htm.

④　马克思恩格斯选集(第二卷)[M].北京:人民出版社,1972:83.

⑤　列宁选集(第二卷)[M].北京:人民出版社,1960:454.

⑥　中共中央举行党外人士座谈会和民主协商会 习近平主持会议并发表重要讲话[EB/OL]. http://www. gov. cn/xinwen/2018 – 03/01/content_5269809. htm.

果不搞这场革命，"不只是四个现代化没有希望，甚至于要涉及亡党亡国的问题"①。为此，党中央机构集中进行了四次改革，国务院机构进行了七次改革，机构职能逐步规范，完成了从计划经济向社会主义市场经济体制下的机构职能体系的转变，也为中国特色社会主义建设提供了体制机制的重要保障。

习近平总书记指出："党的十八大以来，党中央提出了'五位一体'总体布局和'四个全面'战略布局，并根据新形势新任务的要求不断全面深化改革。我们出台的很多改革方案，如党的领导体制改革、纪律检查制度改革、政治体制改革、法律制度改革、司法体制改革、社会治理体制改革、生态文明体制改革等，都涉及党和国家机构改革。"②虽然我国的国家治理体系和治理能力具有独特优势，基本上适应国情与发展要求，然而进入新时代，党和国家机构设置和职能配置同实现国家治理体系和治理能力现代化的要求还不完全适应，与现代化发展的要求、与"两个一百年"目标的实现仍存在一定差距。"现行机构设置同国家治理体系和治理能力现代化的要求相比还有许多不适应的地方，'五位一体'总体布局、'四个全面'战略布局在机构设置上还没有充分体现。主要是：党的机构设置不够健全有力，党政机构职责重叠，仍存在叠床架屋问题，政府机构职责分散交叉，政府职能转变还不彻底，中央地方机构上下一般粗问题突出，群团改革、事业单位改革还未完全到位，等等。各地区各部门对全面加强党的领导、全面依法治国，优化自然资源资产管理、生态环境保护、市场监管、文化市场监管等方面体制的呼声很高。"③

新时代，"党和国家机构职能中存在的一些深层次体制难题还没有解

---

① 邓小平文选(第二卷)[M].北京：人民出版社，1994:397.
② 习近平.论坚持全面深化改革[M].北京：中央文献出版社，2018:425.
③ 习近平.论坚持全面深化改革[M].北京：中央文献出版社，2018:518.

决;一些问题反映比较强烈、看得也比较准,但由于方方面面因素难以下决断;还有一些问题,由于以往主要是调整政府机构,受改革范围限制还没有涉及"①。为此,党的十九届三中全会专门围绕党和国家机构改革进行了研究,出台了《关于深化党和国家机构改革的决定》,决定指出深化党和国家机构必须以国家治理体系和治理能力现代化为导向。

深化党和国家机构改革是推进国家治理体系和治理能力现代化的一场深刻变革。② 变革是一种社会转型,既是社会生产力和生产关系的深层改变,也是经济基础和上层建筑的深度调整。当社会要素之间存在矛盾并有可能进一步激化时,仅通过改革的局部调整难以改变,因此需要全面改革,乃至变革。"我国经济社会发展中的一些突出问题亟待解决……这些问题同国家治理体系和治理能力直接或间接相关,要从根本上加以解决,就必须对体制和机构进行调整和完善,以推动经济、政治、文化、社会、生态文明等领域改革持续深化,加快构建系统完备、科学规范、运行有效的党和国家机构职能体系。"③因此,此次深化党和国家机构改革,一是注重优化协同高效。"适应新时代新形势新要求,强调这次改革要坚持优化协同高效。优化就是机构职能要科学合理、权责一致,协同就是要有统有分、有主有次,高效就是要履职到位、流程通畅。"而且这也是"衡量改革能否达到预期目标的重要标准"。④ 二是突出理顺党政职责关系。这次改革的一个重要特点就是"统筹设置党政机构。决定稿提出坚持一类事项原则上由一个部门统筹,一件事情原则上由一个部门负责,避免政出多门、责任不明、推诿扯皮,科学设定党和国家机构,正确定位、合理分工、增强合力,防止机构重叠、职能重复、工作

---

① 习近平.论坚持全面深化改革[M].北京:中央文献出版社,2018:445.
② 中共中央关于深化党和国家机构改革的决定(全文)[N].人民日报,2018 – 03 – 05.
③ 习近平.论坚持全面深化改革[M].北京:中央文献出版社,2018:451.
④ 习近平.论坚持全面深化改革[M].北京:中央文献出版社,2018:432.

重合"。三是强调统筹党政军群机构改革。要求"科学配置党政机构职责，理顺同群团、事业单位的关系，协调并发挥各类机构职能作用，形成适应新时代发展要求的党政群、事业单位机构新格局"。特别是这次深化党和国家机构改革，提出了"统筹推进脖子以上机构改革和脖子以下机构改革，充分发挥中央和地方两个积极性，构建从中央到地方各级机构政令统一、运行顺畅、充满活力的工作体系"①。

坚持全面深化改革，还要"坚决破除一切不合时宜的思想观念和体制机制弊端，突破利益固化的藩篱，吸收人类文明有益成果，构建系统完备、科学规范、运行有效的制度体系，充分发挥我国社会主义制度优越性"②。"党的十九届三中全会专门研究深化党和国家机构改革问题，目的是在全面深化改革进程中抓住有利时机，下决心解决党和国家机构设置和职能配置中存在的突出矛盾和问题。"③在深化党和国家机构改革总结会议上，习近平总书记指出："深化党和国家机构改革，是贯彻落实党的十九大决策部署的一个重要举措，是全面深化改革的一个重大动作，是推进国家治理体系和治理能力现代化的一次集中行动。"④"深化党和国家机构改革全面启动，标志着全面深化改革进入了一个新阶段，改革将进一步触及深层次利益格局的调整和制度体系的变革。"⑤此次机构改革是第一次从国家治理体系与治理能力现代化的框架下设计、推进党和国家机构改革，凸显了改革的时代性和现代性。经过这次党和国家机构改革，"我们整体性推进中央和地方各级各类机构改革，重构性健全党的领导体系、政府治理体系、武装力量体系、群团工作

① 习近平. 论坚持全面深化改革[M]. 北京：中央文献出版社，2018：433.
② 习近平谈治国理政（第三卷）[M]. 北京：外文出版社，2020：17.
③ 习近平. 论坚持全面深化改革[M]. 北京：中央文献出版社，2018：425.
④ 习近平出席深化党和国家机构改革总结会议并发表重要讲话[EB/OL]. http://www.gov.cn/xinwen/2019－07/05/content_5406606.htm.
⑤ 习近平主持中央全面深化改革委员会第一次会议[EB/OL]. http://www.gov.cn/xinwen/2018－03/28/content_5278124.htm.

体系,系统性增强党的领导力、政府执行力、武装力量战斗力、群团组织活力,适应新时代要求的党和国家机构职能体系主体框架初步建立,为完善和发展中国特色社会主义制度、推进国家治理体系和治理能力现代化提供了有力组织保障"①。

---

① 习近平出席深化党和国家机构改革总结会议并发表重要讲话[EB/OL]. http://www. gov. cn/xinwen/2019 – 07/05/content_5406606. htm.

十、改革的本质论

　　我国改革开放事业之所以能够取得举世瞩目的成就,关键就在于我们始终坚定不移走中国特色社会主义道路。中国的改革始终坚持社会主义性质和社会主义方向,从回答"什么是社会主义,怎样建设社会主义"到回答"什么是中国特色社会主义,怎样建设中国特色社会主义",对社会发展基本规律、一般规律和特殊规律的认识和把握,逐步深入。习近平总书记指出:"要坚定不移走中国特色社会主义道路,既不走封闭僵化的老路,也不走改旗易帜的邪路。我们要增强政治定力,增强道路自信、理论自信、制度自信。"[①]"改革开放以来,我们党团结带领人民开创了中国特色社会主义,不断完善中国特色社会主义制度和国家治理体系,使当代中国焕发出前所未有的生机活力。"[②]"改革开放四十年的实践启示我们:我国是一个大国,决不能在根本性问题上出现颠覆性错误。"[③]全面深化改革不走老路、不走邪路,必

---

　　① 习近平. 在纪念毛泽东同志诞辰 120 周年座谈会上的讲话[N]. 人民日报,2013 – 12 – 27.
　　② 习近平. 坚持和完善中国特色社会主义制度　推进国家治理体系和治理能力现代化[J]. 求是,2020(1).
　　③ 习近平. 论坚持全面深化改革[M]. 北京:中央文献出版社,2018:521.

须完善和发展中国特色社会主义制度。"中国特色社会主义制度是一个严密完整的科学制度体系,起四梁八柱作用的是根本制度、基本制度、重要制度。"①习近平关于全面深化改革系列论述继承和发展了马克思主义改革观,对于推进全面深化改革具有重要的指导意义。

(一)全面深化改革必须高举旗帜,坚持中国特色社会主义制度

中国改革开放是有原则、有底线的。必须坚持走中国特色社会主义道路,不断坚持和发展中国特色社会主义。全面深化改革,必须高举中国特色社会主义伟大旗帜。"我们的改革是在中国特色社会主义道路上不断前进的改革,既不走封闭僵化的老路,也不走改旗易帜的邪路推进改革的目的是不断推进我国社会主义制度自我完善和发展,赋予社会主义新的生机活力。"②改革开放四十年的实践启示我们:"我们党全部理论和实践的主题是坚持和发展中国特色社会主义。"③习近平主席对俄罗斯电视台采访的回答对那些试图将中国改革引向西方政治制度的敌对势力作出了旗帜鲜明的回应:"我对中国发展前景充满信心。为什么有信心? 最根本的原因是,经过长期探索,我们已经找到一条适合中国国情的正确发展道路,只要我们紧紧依靠13亿多中国人民,坚定不移走自己的路,我们就一定能战胜一切艰难险阻,不断取得新的成绩,最终实现我们确立的目标。"④

"怎样治理社会主义社会这样全新的社会,在以往的世界社会主义中没

---

① 习近平.坚持和完善中国特色社会主义制度 推进国家治理体系和治理能力现代化[J].求是,2020(1).

② 习近平.论坚持全面深化改革[M].北京:中央文献出版社,2018:55 - 56.

③ 习近平.论坚持全面深化改革[M].北京:中央文献出版社,2018:516.

④ 习近平谈治国理政[M].北京:外文出版社,2014:101.

有解决得很好。马克思、恩格斯没有遇到全面治理一个社会主义国家的实践,他们关于未来社会的原理很多是预测性的;列宁在俄国十月革命后不久就过世了,没来得及深入探索这个问题;苏联在这个问题上进行了探索,取得了一些实践经验,但也犯下了严重错误,没有解决这个问题。我们党在全国执政以后,不断探索这个问题,虽然也发生了严重曲折,但在国家治理体系和治理能力上积累了丰富经验、取得了重大成果,改革开放以来的进展尤为显著……我们的国家治理体系和治理能力总体上是好的,是适应我国国情和发展要求的。"①"我反复讲,鞋子合不合脚,只有穿的人才知道。中国特色社会主义制度好不好、优越不优越,中国人民最清楚,也最有发言权。我们在这个重大政治问题上一定要有定力、有主见,决不能自失主张、自乱阵脚。全党同志特别是各级领导干部做政治上的明白人,很重要的一条就是任何时候任何情况下都要坚定中国特色社会主义道路自信、理论自信、制度自信、文化自信,真正做到'千磨万击还坚劲,任尔东西南北风'。"②而且"四十年的实践充分证明,党的十一届三中全会以来我们党团结带领全国各族人民开辟的中国特色社会主义道路、理论、制度、文化是完全正确的,形成的党的基本理论、基本路线、基本方略是完全正确的"③。

全面深化改革的总目标由"完善和发展中国特色社会主义制度、推进国家治理体系和治理能力现代化"两句话构成。对此,习近平总书记作出清晰地阐释:"这是两句话组成的一个整体,即完善和发展中国特色社会主义制度、推进国家治理体系和治理能力现代化。我们的方向就是中国特色社会

---

① 习近平.切实把思想统一到党的十八届三中全会精神上来[N].人民日报,2013－11－12.

② 习近平.坚持和完善中国特色社会主义制度 推进国家治理体系和治理能力现代化[J].求是,2020(1).

③ 习近平.论坚持全面深化改革[M].北京:中央文献出版社,2018:512.

主义道路……中国特色社会主义制度是当代中国发展进步的根本制度保障。"①必须完整理解和把握全面深化改革的总目标,"这里面有一个前一句和后一句的关系问题。前一句,规定了根本方向,我们的方向就是中国特色社会主义道路,而不是其他什么道路。也就是我经常说的,我们要坚定不移走中国特色社会主义道路,既不走封闭僵化的老路,也不走改旗易帜的邪路。后一句,规定了在根本方向指引下完善和发展中国特色社会主义制度的鲜明指向。两句话都讲,才是完整的。只讲第二句,不讲第一句,那是不完整、不全面的"②。两句话组成的一个整体,确定了中国的改革方向就是中国特色社会主义道路。全面深化改革目标提出之时,就明确了中国改革发展的政治定位。习近平总书记关于明确改革政治定位和保持战略定力的论述,为我们在纷繁复杂的形势下推进改革指明了政治遵循。③"步子要稳,就是方向一定要准,行驶一定要稳,尤其是不能犯颠覆性错误。"这也是对那些试图将中国改革引向西方政治制度的敌对势力作出了旗帜鲜明的回应。

坚持和完善中国特色社会主义制度,是在原有的制度基础之上不断发展和提升。习近平从中国改革的"前半程"和"后半场"谈到中国特色社会主义基本制度的发展:"从形成更加成熟更加定型的制度看,我国社会主义实践的前半程已经走过了,前半程我们的主要历史任务是建立社会主义基本制度,并在这个基础上进行改革,现在已经有了很好的基础。后半程,我们的主要历史任务是完善和发展中国特色社会主义制度,为党和国家事业发展、为人民幸福安康、为社会和谐稳定、为国家长治久安提供一整套更完备、

---

① 习近平在省部级主要领导干部学习贯彻十八届三中全会精神全面深化改革专题研讨班开班式上发表重要讲话[EB/OL]. https://www.ccps.gov.cn/xxsxk/xldxgz/201908/t20190829_133857.shtml.

② 这个十九届四中全会的重要议题,习近平这样说[N]. 人民日报(海外版),2019-10-16.

③ 何毅亭. 在习近平改革思想指引下继续推进全面深化改革[N]. 学习时报,2018-07-09.

更稳定、更管用的制度体系。"①"两个半程"的论述具有深邃的历史和战略眼光,阐明了建立更完备、更稳定、更管用的制度体系这一改革新的历史任务和长远战略目标,明确了全面深化改革的历史方位。党的十九大所部署的"坚持全面深化改革"的核心指向是中国特色社会主义现代化制度体系的构建、实施与完善。坚持全面深化改革围绕着"制度"的轴心,构建系统完备、科学规范、运行有效的制度体系,充分发挥我国社会主义制度优越性,坚持和完善中国特色社会主义制度,不断推进国家治理体系和治理能力现代化。"在中国这样一个拥有 13 亿多人口的国家深化改革,绝非易事。中国改革经过 30 多年,已进入深水区,可以说,容易的、皆大欢喜的改革已经完成了,好吃的肉都吃掉了,剩下的都是难啃的硬骨头。这就要求我们胆子要大、步子要稳。胆子要大,就是改革再难也要向前推进,敢于担当,敢于啃硬骨头,敢于涉险滩。步子要稳,就是方向一定要准,行驶一定要稳,尤其是不能犯颠覆性错误。"②习近平关于全面深化改革系列论述突出了社会主义自身改革发展的规律,坚持和发展了马克思主义改革观。

（二）以道路的鲜明导向把握全面深化改革的走向

中国的改革始终坚持社会主义性质和社会主义方向。中国改革究竟何去何从,习近平主席借亚太经合组织工商领导人峰会给出了回答:中国是一个大国,决不能在根本性问题上出现颠覆性错误。③ 习近平主席强调,"无论改什么、改到哪一步","完善和发展中国特色社会主义制度、推进国家治理

---

① 习近平.论坚持全面深化改革[M].北京:中央文献出版社,2018:93－94.

② 习近平谈治国理政[M].北京:外文出版社,2014:101.

③ 习近平在亚太经合组织工商领导人峰会开幕式上的演讲[EB/OL].http://www.gov.cn/xinwen/2014－11/09/content_2776634.htm.

体系和治理能力现代化的总目标不能变"。只有牢牢坚持改革原则不动摇，才能确保改革顺利进行、行稳致远。① 前进道路上，要"牢牢把握改革开放的前进方向。改什么、怎么改必须以是否符合完善和发展中国特色社会主义制度、推进国家治理体系和治理能力现代化的总目标为根本尺度，该改的、能改的我们坚决改，不该改的、不能改的坚决不改。我们要坚持党的基本路线，把以经济建设为中心同坚持四项基本原则、坚持改革开放这两个基本点统一于新时代中国特色社会主义伟大实践，长期坚持，决不动摇"②。因此，"必须坚持完善和发展中国特色社会主义制度，不断发挥和增强我国制度优势"③。

习近平总书记在《中共中央关于全面深化改革若干重大问题的决定》的说明中指出："当前，在改革开放问题上，党内外、国内外都很关注，全党上下和社会各方面期待很高。改革开放到了一个新的重要关头。我们在改革开放上决不能有丝毫动摇，改革开放的旗帜必须继续高高举起，中国特色社会主义道路的正确方向必须牢牢坚持。全党要坚定改革信心，以更大的政治勇气和智慧、更有力的措施和办法推进改革。"④习近平总书记提出，要高举旗帜，绝不改航转向。改革开放必须坚持正确的方向，高举社会主义旗帜。在党的十八届三中全会上，习近平总书记提出的"完善和发展中国特色社会主义制度"全面深化改革总目标，再一次向世人宣告，中国特色社会主义制度是共产党、国家和人民安身立命的根本，中国的改革绝不会改弦易辙，广大人民选择的社会主义道路不会改航转向。因此要不断推进我国社会主义制度自我完善和发展，使社会主义制度在新时代焕发出新的生机活力。

中国的改革遵循了规律。改革是对旧有的生产关系、上层建筑作局部

---

①　何毅亭.在习近平改革思想指引下继续推进全面深化改革[N].学习时报,2018－07－09.

②　习近平.论坚持全面深化改革[M].北京:中央文献出版社,2018:516－517.

③　习近平.论坚持全面深化改革[M].北京:中央文献出版社,2018:517.

④　习近平谈治国理政[M].北京:外文出版社,2014:86－87.

或根本性的调整变动。生产力决定生产关系,生产关系必须适应生产力的发展。当经济基础发生了变革,庞大的上层建筑也会或慢或快地发生变革。"全面深化改革,必须立足于我国长期处于社会主义初级阶段这个最大实际,坚持发展仍是解决我国所有问题的关键这个重大战略判断,以经济建设为中心,发挥经济体制改革牵引作用,推动生产关系同生产力、上层建筑同经济基础相适应,推动经济社会持续健康发展。"①改革开放的成功实践也证明,坚定走中国特色社会主义道路,就能够确保改革正确方向。"历史和现实都表明,只有坚持历史唯物主义,我们才能不断把对中国特色社会主义规律的认识提高到新的水平,不断开辟当代中国马克思主义发展新境界。"②"坚持实事求是,就要清醒认识和正确把握我国仍处于并将长期处于社会主义初级阶段这个基本国情。我们推进改革发展、制定方针政策,都要牢牢立足社会主义初级阶段这个最大实际,都要充分体现这个基本国情的必然要求,坚持一切从这个基本国情出发。任何超越现实、超越阶段而急于求成的倾向都要努力避免,任何落后于实际、无视深刻变化着的客观事实而因循守旧、故步自封的观念和做法都要坚决纠正。"③

习近平总书记考察了中国历史上的各种制度,指出"中国在人类发展史上曾经长期处于领先地位,自古以来逐步形成了一整套包括朝廷制度、郡县制度、土地制度、税赋制度、科举制度、监察制度、军事制度等各方面制度在内的国家制度和国家治理体系,为周边国家和民族所学习和模仿。进入近代以后,封建统治腐朽无能,帝国主义列强入侵,导致中国逐步成为半殖民地半封建社会,统治中国几千年的君主专制制度陷入全面危机。面对日益

---

① 中共中央关于全面深化改革若干重大问题的决定[M].北京:人民出版社,2013:5.

② 中共中央宣传部.习近平总书记系列重要讲话读本(2016 年版)[M].北京:学习出版社、人民出版社,2016:281.

③ 习近平.在纪念毛泽东同志诞辰 120 周年座谈会上的讲话[N].人民日报,2013 - 12 - 27.

深重的政治危机和民族危机,无数仁人志士为改变中国前途命运,开始探寻新的国家制度和国家治理体系,尝试了君主立宪制、议会制、多党制、总统制等各种制度模式,但都以失败而告终"①。"夺取全国政权后,我们党团结带领人民制定《共同纲领》、1954 年宪法,确定了国体、政体、国家结构形式,建立了国家政权组织体系。我们党进而团结带领人民进行社会主义改造,确立了社会主义基本制度,成功实现了中国历史上最深刻最伟大的社会变革,为当代中国一切发展进步奠定了根本政治前提和制度基础。改革开放以来,我们党团结带领人民开创了中国特色社会主义,不断完善中国特色社会主义制度和国家治理体系,使当代中国焕发出前所未有的生机活力。"②"在中国这样一个有着五千多年文明史、十三亿多人口的大国推进改革发展,没有可以奉为金科玉律的教科书,也没有可以对中国人民颐指气使的教师爷。鲁迅先生说过:'什么是路? 就是从没路的地方践踏出来的,从只有荆棘的地方开辟出来的。'中国特色社会主义道路是当代中国大踏步赶上时代、引领时代发展的康庄大道,必须毫不动摇走下去。"③当代中国,不实行改革开放是死路一条,否定改革社会主义的本质也是死路一条。"中国特色社会主义制度和国家治理体系不是从天上掉下来的,而是在中国的社会土壤中生长起来的,是经过革命、建设、改革长期实践形成的,是马克思主义基本原理同中国具体实际相结合的产物,是理论创新、实践创新、制度创新相统一的成果,凝结着党和人民的智慧,具有深刻的历史逻辑、理论逻辑、实践逻辑。"④全面深化改革必须高举社会主义旗帜,坚持中国特色社会主义制度的不断自我完善和发展。"中国特色社会主义国家制度和法律制度需要坚持好、实施好,也需要不断完善和发展。我们要积极吸收借鉴人类制度文明有

---

①②④ 习近平.坚持和完善中国特色社会主义制度 推进国家治理体系和治理能力现代化[J].求是,2020(1).

③ 习近平.论坚持全面深化改革[M].北京:中央文献出版社,2018:516.

益成果,但决不能动摇或放弃我国制度的根基。"①习近平总书记深刻阐明了全面深化改革不是因为中国特色社会主义制度不好,而是要使其更好;坚定制度自信不是要故步自封,而是要不断革除体制机制弊端,使我们的制度成熟而持久。

"我们既要坚持好、巩固好经过长期实践检验的我国国家制度和国家治理体系,又要完善好、发展好我国国家制度和国家治理体系,不断把我国制度优势更好转化为国家治理效能。"②与时俱进完善和发展中国特色社会主义制度和国家治理体系。"万物得其本者生,百事得其道者成。"随着中国特色社会主义进入新时代,我国发展处于新的历史方位,我国社会主要矛盾已经转化为人民日益增长的美好生活需要和不平衡不充分的发展之间的矛盾,我国国家治理面临许多新任务新要求,必然要求中国特色社会主义制度和国家治理体系更加完善、不断发展。③全面深化改革是在中国特色社会主义道路上不断前进的改革,是完善和发展中国特色社会主义制度的改革。习近平关于全面深化改革系列论述,坚持和发展了马克思主义,体现了当代中国马克思主义改革观。

(三)以根本制度、基本制度、重要制度为全面深化改革提供制度体系支撑

党的十九届四中全会进一步突出"坚持和完善支撑中国特色社会主义制度的根本制度、基本制度、重要制度,着力固根基、扬优势、补短板、强弱项,构建系统完备、科学规范、运行有效的制度体系,加强系统治理、依法治

---

① 习近平.在政治局第十七次集体学习上的讲话[J].求是,2019(23).
②③ 习近平.坚持和完善中国特色社会主义制度 推进国家治理体系和治理能力现代化[J].求是,2020(1).

理、综合治理、源头治理,把我国制度优势更好转化为国家治理效能,为实现'两个一百年'奋斗目标、实现中华民族伟大复兴的中国梦提供有力保证"①。党的十九届四中全会总结实践经验,在已经明确的根本制度、基本制度、重要制度的基础上作出了一些新的概括,比如,把社会主义基本经济制度确定为"公有制为主体、多种所有制经济共同发展,按劳分配为主体、多种分配方式并存,社会主义市场经济体制等社会主义基本经济制度",明确提出"坚持马克思主义在意识形态领域指导地位的根本制度",对中国特色社会主义法治体系、中国特色社会主义行政体制、繁荣发展社会主义先进文化的制度、统筹城乡的民生保障制度、共建共治共享的社会治理制度、生态文明制度体系、党对人民军队的绝对领导制度、"一国两制"制度体系、党和国家监督体系等也进一步作出阐述。②

"中国特色社会主义制度和国家治理体系具有多方面的显著优势。全会系统总结我国国家制度和国家治理体系的发展成就和显著优势,目的就是推动全党全国各族人民坚定制度自信,使我国国家制度和国家治理体系多方面的显著优势更加充分地发挥出来。"③党的十九届四中全会第一次从制度与体系方面系统地总结了我国制度具有的十三个显著优势,得出了规律性的结论:坚持党的集中统一领导,坚持党的科学理论,保持政治稳定,确保国家始终沿着社会主义方向前进的显著优势;坚持人民当家作主,发展人民民主,密切联系群众,紧紧依靠人民推动国家发展的显著优势;坚持全面依法治国,建设社会主义法治国家,切实保障社会公平正义和人民权利的显著优势;坚持全国一盘棋,调动各方面积极性,集中力量办大事的显著优势;

---

① 中共中央关于坚持和完善中国特色社会主义制度 推进国家治理体系和治理能力现代化若干重大问题的决定[N].人民日报,2019-11-06.

②③ 习近平.坚持和完善中国特色社会主义制度 推进国家治理体系和治理能力现代化[J].求是,2020(1).

坚持各民族一律平等,铸牢中华民族共同体意识,实现共同团结奋斗、共同繁荣发展的显著优势;坚持公有制为主体、多种所有制经济共同发展和按劳分配为主体、多种分配方式并存,把社会主义制度和市场经济有机结合起来,不断解放和发展社会生产力的显著优势;坚持共同的理想信念、价值理念、道德观念,弘扬中华优秀传统文化、革命文化、社会主义先进文化,促进全体人民在思想上精神上紧紧团结在一起的显著优势;坚持以人民为中心的发展思想,不断保障和改善民生、增进人民福祉,走共同富裕道路的显著优势;坚持改革创新、与时俱进,善于自我完善、自我发展,使社会充满生机活力的显著优势;坚持德才兼备、选贤任能,聚天下英才而用之,培养造就更多更优秀人才的显著优势;坚持党指挥枪,确保人民军队绝对忠诚于党和人民,有力保障国家主权、安全、发展利益的显著优势;坚持"一国两制",保持香港、澳门长期繁荣稳定,促进祖国和平统一的显著优势;坚持独立自主和对外开放相统一,积极参与全球治理,为构建人类命运共同体不断作出贡献的显著优势。① 这十三个显著优势的归纳,科学地总结了坚持和加强党的全面领导制度的经验、我国政治制度建设的经验、中国特色社会主义制度自我完善和发展的经验,明确了发展和完善中国特色社会主义制度的根本遵循、价值追求和前进方向,确立了党和国家长治久安的制度基石,彰显了国家制度和国家治理体系的动力和活力,从制度层面揭示了中国之治的奥秘,表明了党对新时代改革任务认识的进一步深化和系统化。

"四十多年的改革开放有力推动中国特色社会主义制度和国家治理体系在革除体制机制弊端的过程中不断走向成熟,特别是党的十八大以来,我们全面深化改革,充分显示出我国国家制度和国家治理体系的强大自我完

---

① 中共中央关于坚持和完善中国特色社会主义制度 推进国家治理体系和治理能力现代化若干重大问题的决定[N].人民日报,2019－11－06.

善能力。可以预期,随着全面深化改革向纵深推进,我国国家制度和国家治理体系必将在国际竞争中赢得更大的比较优势,展现出更为旺盛的生机活力。"①党的十九届四中全会系统地提出了"十三个坚持和完善":坚持和完善党的领导制度体系,提高党科学执政、民主执政、依法执政水平;坚持和完善人民当家作主制度体系,发展社会主义民主政治;坚持和完善中国特色社会主义法治体系,提高党依法治国、依法执政能力;坚持和完善中国特色社会主义行政体制,构建职责明确、依法行政的政府治理体系;坚持和完善社会主义基本经济制度,推动经济高质量发展;坚持和完善繁荣发展社会主义先进文化的制度,巩固全体人民团结奋斗的共同思想基础;坚持和完善统筹城乡的民生保障制度,满足人民日益增长的美好生活需要;坚持和完善共建共治共享的社会治理制度,保持社会稳定、维护国家安全;坚持和完善生态文明制度体系,促进人与自然和谐共生;坚持和完善党对人民军队的绝对领导制度,确保人民军队忠实履行新时代使命任务;坚持和完善"一国两制"制度体系,推进祖国和平统一;坚持和完善独立自主的和平外交政策,推动构建人类命运共同体;坚持和完善党和国家监督体系,强化对权力运行的制约和监督。"坚持和完善中国特色社会主义制度、推进国家治理体系和治理能力现代化既是一项长期战略任务,又是一个重大现实课题。"②因此,"在实际工作中,必须突出坚持和完善支撑中国特色社会主义制度的根本制度、基本制度、重要制度,着力固根基、扬优势、补短板、强弱项,构建系统完备、科学规范、运行有效的制度体系"③。

---

①②③　习近平.坚持和完善中国特色社会主义制度　推进国家治理体系和治理能力现代化[J].求是,2020(1).

十一、改革的动力论

　　全面深化改革必须以创新为动力。习近平总书记高度重视创新,强调全面深化改革创新的紧迫性和必要性。"迎接挑战,最根本的是改革创新。改革,最本质的要求就是创新。"①"坚持创新发展,是我们分析近代以来世界发展历程特别是总结我国改革开放成功实践得出的结论,是我们应对发展环境变化、增强发展动力、把握发展主动权,更好引领新常态的根本之策。"②缺乏创新,改革难以深入推进;拒绝创新,则会落后于时代。因此,"我们必须把发展基点放在创新上,通过创新培育发展新动力、塑造更多发挥先发优势的引领型发展"③。中国改革开放的重要启示就是,国家要振兴、民族要兴盛,就必须在时代发展中不断创新。2013 年,习近平总书记在湖北调研全面深化改革问题时强调,"一定要始终把改革创新精神贯彻到治国理政各个环

----

　　① 习近平. 在全国政协新年茶话会上的讲话(全文)[EB/OL]. http://www.xinhuanet.com/politics/2013 – 12/31/c_118787458. htm.
　　②③ 习近平. 在省部级主要领导干部学习贯彻党的十八届五中全会精神专题研讨班上的讲话(2016.01.18)[N]. 人民日报,2016 – 05 – 10.

节,推动经济持续健康发展,更好实现党的十八大确定的奋斗目标和工作部署"①。进入新发展阶段,"我国经济社会发展和民生改善比过去任何时候都更加需要科学技术解决方案,都更加需要增强创新这个第一动力"②。在省部级主要领导干部学习贯彻党的十九届五中全会精神专题研讨班开班式上讲话时,习近平指出:"2015 年 10 月,在党的十八届五中全会上,我提出了创新、协调、绿色、开放、共享的发展理念,强调创新发展注重的是解决发展动力问题……强调坚持新发展理念是关系我国发展全局的一场深刻变革。"③

(一)全面深化改革必须以创新为动力

习近平总书记指出,"不创新就会落后,落后就会挨打"是历史经验和教训。"创新是一个民族进步的灵魂,是一个国家兴旺发达的不竭动力,也是中华民族最深沉的民族禀赋。"④在中国科学院第十九次院士大会、中国工程院第十四次院士大会上,习近平总书记 128 次提到创新:"坚持创新是第一动力,坚持抓创新就是抓发展、谋创新就是谋未来。"⑤抓住了创新,就抓住了牵动经济社会发展全局的"牛鼻子"。"通过创新引领和驱动发展已经成为我国发展的迫切要求。所以,我反复强调,抓创新就是抓发展,谋创新就是

---

① 习近平在湖北武汉主持召开部分省市负责人座谈会[EB/OL]. http://www.gov.cn/ldhd/2013-07/24/content_2454544.htm.

② 习近平.在科学家座谈会上讲话[EB/OL]. http://www.gov.cn/xinwen/2020-09/11/content_5542862.htm.

③ 习近平.在省部级主要领导干部学习贯彻党的十九届五中全会精神专题研讨班开班式上发表重要讲话[EB/OL]. http://cpc.people.com.cn/big5/n1/2021/0112/c435113-31996456.html.

④ 习近平.在欧美同学会成立 100 周年庆祝大会上的讲话[EB/OL]. http://www.gov.cn/ldhd/2013-10/21/content_2511441.htm.

⑤ 习近平出席中国科学院第十九次院士大会、中国工程院第十四次院士大会开幕会并发表重要讲话[EB/OL]. http://www.gov.cn/xinwen/2018-05/28/content_5294268.htm.

谋未来。"①

"中华民族是勇于创新、善于创新的民族。"②习近平总书记指出:"几千年前,中华民族的先民们就秉持'周虽旧邦,其命维新'的精神,开启了缔造中华文明的伟大实践。自古以来,中国大地上发生了无数变法变革图强运动,留下了'治世不一道,便国不法古'等豪迈宣言。自古以来,中华民族就以'天下大同''协和万邦'的宽广胸怀,自信而又大度地开展同域外民族交往和文化交流,曾经谱写了万里驼铃万里波的浩浩丝路长歌,也曾经创造了万国衣冠会长安的盛唐气象。正是这种'天行健,君子以自强不息''地势坤,君子以厚德载物'的变革和开放精神,使中华文明成为人类历史上唯一一个绵延五千多年至今未曾中断的灿烂文明。"③正是秉持"周虽旧邦,其命维新"的革新精神,中华民族才能够使中华文明成为人类历史上唯一一个绵延五千多年至今未曾中断的灿烂文明。"回顾近代以来世界发展历程,可以清楚看到,一个国家和民族的创新能力,从根本上影响甚至决定国家和民族前途命运。"④2016 年 9 月,习近平在二十国集团(G20)工商峰会上曾指出:"创新是从根本上打开增长之锁的钥匙。"⑤

习近平总书记深刻认识到创新的巨大作用,他指出:"我们这么大一个国家,就应该有雄心壮志。毛泽东同志说:'夺取全国胜利,这只是万里长征走完了第一步。如果这一步也值得骄傲,那是比较渺小的,更值得骄傲的还在后头。在过了几十年之后来看中国人民民主革命的胜利,就会使人们感觉那好像只是一出长剧的一个短小的序幕。剧是必须从序幕开始的,但序幕还不是高潮。''我们不但善于破坏一个旧世界,我们还将善于建设一个新

---

①②④ 习近平.在省部级主要领导干部学习贯彻党的十八届五中全会精神专题研讨班上的讲话[N].人民日报,2016 - 05 - 10.

③ 习近平.论坚持全面深化改革[M].北京:中央文献出版社,2018:523.

⑤ 习近平.创新是从根本上打开增长之锁的钥匙[EB/OL]. http://www. china. com. cn/v/news/2016 - 09/03/content_39226054. htm.

世界.'"①历史充分证明,中国人民和中华民族迎来从站起来、富起来再到强起来的伟大飞跃,无不是不断推进理论创新、实践创新、制度创新、文化创新及各方面创新的结果。新时代,只有将改革创新进行到底,才能够不断实现人民对美好生活的向往。

改革创新是一个国家、一个民族、一个政党的生存发展之道。秉持创新思维是中国共产党人的宝贵优良传统。"当代中国正经历着我国历史上最为广泛而深刻的社会变革,也正在进行着人类历史上最为宏大而独特的实践创新。"②而"中华民族是具有伟大创新精神的民族,以伟大创造能力著称于世。'苟日新,日日新,又日新',是对中华民族创新精神的最好写照。我们要大力弘扬与时俱进、锐意进取、勤于探索、勇于实践的改革创新精神"③。一个民族和国家的精神面貌取决于是否善于谋划创新和勇于实践创新。进入新时代,面对"百年未有之大变局",世界各国都在加快推进变革创新。2017 年 11 月,习近平主席在亚太经合组织工商领导人峰会上发表了题为"抓住世界经济转型机遇谋求亚太更大发展"的主旨演讲,提出"发展之路没有终点,只有新的起点"。"世界经济彻底摆脱'新平庸'的风险,只能向创新要动力"要"继续谋求创新增长,挖掘发展新动能。"④经济全球化历史进程中的世界各国都在竞争中发展,也在发展中竞争,但都离不开创新。

开拓创新是实现"两个一百年"目标的重要保障。党的十八大以来,我们"坚持统筹推进'五位一体'总体布局、协调推进'四个全面'战略布局,坚持稳中求进工作总基调,对党和国家各方面工作提出一系列新理念新思想

---

①　习近平.论坚持全面深化改革[M].北京:中央文献出版社,2018:524.

②　习近平.在哲学社会科学工作座谈会上的讲话[M].北京:人民出版社,2016:8.

③　习近平.在全国政协新年茶话会上的讲话(全文)[EB/OL].http://www.xinhuanet.com/politics/2013－12/31/c_118787458.htm.

④　习近平.在亚太经合组织工商领导人峰会开幕式上的演讲[EB/OL].http://www.gov.cn/xinwen/2014－11/09/content_2776634.htm.

新战略,推动党和国家事业发生历史性变革、取得历史性成就,中国特色社会主义进入了新时代"①。习近平总书记在党的十九届四中全会上提出,"中国特色社会主义制度和国家治理体系是以马克思主义为指导、植根中国大地、具有深厚中华文化根基、深得人民拥护的制度和治理体系,是党和人民长期奋斗、接力探索、历尽千辛万苦、付出巨大代价取得的根本成就"②。这"既是一项长期战略任务,又是一个重大现实课题,我们要增强政治责任感和历史使命感,坚定信心,保持定力,锐意进取,开拓创新,完成好这次全会确定的各项任务,为实现'两个一百年'奋斗目标、实现中华民族伟大复兴的中国梦提供有力保证。"③

历史和现实反复证明,"在激烈的国际竞争中,惟创新者进,惟创新者强,惟创新者胜"④。在习近平总书记看来:"综合国力竞争说到底是创新的竞争。要深入实施创新驱动发展战略,推动科技创新、产业创新、企业创新、市场创新、产品创新、业态创新、管理创新等,加快形成以创新为主要引领和支撑的经济体系和发展模式。"⑤"在新一轮全球增长面前,惟改革者进,惟创新者强,惟改革创新者胜。我们要拿出敢为天下先的勇气,锐意改革,激励创新,积极探索适合自身发展需要的新道路新模式,不断寻求新增长点和驱动力。"⑥"纵观人类发展历史,创新始终是一个国家、一个民族发展的重要力量,也始终是推动人类社会进步的重要力量。不创新不行,创新慢了也不

---

① 习近平.论坚持全面深化改革[M].北京:中央文献出版社,2018:505.

②③ 习近平.坚持和完善中国特色社会主义制度 推进国家治理体系和治理能力现代化[J].求是,2020(1).

④ 习近平.在欧美同学会成立100周年庆祝大会上的讲话[EB/OL].http://www.gov.cn/ldhd/2013 - 10/21/content_2511441.htm.

⑤ 习近平.在浙江召开华东7省市党委主要负责同志座谈会上听取对"十三五"时期经济社会发展的意见和建议时的讲话.2015 - 05 - 27.

⑥ 习近平.在亚太经合组织工商领导人峰会开幕式上的演讲[EB/OL].http://www.gov.cn/xinwen/2014 - 11/09/content_2776634.htm.

行。如果我们不识变、不应变、不求变，就可能陷入战略被动，错失发展机遇，甚至错过整整一个时代。"①"党的十八大作出了实施创新驱动发展战略的重大部署，强调科技创新是提高社会生产力和综合国力的战略支撑，必须摆在国家发展全局的核心位置。这是党中央综合分析国内外大势、立足我国发展全局作出的重大战略抉择。"②由于党的十八届三中全会创造性地提出了全面深化改革的总目标，因此习近平总书记做出定论："党的十八届三中全会也是划时代的，开启了全面深化改革、系统整体设计推进改革的新时代，开创了我国改革开放的新局面。"③

党的十八大以来，在习近平总书记的公开讲话和报道中，"创新"是个高频词。这些论述涵盖了创新的方方面面，涉及众多领域。"创新是引领发展的第一动力，是建设现代化经济体系的战略支撑。"④"全面优化升级产业结构，提升创新能力、竞争力和综合实力。"⑤"经济增长需要更多驱动力创新"，"我们必须把经济增长动力更多放在创新驱动和扩大内需特别是消费需求上。"⑥"科技创新是提高社会生产力和综合国力的战略支撑，必须摆在发展全局的核心位置。我们要充分发挥科技资源丰富、科技人才众多的优势，建设科技创新高地，不断提高原始创新、集成创新和引进消化吸收再创新能力，促进科技和经济深度融合。"⑦"推进供给侧改革，必须牢固树立创新发展

①　习近平.为建设世界科技强国而奋斗——在全国科技创新大会、两院院士大会、中国科协第九次全国代表大会上的讲话[M].北京：人民出版社，2016：6.

②⑥　习近平.在省部级主要领导干部学习贯彻党的十八届五中全会精神专题研讨班上的讲话[N].人民日报，2016－05－10.

③　习近平谈治国理政（第三卷）[M].北京：外文出版社，2020：111.

④　习近平.决胜全面建成小康社会　夺取新时代中国特色社会主义伟大胜利——在中国共产党第十九次全国代表大会上的报告[M].北京：人民出版社，2017：26.

⑤　习近平在省部级主要领导干部学习贯彻党的十九届五中全会精神专题研讨班开班式上发表重要讲话[EB/OL].https：//www.ccps.gov.cn/xtt/202101/t20210111_147076.shtml.

⑦　习近平在天津考察时强调　稳中求进推动经济发展　持续努力保障改善民生[N].人民日报，2013－05－16.

理念,推动新技术、新产业、新业态蓬勃发展,为经济持续健康发展提供源源不断的内生动力。"①

聚焦微观现实,习近平总书记还强调,"企业持续发展之基、市场制胜之道在于创新"。"要认真总结自由贸易试验区建设经验,按照高质量发展的要求,对照国际先进规则,以制度创新为核心,以防控风险为底线,扩大开放领域,提升政府治理水平,加强改革系统集成,力争取得更多可复制可推广的制度创新成果,更好服务全国改革开放大局。"②"重大创新成果竞相涌现,一些前沿领域开始进入并跑、领跑阶段,科技实力正在从量的积累迈向质的飞跃,从点的突破迈向系统能力提升。"③"实施创新驱动发展战略,完善国家创新体系,加快关键核心技术自主创新,为经济社会发展打造新引擎。"④"在更高起点上推进改革开放,推动经济特区工作开创新局面,为全面建设社会主义现代化国家、实现第二个百年奋斗目标作出新的更大的贡献。"⑤习近平总书记指出,"自主创新不是闭门造车,不是单打独斗,不是排斥学习先进,不是把自己封闭于世界之外"⑥。在谋划创新的过程中,决不能囿于自我封闭的小圈子,而是应积极主动走出去和引进来,充分整合和利用好全球创新资源。

---

① 习近平.在省部级主要领导干部学习贯彻党的十八届五中全会精神专题研讨班上的讲话[N].人民日报,2016 – 05 – 10.
② 习近平主持召开中央全面深化改革委员会第一次会议[EB/OL].http://www.gov.cn/xinwen/2018 – 03/28/content_5278124.htm.
③ 习近平.在科学家座谈会上讲话[EB/OL].http://www.gov.cn/xinwen/2020 – 09/11/content_5542862.htm.
④ 习近平.论坚持全面深化改革[M].北京:中央文献出版社,2018:87.
⑤ 习近平.在深圳经济特区建立40周年庆祝大会上的讲话[EB/OL].http://www.gov.cn/xinwen/2020 – 10/14/content_5551299.htm.
⑥ 习近平.坚定不移走中国特色自主创新道路[EB/OL].http://www.cssn.cn/glx/glxtt/201602/t20160229_2887944.shtml.

（二）坚持创新思维，不断推进理论创新

"历史告诉我们，没有先进理论的指导，没有用先进理论武装起来的先进政党的领导，没有先进政党顺应历史潮流、勇担历史重任、敢于作出巨大牺牲，中国人民就无法打败压在自己头上的各种反动派，中华民族就无法改变被压迫、被奴役的命运，我们的国家就无法团结统一、在社会主义道路上走向繁荣富强。"①改革开放是一个新事物、新情况不断涌现的过程，准确把握新事物、新情况的本质，无疑是一项艰巨的理论工作。为此，在对《中共中央关于全面深化改革若干重大问题的决定》做说明时，习近平总书记指出，"1992年，党的十四大提出了我国经济体制改革的目标是建立社会主义市场经济体制，提出要使市场在国家宏观调控下对资源配置起基础性作用。这一重大理论突破，对我国改革开放和经济社会发展发挥了极为重要的作用。这也说明，理论创新对实践创新具有重大先导作用，全面深化改革必须以理论创新为先导"②。

2017年7月26日，习近平总书记在省部组主要领导干部"学习习近平总书记重要讲话精神，喜迎党的十九大"专题研讨班开班式上的重要讲话深刻揭示了党的创新理论引领改革全面深化的内在逻辑，提出："我们要在迅速变化的时代中赢得主动，要在新的伟大斗争中赢得胜利，就要在坚持马克思主义基本原理的基础上，以更宽广的视野、更长远的眼光来思考和把握国家未来发展面临的一系列重大战略问题，在理论上不断拓展新视野、作出新

---

① 习近平.在庆祝中国共产党成立95周年大会上的讲话[J].求是，2021(8).
② 习近平谈治国理政[M].北京：外文出版社，2014：75.

概括。"①在党的十九大报告中,习近平总书记指出,"世界每时每刻都在发生变化,中国也每时每刻都在发生变化,我们必须在理论上跟上时代,不断认识规律,不断推进理论创新、实践创新、制度创新、文化创新以及其他各方面创新"②。马克思主义必须随着实践的变化而不断创新。习近平新时代中国特色社会主义思想是马克思主义中国化的最新成果,这一思想的形成深刻体现了创新思维的运用。

创新思维是开拓认识新领域、解决现实新问题的一种思维,是一种因时制宜、知难而进、开拓创新的科学思维。具有了创新思维,才能获得创新能力。提高创新思维能力,就是保持对一切既有成果的怀疑,对落后观念的否定,进而提出新思想、新理论。作为一种科学的思维方法,创新思维要求领导干部要敢于打破思维定式,解放思想、超越陈规、与时俱进、因地制宜、求真务实、锐意进取,以思想认识的新飞跃打开工作的新局面。创新思维具有系统性,包含经济、政治、文化、社会、生态等众多领域的创新,相互联系、相互作用。"创新是一个复杂的社会系统工程,涉及经济社会各个领域。坚持创新发展,既要坚持全面系统的观点,又要抓住关键,以重要领域和关键环节的突破带动全局。"③因此,要"加强对各项改革关联性的研判,把经济、政治、文化、社会、生态等方面的体制改革有机结合起来,把理论创新、制度创新、科技创新、文化创新以及其他各方面创新有机衔接起来"④。

重视创新是马克思主义的优良传统。中国共产党在领导中国革命、建

---

① 习近平在省部级主要领导干部"学习习近平总书记重要讲话精神,迎接党的十九大"专题研讨班开班式上发表重要讲话[EB/OL]. http://www.gov.cn/xinwen/2017 – 07/27/content_5213859. htm.

② 习近平.决胜全面建成小康社会 夺取新时代中国特色社会主义伟大胜利——在中国共产党第十九次全国代表大会上的报告[M].北京:人民出版社,2017:26.

③ 习近平.在省部级主要领导干部学习贯彻党的十八届五中全会精神专题研讨班上的讲话[N].人民日报,2016 – 05 – 10.

④ 习近平.关于全面深化改革论述摘编[M].北京:中央文献出版社,2014:37.

设和改革的实践中,把马克思主义与中国实际相结合,对中国革命、建设和改革作出创新性谋划,开辟了新道路,创新了新理论,形成了新制度。党的十八大以来,以习近平同志为核心的党中央坚持创新思维,为全面深化改革寻找新思路,开创新境界,不断推进理论创新、实践创新和制度创新。习近平总书记从正面深刻总结中国特色社会主义的成功经验,也从反面思考苏联解体的教训,得出一系列创新性认识和结论:"中国特色社会主义,最本质的特征是中国共产党领导,最鲜明的特色是理论创新和实践创新、制度自信和文化自信紧密结合,在推动发展上拥有强大的政治优势、理论优势、制度优势、文化优势。"[①]

作为执政党,有着十几亿人口的国家如何治理?"马克思、恩格斯没有遇到全面治理一个社会主义国家的实践,他们关于未来社会的原理很多是预测性的;列宁在俄国十月革命后不久就过世了,没来得及深入探索这个问题;苏联在这个问题上进行了探索,取得了一些实践经验,但也犯下了严重错误,没有解决这个问题。"[②]"一个国家选择什么样的国家制度和国家治理体系,是由这个国家的历史文化、社会性质、经济发展水平决定的。中国特色社会主义制度和国家治理体系不是从天上掉下来的,而是在中国的社会土壤中生长起来的,是经过革命、建设、改革长期实践形成的,是马克思主义基本原理同中国具体实际相结合的产物,是理论创新、实践创新、制度创新相统一的成果,凝结着党和人民的智慧,具有深刻的历史逻辑、理论逻辑、实践逻辑。"[③]可以说,正是由于勇于实践、善于创新,党的十八大以来,以习近平同志为核心的党中央才形成了一系列治国理政新理念新思想新战略。

---

① 习近平在省部级主要领导干部学习贯彻党的十九届五中全会精神专题研讨班开班式上发表重要讲话[EB/OL]. https://www.ccps.gov.cn/xtt/202101/t20210111_147076.shtml.

② 习近平谈治国理政[M].北京:外文出版社,2014:91.

③ 习近平.坚持和完善中国特色社会主义制度 推进国家治理体系和治理能力现代化[J].求是,2020(1).

"在人类文明发展史上,除了中国特色社会主义制度和国家治理体系外,没有任何一种国家制度和国家治理体系能够在这样短的历史时期内创造出我国取得的经济快速发展、社会长期稳定这样的奇迹。"①党的十九届四中全会总结了中国的十三个制度显著优势,其中一个便是"坚持改革创新、与时俱进,善于自我完善、自我发展,使社会充满生机活力的显著优势"。②

实现马克思主义中国化,也需要创新。"四十年来,我们始终坚持解放思想、实事求是、与时俱进、求真务实,坚持马克思主义指导地位不动摇,坚持科学社会主义基本原则不动摇,勇敢推进理论创新、实践创新、制度创新、文化创新以及各方面创新,不断赋予中国特色社会主义以鲜明的实践特色、理论特色、民族特色、时代特色,形成了中国特色社会主义道路、理论、制度、文化,以不可辩驳的事实彰显了科学社会主义的鲜活生命力,社会主义的伟大旗帜始终在中国大地上高高飘扬!"③"我们坚持理论联系实际,及时回答时代之问、人民之问,廓清困扰和束缚实践发展的思想迷雾,不断推进马克思主义中国化时代化大众化,不断开辟马克思主义发展新境界。"④在中国的全面深化改革实践中,习近平总书记要求,要"从我国改革发展的实践中挖掘新材料、发现新问题、提出新观点、构建新理论,加强对改革开放和社会主义现代化建设实践经验的系统总结,加强对发展社会主义市场经济、民主政治、先进文化、和谐社会、生态文明以及党的执政能力建设等领域的分析研究,加强对党中央治国理政新理念新思想新战略的研究阐释,提炼出有学理性的新理论,概括出有规律性的新实践"⑤。

---

① 习近平.坚持和完善中国特色社会主义制度 推进国家治理体系和治理能力现代化[J].求是,2020(1).

② 中共中央关于坚持和完善中国特色社会主义制度、推进国家治理体系和治理能力现代化若干重大问题的决定[N].人民日报,2019－11－06.

③ 习近平.论坚持全面深化改革[M].北京:中央文献出版社,2018:507.

④ 习近平.论坚持全面深化改革[M].北京:中央文献出版社,2018:515.

⑤ 习近平.在哲学社会科学工作座谈会上的讲话[M].北京:人民出版社,2016:21－22.

　　创新思维是实现民族复兴伟大梦想的关键法宝。"一个新理念的确立，总是同旧理念的破除相伴随的，正所谓不破不立。贯彻落实新发展理念，涉及一系列思维方式、行为方式、工作方式的变革，涉及一系列工作关系、社会关系、利益关系的调整，不改革就只能是坐而论道，最终到不了彼岸。"①坚持创新思维是要回答中国和世界"向何处去"的重大理论和实践问题。党的十八大以来，在党中央坚强领导下，党和国家事业发生了历史性变革、取得了历史性成就，中国特色社会主义进入了新时代。在全面深化改革进程中不断推进实践创新、理论创新、制度创新。中国共产党以全新角度思考国家治理体系问题。习近平总书记提出，社会主义实践"后半程"的主要任务是：完善和发展中国特色社会主义制度，实现国家治理体系和治理能力现代化。"从形成更加成熟更加定型的制度看，我国社会主义实践的前半程已经走过了，前半程我们的主要历史任务是建立社会主义基本制度，并在这个基础上进行改革，现在已经有了很好的基础。后半程，我们的主要历史任务是完善和发展中国特色社会主义制度，为党和国家事业发展、为人民幸福安康、为社会和谐稳定、为国家长治久安提供一整套更完备、更稳定、更管用的制度体系。"②

　　习近平总书记重视改革创新，在"正确推进改革、准确推进改革、有序推进改革、协调推进改革"方面提出了许多新理念、新思想、新战略。针对"我国经济总量跃居世界第二，但大而不强、臃肿虚胖体弱问题相当突出，主要体现在创新能力不强，这是我国这个经济大块头的'阿喀琉斯之踵'"。③习近平总书记提出，"着力实施创新驱动发展战略。把创新摆在第一位，是因

---

　　①③　习近平.在省部级主要领导干部学习贯彻党的十八届五中全会精神专题研讨班上的讲话[N].人民日报，2016-05-10.

　　②　习近平.论坚持全面深化改革[M].北京：中央文献出版社，2018：93-94.

为创新是引领发展的第一动力。发展动力决定发展速度、效能、可持续性"①。党的十八届三中全会提出的"使市场在资源配置中起决定性作用"也是"我们党对中国特色社会主义建设规律认识的一个新突破,是马克思主义中国化的一个新的成果,标志着社会主义市场经济发展进入了一个新阶段"②。"我们以巨大的政治勇气和智慧,提出全面深化改革总目标是完善和发展中国特色社会主义制度、推进国家治理体系和治理能力现代化,着力增强改革系统性、整体性、协同性,着力抓好重大制度创新,着力提升人民群众获得感、幸福感、安全感,推出一千六百多项改革方案,啃下了不少硬骨头,闯过了不少急流险滩,改革呈现全面发力、多点突破、蹄疾步稳、纵深推进的局面。"③"35 年来,我们用改革的办法解决了党和国家事业发展中的一系列问题。同时,在认识世界和改造世界的过程中,旧的问题解决了,新的问题又会产生,制度总是需要不断完善,因而改革既不可能一蹴而就、也不可能一劳永逸。"④

中国的改革是在不断推进实践基础上的理论创新。改革是社会主义制度的自我完善和发展,改革的动力源于创新。只有改革创新,才能从根本上回答中国的未来之问。在党的十八届五中全会上,习近平总书记提出了"五大发展理念",其中创新是龙头,为第一动力。在省部级主要领导干部学习贯彻党的十八届五中全会精神专题研讨班上,习近平总书记指出,"协调发展、绿色发展、开放发展、共享发展都有利于增强发展动力,但核心在创新。

---

① 习近平.在省部级主要领导干部学习贯彻党的十八届五中全会精神专题研讨班上的讲话[N].人民日报,2016 – 05 – 10.

② 习近平:"看不见的手"和"看得见的手"都要用好[EB/OL].http://news. 12371. cn/2014/05/27/ARTI1401187114346769. shtml.

③ 习近平.论坚持全面深化改革[M].北京:中央文献出版社,2018;505.

④ 习近平谈治国理政[M].北京:外文出版社,2014;74.

抓住了创新,就抓住了牵动经济社会发展全局的'牛鼻子'"①。发展动力决定发展速度、效能、可持续性。习近平总书记在庆祝改革开放四十周年大会上的讲话中深刻总结了"九条"中国改革开放四十年来党和国家事业取得的伟大成就和宝贵经验,其中一条就是"必须坚持马克思主义指导地位,不断推进实践基础上的理论创新"。"改革开放四十年的实践启示我们:创新是改革开放的生命。实践发展永无止境,解放思想永无止境。"②党的十九届五中全会更是前所未有地将创新放在改革发展的首位,提出"坚持创新在我国现代化建设全局中的核心地位",把创新部署摆在各项规划任务首位,进行专章部署,这是中国共产党编制五年规划建议历史上的第一次。全面深化改革必须以创新为动力。中国改革开放的重要启示就是,国家要振兴、民族要兴盛,就必须在时代发展中不断创新。在党的创新理论指引下,中华民族伟大复兴中国梦的宏伟蓝图一定能如期实现。

(三)创新要以问题为导向,必须破除体制机制障碍

改革创新由问题倒逼而产生,又在解决问题中得以深化。解决发展中遇到的矛盾,破解发展难题,离不开创新思维指导下的创新实践。习近平总书记强调,创新思维一定要以问题为导向。全面深化改革需要用创新思维解决前进道路上的新情况、新问题。在哲学社会科学工作座谈会上,习近平总书记强调:"坚持问题导向是马克思主义的鲜明特点。问题是创新的起点,也是创新的动力源。只有聆听时代的声音,回应时代的呼唤,认真研究解决重大而紧迫的问题,才能真正把握住历史脉络、找到发展规律,推动理

---

① 习近平.在省部级主要领导干部学习贯彻党的十八届五中全会精神专题研讨班上的讲话[N].人民日报,2016-05-10.

② 习近平.论坚持全面深化改革[M].北京:中央文献出版社,2018:515.

论创新。"①"坚持科技创新和制度创新'双轮驱动',以问题为导向,以需求为牵引。"②"要从人民群众普遍关注、反映强烈、反复出现的问题出发,拿出更多改革创新举措。"③"要尊重人民群众首创精神,不断从人民群众中汲取经济特区发展的创新创造活力。"④"实施创新驱动发展战略是一个系统工程。科技成果只有同国家需要、人民要求、市场需求相结合,完成从科学研究、实验开发、推广应用的三级跳,才能真正实现创新价值、实现创新驱动发展。"⑤可见,人民至上是创新思维的价值坐标,是对反映人民群众利益的重大问题进行创造性解决。

实现"两个百年"奋斗目标与实现中国梦,必须坚定不移贯彻创新驱动发展战略。提高创新思维能力,敢于打破不合时宜的旧体制。"推进自主创新,最紧迫的是要破除体制机制障碍,最大限度解放和激发科技作为第一生产力所蕴藏的巨大潜能。"⑥"实施创新驱动发展战略,最根本的是要增强自主创新能力,最紧迫的是要破除体制机制障碍,最大限度解放和激发科技作为第一生产力所蕴藏的巨大潜能。面向未来,增强自主创新能力,最重要的就是要坚定不移走中国特色自主创新道路,坚持自主创新、重点跨越、支撑发展、引领未来的方针,加快创新型国家建设步伐。"⑦同时,还要"推动我国社会主义制度自我完善和发展,坚决破除一切妨碍科学发展的思想观念和体制机制弊端。"⑧"贯彻落实新发展理念,涉及发展观念转变和知识能力提

① 习近平.在哲学社会科学工作座谈会上的讲话〔M〕.北京:人民出版社,2016:14.

②⑥ 习近平出席中国科学院第十九次院士大会、中国工程院第十四次院士大会开幕会并发表重要讲话〔EB/OL〕.http://www.gov.cn/xinwen/2018−05/28/content_5294268.htm.

③④ 习近平在深圳经济特区建立 40 周年庆祝大会上的讲话〔EB/OL〕.http://www.gov.cn/xinwen/2020−10/14/content_5551299.htm.

⑤⑦ 习近平.在省部级主要领导干部学习贯彻党的十八届五中全会精神专题研讨班上的讲话〔N〕.人民日报,2016−05−10.

⑧ 习近平.全面贯彻落实党的十八大精神要突出抓好六个方面工作〔J〕.求是,2013(1).

升,也涉及利益关系调整和体制机制创新。"①"提出改革举措当然要慎重,要反复研究、反复论证,但也不能因此就谨小慎微、裹足不前,什么也不敢干、不敢试。搞改革,现有的工作格局和体制运行不可能一点都不打破,不可能都是四平八稳、没有任何风险。只要经过了充分论证和评估,只要是符合实际、必须做的,该干的还是要大胆干。"②习近平总书记还指出,"浦东开发开放 30 年的历程,走的是一条解放思想、深化改革之路,是一条面向世界、扩大开放之路,是一条打破常规、创新突破之路。"③因此,要完善有利于激发全社会创新的体制机制。"形成充满活力的科技管理和运行机制。科技创新、制度创新要协同发挥作用,两个轮子一起转。我们最大的优势是我国社会主义制度能够集中力量办大事,要形成社会主义市场经济条件下集中力量办大事的新机制。"④因此,要鼓励运用创新思维应对新挑战、满足新期待、开拓新局面。

全面深化改革是一个复杂的系统工程,单靠某一个或某几个部门往往力不从心,这就需要建立更高层面的领导机制。要通过创新领导机制,推进全面深化改革。党中央成立了全面深化改革领导小组,负责改革总体设计、统筹协调、整体推进、督促落实,就是为了更好发挥党总揽全局、协调各方的领导核心作用,保证改革顺利推进和各项改革任务落实。这一新的改革领导体制在中国改革过程中,其领导力度前所未有。

① 习近平. 在省部级主要领导干部学习贯彻党的十八届五中全会精神专题研讨班上的讲话 [N]. 人民日报,2016 - 05 - 10.

② 习近平谈治国理政[M]. 北京:外文出版社,2014:87.

③ 习近平. 在浦东开发开放 30 周年庆祝大会上的讲话[N]. 人民日报,2020 - 11 - 12.

④ 习近平. 为建设世界科技强国而奋斗——在全国科技创新大会、两院院士大会、中国科协第九次全国代表大会上的讲话[M]. 北京:人民出版社,2016:13 - 14.

（四）积极营造鼓励创新良好氛围，广纳人才

习近平总书记多次提出，要在全社会大力营造勇于创新、鼓励成功、宽容失败的良好氛围，使创新在全社会蔚然成风。2013年7月，习近平总书记到中科院考察时强调，我们必须把创新作为引领发展的第一动力，把人才作为支撑发展的第一资源，把创新摆在国家发展全局的核心位置，不断推进理论创新、制度创新、科技创新、文化创新等各方面创新，让创新贯穿党和国家一切工作，让创新在全社会蔚然成风。"坚持创新发展，就是要把创新摆在国家发展全局的核心位置，让创新贯穿国家一切工作，让创新在全社会蔚然成风。""让有创新梦想的人能够心无旁骛、有信心又有激情地投入到创新事业中。""要提倡理论创新和知识创新，鼓励大胆探索，开展平等、健康、活泼和充分说理的学术争鸣，活跃学术空气。"[1]通过营造良好创新氛围，在吸引、培养人才上下工夫。因此要积极探索集聚人才、发挥人才作用的体制机制，充分发挥人才的主观能动性。

建设创新型国家，就是要培养和集聚创新人才。"创新驱动实质是人才驱动。"[2]"人才是创新的根基，是创新的核心要素。"[3]"我们要坚持创新是第一动力、人才是第一资源的理念。"[4]"要大兴识才爱才敬才用才之风，在创新实践中发现人才、在创新活动中培育人才、在创新事业中凝聚人才，聚天下英才而用之，让更多千里马竞相奔腾，努力造就一大批能够把握世界科技大

① 习近平.在哲学社会科学工作座谈会上的讲话[M].北京：人民出版社，2016：28.
② 习近平出席中国科学院第十九次院士大会、中国工程院第十四次院士大会开幕会并发表重要讲话[EB/OL].http://www.gov.cn/xinwen/2018-05/28/content_5294268.htm.
③ 习近平.坚持和完善中国特色社会主义制度 推进国家治理体系和治理能力现代化[J].求是，2020（1）.
④ 习近平.论坚持全面深化改革[M].北京：中央文献出版社，2018：87.

势、研判科技发展方向的战略科技人才,培养一大批善于凝聚力量、统筹协调的科技领军人才,培养一大批勇于创新、善于创新的企业家和高技能人才。"①"要全面调动人的积极性、主动性、创造性,为各行业各方面的劳动者、企业家、创新人才、各级干部创造发挥作用的舞台和环境。"②"要深化科技体制改革,推进人才发展体制和政策创新,突出'高精尖缺'导向,实施更开放的创新人才引进政策,聚天下英才而用之。"③"我们必须更强调自主创新。因此,在'十四五'规划《建议》中,第一条重大举措就是科技创新,第二条就是突破产业瓶颈。我们必须把这个问题放在能不能生存和发展的高度加以认识,全面加强对科技创新的部署,集合优势资源,有力有序推进创新攻关的'揭榜挂帅'体制机制,加强创新链和产业链对接,明确路线图、时间表、责任制。"④习近平总书记也提出:"要实施哲学社会科学人才工程,着力发现、培养、集聚一批有深厚马克思主义理论素养、学贯中西的思想家和理论家,一批理论功底扎实、勇于开拓创新的学科带头人,一批年富力强、锐意进取的中青年学术骨干,构建种类齐全、梯队衔接的哲学社会科学人才体系。"⑤习近平总书记还谆谆教导青年:"生活从不眷顾因循守旧、满足现状者,从不等待不思进取、坐享其成者,而是将更多机遇留给善于和勇于创新的人们。青年是社会上最富活力、最具创造性的群体,理应走在创新创造前列。"

---

① 习近平. 为建设世界科技强国而奋斗——在全国科技创新大会、两院院士大会、中国科协第九次全国代表大会上的讲话[M]. 北京:人民出版社,2016:6.

②③ 习近平. 在省部级主要领导干部学习贯彻党的十八届五中全会精神专题研讨班上的讲话[N]. 人民日报,2016 – 05 – 10.

④ 习近平在省部级主要领导干部学习贯彻党的十九届五中全会精神专题研讨班开班式上发表重要讲话[EB/OL]. https://www.ccps.gov.cn/xtt/202101/t20210111_147076.shtml.

⑤ 习近平. 在哲学社会科学工作座谈会上的讲话[M]. 北京:人民出版社,2016:27.

（五）领导干部要增强创新本领，创造性开展工作

解决深层次矛盾和深化改革的"根本出路就在于创新"。解决问题离不开创新思维。这就要求各级干部以问题为推动创新的契机，通过创新的方式解决问题。党的十九大报告对广大干部的创新能力提出明确要求，广大干部要"增强改革创新本领，保持锐意进取的精神风貌，善于结合实际创造性推动工作，善于运用互联网技术和信息化手段开展工作"[①]。保持经济持续健康发展，破解前进发展中面临的难题、挑战，化解来自各方面的风险挑战，维护社会大局稳定，需要各级干部坚持创新思维，勇于创新、善于创新，不断提高创新能力。习近平总书记多次提出要"建设一支政治过硬、专业过硬、能吃苦、富有开拓创新精神的干部队伍"，提高领导干部的创新思维能力。

增强创新本领，就要以改革创新的朝气、敢为人先的锐气和锐意创新的勇气，打破经验主义、本本主义、权威迷信的惯性思维，摒弃旧观念，坚持以创新的思路、理念、举措，打开工作新局面。而做到这一点，首先是要思想解放。"思想不解放，我们就很难看清各种利益固化的症结所在，很难找准突破的方向和着力点，很难拿出创造性的改革举措。因此，一定要有自我革新的勇气和胸怀，跳出条条框框限制，克服部门利益掣肘，以积极主动精神研究和提出改革举措。"[②]"各级党委（党组）要在党中央统一领导下，紧密结合本地区本部门本单位实际，推进制度创新和治理能力建设"[③]，还要"创新手

---

① 习近平.决胜全面建成小康社会 夺取新时代中国特色社会主义伟大胜利——在中国共产党第十九次全国代表大会上的报告〔M〕.北京：人民出版社，2017：68.

② 习近平谈治国理政〔M〕.北京：外文出版社，2014：86.

③ 习近平.坚持和完善中国特色社会主义制度 推进国家治理体系和治理能力现代化〔J〕.求是，2020（1）.

段,善于通过改革和法治推动贯彻落实新发展理念。贯彻落实新发展理念,必须发挥改革的推动作用、法治的保障作用"。① 习近平总书记强调,"要鼓励基层大胆创新、大胆探索,及时对基层创造的行之有效的治理理念、治理方式、治理手段进行总结和提炼,不断推动各方面制度完善和发展"②。面对新情况新问题,领导干部要把握创新的形式、途径和方法,不唯经验、不唯书本、不循旧历,通过想新办法、找新出路开创新局面。"中央关于全面深化改革的各项部署同贯彻落实新发展理念是贯通的,各级领导干部务必落实主体责任、抓好落实。在贯彻落实中,对中央改革方案中的原则性要求,可以结合实际,进一步具体化;遇到改革方案的空白点,可以积极探索、大胆试验;遇到思想阻力和工作阻力,要努力排除,不能退让和妥协,不能松懈斗志、半途而废。"③

同时,创新还要宽容失误,为改革者撑腰,营造为创新者鼓劲的良好政策导向、社会氛围和舆论导向。要激发干部担当作为、开拓创新的内生动力。要建立健全容错纠错机制,旗帜鲜明、理直气壮为敢于担当、敢于创新的干部撑腰鼓劲。2016 年初,习近平总书记在省部级主要领导干部学习贯彻党的十八届五中全会精神专题研讨班的讲话中指出:"要把干部在推进改革中因缺乏经验、先行先试出现的失误和错误,同明知故犯的违纪违法行为区分开来;把上级尚无明确限制的探索性试验中的失误和错误,同上级明令禁止后依然我行我素的违纪违法行为区分开来;把为推动发展的无意过失,同为谋取私利的违纪违法行为区分开来。"④

①③④　习近平.在省部级主要领导干部学习贯彻党的十八届五中全会精神专题研讨班上的讲话[N].人民日报,2016 - 05 - 10.
②　习近平.坚持和完善中国特色社会主义制度 推进国家治理体系和治理能力现代化[J].求是,2020(1).

十二、改革的历史论

　　中国全面深化改革面临着很多难以想象的困难与挑战,需要更多地借助历史智慧,运用历史思维来破解难题。习近平总书记十分注重研究历史和借鉴历史,强调以历史思维推进改革。习近平总书记指出:"我们党在领导革命、建设、改革的进程中,一贯重视学习和总结历史,一贯重视借鉴和运用历史经验。历史虽然是过去发生的事情,但总会以这样那样的方式出现在当今人们的生活之中。"[①]"我们党领导的革命、建设、改革伟大实践,是一个接续奋斗的历史过程,是一项救国、兴国、强国,进而实现中华民族伟大复兴的完整事业。"[②]习近平总书记在庆祝改革开放四十周年大会上的讲话中指出:"以数千年大历史观之,变革和开放总体上是中国的历史常态。中华民族以改革开放的姿态继续走向未来,有着深远的历史渊源、深厚的文化根基。"[③]"历史就是历史,历史不能任意选择,一个民族的历史是一个民族安身

---

　　① 习近平在中共中央政治局第十八次集体学习时强调 牢记历史经验历史教训历史警示为国家治理能力现代化提供有益借鉴[EB/OL]. http://www. gov. cn/xinwen/2014 – 10/13/content_2764226. htm.

　　② 习近平. 在纪念毛泽东同志诞辰 120 周年座谈会上的讲话[N]. 人民日报,2013 – 12 – 27.

　　③ 习近平. 论坚持全面深化改革[M]. 北京:中央文献出版社,2018:523.

立命的基础。"①"历史是最好的老师,它忠实记录下每一个国家走过的足迹,也给每一个国家未来的发展提供启示。"历史是"看成败、鉴得失、知兴替"的教科书。"历史和现实都告诉我们,一场社会革命要取得最终胜利,往往需要一个漫长的历史过程。只有回看走过的路、比较别人的路、远眺前行的路,弄清楚我们从哪儿来、往哪儿去,很多问题才能看得深、把得准。中国特色社会主义不是从天上掉下来的,而是在改革开放 40 年的伟大实践中得来的,是在中华人民共和国成立近 70 年的持续探索中得来的,是在我们党领导人民进行伟大社会革命 97 年的实践中得来的,是在近代以来中华民族由衰到盛 170 多年的历史进程中得来的,是对中华文明 5000 多年的传承发展中得来的,是党和人民历经千辛万苦、付出各种代价取得的宝贵成果。"②2012年 12 月,中央政治局进行第二次集体学习的主题就是回顾和学习我国改革开放的历史。习近平总书记以历史思维对待新时代的全面深化改革,认为"历史发展有其规律,但人在其中不是完全消极被动的。只要把握住历史发展大势,抓住历史变革时机,奋发有为,锐意进取,人类社会就能更好前进。"③中国全面深化改革的提出和推进是在中国以往改革基础上的进一步推进,是对中国既往改革的继承和发展。

(一)以历史思维谋划全面深化改革

历史思维是通过把特定的事物放在其所隶属的特定历史时期进行思考,以发现事物发展必然进程及其内在逻辑。通过追溯历史源头、回望历史

---

① 习近平. 在纪念毛泽东同志诞辰 120 周年座谈会上的讲话[N]. 人民日报,2013 - 12 - 27.

② 习近平在学习贯彻党的十九大精神研讨班开班式上发表重要讲话[EB/OL]. http://www. gov. cn/xinwen/2018 - 01/05/content_5253681. htm.

③ 习近平. 论坚持全面深化改革[M]. 北京:中央文献出版社,2018:502.

过程、总结历史经验、探索历史规律，确定定位当下，科学预测未来发展大势。习近平总书记强调："历史是最好的教科书，也是最好的清醒剂。"①"中国人自古重视历史研究，历来强调以史为鉴。"②"治理国家和社会，今天遇到的很多事情都可以在历史上找到影子，历史上发生过的很多事情也都可以作为今天的镜鉴。中国的今天是从中国的昨天和前天发展而来的。要治理好今天的中国，需要对我国历史和传统文化有深入了解，也需要对我国古代治国理政的探索和智慧进行积极总结。"③"中华民族 5000 多年文明史，中国人民近代以来 170 多年斗争史，中国共产党 90 多年奋斗史，中华人民共和国 60 多年发展史，改革开放 30 多年探索史，这些历史一脉相承，不可割裂。脱离了中国的历史，脱离了中国的文化，脱离了中国人的精神世界，脱离了当代中国的深刻变革，是难以正确认识中国的。"④"历史和现实都表明，一个抛弃了或者背叛了自己历史文化的民族，不仅不可能发展起来，而且很可能上演一幕幕历史悲剧。"⑤因此，"对古代的成功经验，我们要本着择其善者而从之、其不善者而去之的科学态度，牢记历史经验、牢记历史教训、牢记历史警示，为推进国家治理体系和治理能力现代化提供有益借鉴"。

"历史是一面镜子，它照亮现实，也照亮未来。了解历史、尊重历史才能更好把握当下，以史为鉴、与时俱进才能更好走向未来。"历史思维是运用历史唯物主义理论认清历史、把握规律、立足现实、推动发展的科学思维方法。

---

① 习近平. 在纪念全民族抗战爆发七十七周年仪式上的讲话[EB/OL]. http://www. xinhuanet. com/politics/2014 - 07/07/c_1111497611. htm.

② 习近平. 致第二十二届国际历史科学大会的贺信[N]. 人民日报,2015 - 08 - 24.

③ 习近平. 在中共中央政治局第十八次集体学习时强调牢记历史经验历史教训历史警示为国家治理能力现代化提供有益借鉴[EB/OL]. http://www. gov. cn/xinwen/2014 - 10/13/content_2764226. htm.

④ 习近平在布鲁日欧洲学院的演讲[EB/OL]. http://www. xinhuanet. com/world/2014 -04/01/c_1110054309. htm.

⑤ 习近平. 在哲学社会科学工作座谈会上的讲话[M]. 北京:人民出版社,2016:17.

坚持以历史思维看待改革，从改革开放历史进程中揭示改革的历史逻辑，探索改革开放的规律，汲取改革的基本经验，把改革发展的各个历史发展阶段紧密联系起来，从中挖掘改革的历史必然性。历史思维要求通过对中国历史、党史、社会主义发展史和世界历史的学习，学会运用历史眼光总结历史经验，认清历史规律，把握历史趋势，制定改革举措。为此，习近平总书记多次强调："领导干部要多读一点历史"，要从历史中汲取更多精神营养。在浙江主政时，习近平指出："我们踏着来自历史的河流，受着一方百姓的期许，理应负起使命，至诚奉献，让我们的文化绵延不绝，让我们的创造生生不息。"并多次要求"认清自己的历史使命和崇高职责"。

习近平总书记深刻指出："我们回顾历史，不是为了从成功中寻求慰藉，更不是为了躺在功劳簿上、为回避今天面临的困难和问题寻找借口，而是为了总结历史经验、把握历史规律，增强开拓前进的勇气和力量。"①"实现'两个一百年'奋斗目标、实现中华民族伟大复兴的中国梦，需要充分发挥全党全国各族人民今天所具有的伟大智慧，也需要充分运用中华民族5000多年来积累的伟大智慧。中华民族的历史智慧是中国人民世世代代形成和积累的，我们要总结发扬，使之服务于实现中华民族伟大复兴的伟大事业。"②

"重视历史、研究历史、借鉴历史，可以给人类带来很多了解昨天、把握今天、开创明天的智慧。所以说，历史是人类最好的老师。"③总结历史，着眼当下，以古鉴今，才能更好解决当下的问题。习近平总书记指出："历史、现实、未来是相通的。历史是过去的现实，现实是未来的历史。要把党的十八大确立的改革开放重大部署落实好，就要认真回顾和深入总结改革开放的

---

① 习近平. 在庆祝中国共产党成立95周年大会上的讲话[J]. 求是, 2021 (8).

② 习近平在中共中央政治局第十八次集体学习时强调 牢记历史经验历史教训历史警示为国家治理能力现代化提供有益借鉴[EB/OL]. http://www. gov. cn/xinwen/2014 – 10/13/content _ 2764226. htm.

③ 习近平. 致第二十二届国际历史科学大会的贺信[N]. 人民日报, 2015 – 08 – 24.

历程,更加深刻地认识改革开放的历史必然性,更加自觉地把握改革开放的规律性,更加坚定地肩负起深化改革开放的重大责任。"①在庆祝中国共产党成立95周年大会上,习近平总书记指出:"历史总是要前进的,历史从不等待一切犹豫者、观望者、懈怠者、软弱者。只有与历史同步伐、与时代共命运的人,才能赢得光明的未来。"②回望历史,总结历史经验教训,探索历史规律,可以为未来发展指明方向。

列宁说过:"一切民族都将走到社会主义,这是不可避免的,但是一切民族的走法却不完全一样。"③习近平总书记指出:"中国有着5000多年连续发展的文明史,观察历史的中国是观察当代的中国的一个重要角度。不了解中国历史和文化,尤其是不了解近代以来的中国历史和文化,就很难全面把握当代中国的社会状况,很难全面把握当代中国人民的抱负和梦想,很难全面把握中国人民选择的发展道路。"④习近平总书记还指出,"历史是最好的老师。在漫长的历史进程中,中华民族创造了独树一帜的灿烂文化,积累了丰富的治国理政经验,其中既包括升平之世社会发展进步的成功经验,也有衰乱之世社会动荡的深刻教训"⑤。习近平总书记总结了中国历史,得出了中国的道路选择的历史必然。"古人说:'经国序民,正其制度。'意思说,治理国家,使人民安然有序,就要健全各项制度。""无数仁人志士为寻求改变中华民族前途命运的道路进行了努力,历经了从技术层面、社会革命层面、实业层面到制度层面、文化层面的反复探索,尝试了君主立宪制、议会制、多

---

① 习近平. 在十八届中共中央政治局第二次集体学习时讲话. 2012 – 12 – 31.

② 习近平在庆祝中国共产党成立95周年大会上的讲话[J]. 求是,2021(8).

③ . 列宁全集(第23卷)[M]. 北京:人民出版社,1957:64 – 65.

④ 习近平致信祝贺第二十二届国际历史科学大会开幕[EB/OL]. http://www. gov. cn/guowuyuan/2015 – 08/23/content_2918448. htm.

⑤ 习近平在中共中央政治局第十八次集体学习时强调 牢记历史经验历史教训历史警示为国家治理能力现代化提供有益借鉴[EB/OL]. http://www. gov. cn/xinwen/2014 – 10/13/content_2764226. htm.

党制、总统制等各种制度模式,但都以失败而告终。"①"车尔尼雪夫斯基曾经写道:'历史的道路不是涅瓦大街上的人行道,它完全是在田野中前进的,有时穿过尘埃,有时穿过泥泞,有时横渡沼泽,有时行经丛林。'人类社会发展的历史证明,无论会遇到什么样的曲折,历史都总是按照自己的规律向前发展,没有任何力量能够阻挡历史前进的车轮。"②"历史告诉我们,95年来,中国走过的历程,中国人民和中华民族走过的历程,是中国共产党和中国人民用鲜血、汗水、泪水写就的,充满着苦难和辉煌、曲折和胜利、付出和收获,这是中华民族发展史上不能忘却、不容否定的壮丽篇章,也是中国人民和中华民族继往开来、奋勇前进的现实基础。"③"站立在960万平方公里的广袤土地上,吸吮着中华民族漫长奋斗积累的文化养分,拥有13亿中国人民聚合的磅礴之力,我们走自己的路,具有无比广阔的舞台,具有无比深厚的历史底蕴,具有无比强大的前进定力。"④

党的十八大以来,正是基于对中国过去、现在和未来的审视,尤其是中国发展起来的历史思考,形成了习近平的治国理政思想。习近平总书记指出,中国道路是在改革开放30多年的伟大实践中走出来的,是在中华人民共和国成立60多年的持续探索中走出来的,是在对近代以来170多年中华民族发展历程的深刻总结中走出来的,是在对中华民族5000多年悠久文明的传承中走出来的,具有深厚的历史渊源和广泛的现实基础。

---

① 政治局就"新中国国家制度和法律制度的形成和发展"举行第十七次集体学习[J].求是,2019(23).

② 习近平.顺应时代前进潮流　促进世界和平发展[N].人民日报,2013 – 3 – 23.

③ 习近平在庆祝中国共产党成立95周年大会上的讲话[J].求是,2021(8).

④ 习近平.在纪念毛泽东同志诞辰120周年座谈会上的讲话[N].人民日报,2013 – 12 – 27.

（二）全面深化改革是中国发展史上的新起点

中国的渐进式改革一脉相承。习近平总书记指出："党的十一届三中全会是在党和国家面临何去何从的重大历史关头召开的。当时，世界经济快速发展，科技进步日新月异，而'文化大革命'十年内乱导致我国经济濒临崩溃的边缘，人民温饱都成问题，国家建设百业待兴。党内外强烈要求纠正'文化大革命'的错误，使党和国家从危难中重新奋起。邓小平同志指出：'如果现在再不实行改革，我们的现代化事业和社会主义事业就会被葬送。'"[①]1978 年党的十一届三中全会作出了实行改革开放的历史性抉择，开启了我国发展的新时期。改革首先以农村为突破口，全面推行了家庭联产承包责任制，极大地激发了农民生产和经营的积极性和创造性，取得了显著的成效。在农村改革取得突破和成功的基础上，改革的重点便由农村转向了城市。1984 年 10 月党的十二届三中全会通过的《中共中央关于经济体制改革的决定》，标志着以城市为重点的全面经济体制改革正式开启。1992 年党的十四大确立了"建立社会主义市场经济体制"的改革目标；1993 年党的十四届三中全会通过的《中共中央关于建立社会主义市场经济体制若干问题的决定》进一步勾勒出了社会主义市场经济体制的基本框架；2003 年党的十六届三中全会根据十六大提出的建成完善的社会主义市场经济体制和更具活力、更加开放的经济体系的战略部署，作出了《中共中央关于完善社会主义市场经济体制若干问题的决定》。

中国共产党对社会主义改革的真正理解和真正觉醒，是在党的十一届三中全会之后，邓小平开启了当代中国改革开放序幕。邓小平深刻揭示了

---

① 习近平. 论坚持全面深化改革[M]. 北京：中央文献出版社，2018：501－502.

改革是解放生产力、发展生产力的必由之路，指出"如果不坚决改革现行制度中的弊端，过去出现过的一些严重问题今后就有可能重新出现"，"我们要赶上时代，这是改革要达到的目的"。强调，"改革是一场革命，是决定中国命运的一招"。"党的十一届三中全会以后，以邓小平同志为主要代表的中国共产党人，团结带领全党全国各族人民，深刻总结我国社会主义建设正反两方面经验，借鉴世界社会主义历史经验，创立了邓小平理论，作出把党和国家工作中心转移到经济建设上来、实行改革开放的历史性决策，深刻揭示社会主义本质，确立社会主义初级阶段基本路线，明确提出走自己的路、建设中国特色社会主义，科学回答了建设中国特色社会主义的一系列基本问题，制定了到21世纪中叶分三步走、基本实现社会主义现代化的发展战略，成功开创了中国特色社会主义。"①

习近平总书记还从历史角度分析了经济全球化大致经历的三个阶段：殖民扩张和世界市场形成阶段、两个平行世界市场阶段、经济全球化阶段；与之相对应，我国同世界的关系也经历了三个阶段：从闭关锁国到半殖民地半封建阶段、"一边倒"和封闭半封闭阶段、全方位对外开放阶段。改革开放以来，我们充分运用经济全球化带来的机遇，不断扩大对外开放，实现了我国同世界关系的历史性变革。②"实践告诉我们，要发展壮大，必须主动顺应经济全球化潮流，坚持对外开放，充分运用人类社会创造的先进科学技术成果和有益管理经验。改革开放初期，在我们力量不强、经验不足的时候，不少同志也曾满怀疑问，面对占据优势地位的西方国家，我们能不能做到既利用对外开放机遇而又不被腐蚀或吃掉？当年，我们推动复关谈判、入世谈判，都承受着很大压力。今天看来，我们大胆开放、走向世界，无疑是选择了

①　习近平.论坚持全面深化改革[M].北京：中央文献出版社，2018：503－504.
②　习近平.在省部级主要领导干部学习贯彻党的十八届五中全会精神专题研讨班上的讲话[N].人民日报，2016－05－10.

正确方向。"①

习近平总书记从历史角度阐明,新时代的全面深化改革,是对我们党的理论的发展和升华:以毛泽东同志为主要代表的中国共产党人,把马克思列宁主义基本原理同中国革命具体实践结合起来,创立了毛泽东思想,成功实现了中国历史上最深刻最伟大的社会变革,为当代中国一切发展进步奠定了根本政治前提和制度基础。以邓小平同志为主要代表的中国共产党人,深刻总结我国社会主义建设正反两方面经验,借鉴世界社会主义历史经验,创立了邓小平理论,明确提出走自己的路、建设中国特色社会主义,科学回答了建设中国特色社会主义的一系列基本问题,制定了到 21 世纪中叶分三步走、基本实现社会主义现代化的发展战略,成功开创了中国特色社会主义。以江泽民同志为主要代表的中国共产党人,在建设中国特色社会主义实践中,加深了对什么是社会主义、怎样建设社会主义和建设什么样的党、怎样建设党的认识,积累了治党治国新的宝贵经验,形成了"三个代表"重要思想,确立了社会主义初级阶段的基本经济制度和分配制度,开创全面改革开放新局面;以胡锦涛同志为主要代表的中国共产党人,深刻认识和回答了新形势下实现什么样的发展、怎样发展等重大问题,形成了科学发展观,成功在新的历史起点上坚持和发展了中国特色社会主义。② 在上述理论指导下,中国的改革取得了成效,但改革中的问题依然突出。为此,习近平总书记提出全面深化改革重要思想,"要使市场在社会主义国家宏观调控下对资源配置起基础性作用"。"党的十八届三中全会将市场在资源配置中起基础性作用修改为起决定性作用,虽然只有两字之差,但对市场作用是一个全新

---

① 习近平.在省部级主要领导干部学习贯彻党的十八届五中全会精神专题研讨班上的讲话[N].人民日报,2016 – 05 – 10.

② 习近平.论坚持全面深化改革[M].北京:中央文献出版社,2018:503 – 505.

的定位，'决定性作用'和'基础性作用'这两个定位是前后衔接、继承发展的。"①

习近平总书记指出："从党的十一届三中全会作出把党和国家工作中心转移到经济建设上来、实行改革开放的历史性决策以来，已经35个年头了。中国人民的面貌、社会主义中国的面貌、中国共产党的面貌能发生如此深刻的变化，我国能在国际社会赢得举足轻重的地位，靠的就是坚持不懈推进改革开放。"上任伊始，2012年12月8日，习近平总书记在党的十八大之后出京到地方的第一次调研，就选择了改革开放前沿地深圳市莲花山，在邓小平雕像前敬献花篮，并表示："我们来瞻仰邓小平铜像，就是要表明我们将坚定不移推进改革开放，奋力推进改革开放和现代化建设取得新进展、实现新突破、迈上新台阶。"②作出了"我国改革已经进入攻坚期和深水区"的判断，明确了"敢于啃硬骨头，敢于涉险滩"的决心。

"党的十八届三中全会以全面深化改革为主要议题，是我们党坚持以邓小平理论、'三个代表'重要思想、科学发展观为指导，在新形势下坚定不移贯彻党的基本路线、基本纲领、基本经验、基本要求，坚定不移高举改革开放大旗的重要宣示和重要体现。"③"正是从历史经验和现实需要的高度，党的十八大以来，中央反复强调，改革开放是决定当代中国命运的关键一招，也是决定实现'两个一百年'奋斗目标、实现中华民族伟大复兴的关键一招，实践发展永无止境，解放思想永无止境，改革开放也永无止境，停顿和倒退没有出路，改革开放只有进行时、没有完成时。面对新形势新任务，我们必须通过全面深化改革，着力解决我国发展面临的一系列突出矛盾和问题，不断

---

① 习近平谈治国理政［M］.北京：外文出版社，2014：117.

② 习近平.论坚持全面深化改革［M］.北京：中央文献出版社，2018：1.

③ 习近平谈治国理政［M］.北京：外文出版社，2014：72.

推进中国特色社会主义制度自我完善和发展。"①党的十八大以来,以习近平同志为主要代表的中国共产党人深刻回答了新时代坚持和发展什么样的中国特色社会主义、怎样坚持和发展中国特色社会主义这个重大时代课题,创立了习近平新时代中国特色社会主义思想,坚持统筹推进"五位一体"总体布局、协调推进"四个全面"战略布局,对党和国家各方面工作提出一系列新理念新思想新战略,推动党和国家事业发生历史性变革、取得历史性成就,中国特色社会主义进入了新时代。全面深化改革思想是我国进入发展转型期和改革攻坚期的社会现实对中国共产党提出的客观要求,是高瞻远瞩、科学英明的决策。

(三)全面深化改革的总目标是邓小平制度改革思想的深化

在中央全面深化改革领导委员会第十一次会议上,习近平总书记指出:"党的十九届四中全会和党的十八届三中全会历史逻辑一脉相承、理论逻辑相互支撑、实践逻辑环环相扣,目标指向一以贯之,重大部署接续递进。党的十九届四中全会不仅系统集成了党的十八届三中全会以来全面深化改革的理论成果、制度成果、实践成果,而且对新时代全面深化改革勾勒出更加清晰的顶层设计。"②可见,只有从历史维度进行分析,才能够深入理解和把握习近平总书记全面深化改革的思想。

习近平总书记全面深化改革思想是继承与发展改革开放思想,在社会主义市场经济体制改革的基础上提出来的系统性、整体性的改革,是从改革

①　习近平谈治国理政[M].北京:外文出版社,2014:71.
②　习近平主持召开中央全面深化改革委员会第十一次会议强调 落实党的十九届四中全会重要举措 继续全面深化改革实现有机衔接融会贯通[EB/OL]. https://www.12371.cn/2019/11/26/ARTI1574769180202596.shtml.

开放和社会主义现代化建设历史新时期,发展到全面深化改革、系统整体设计推进改革的新时代。"1992年,邓小平同志在南方谈话中说:'不坚持社会主义,不改革开放,不发展经济,不改善人民生活,只能是死路一条。'回过头来看,我们对邓小平同志这番话就有更深的理解了。"①在全面深化改革新的历史进程中,习近平总书记紧密结合新时代改革面临的新问题新任务,坚持和发展邓小平关于改革的思想,创造性地提出了一系列改革方略和改革方法。邓小平的改革思想中,蕴含着丰富的关于制度改革和国家治理的重要论述。"制度好可以使坏人无法任意横行,制度不好可以使好人无法充分做好事,甚至会走向反面。"邓小平指出,改革不是改向,改革不是要丢掉社会主义,而是要使社会主义更好地符合中国国情、具有中国特色;改革的目标就是"从制度上保证党和国家政治生活的民主化、经济管理的民主化、整个社会生活的民主化,促进现代化建设事业的顺利发展"。邓小平科学地揭示了制度改革的规律与趋势,提出重要论断:"恐怕再有三十年的时间,我们才会在各方面形成一整套更加成熟、更加定型的制度。"

习近平总书记关于推进改革开放的这一系列重要举措及其提出的重要论述,既继承了改革开放以来历届党中央的改革思想,又具有新一届党中央的鲜明特色,其最大的特色是提出了"全面深化改革"的思想。习近平总书记接过邓小平的改革接力棒,从战略角度思考新时代的改革问题:"邓小平同志在1992年提出,再有30年的时间,我们才会在各方面形成一整套更加成熟更加定型的制度。这次全会在邓小平同志战略思想的基础上,提出要推进国家治理体系和治理能力现代化。这是完善和发展中国特色社会主义制度的必然要求,是实现社会主义现代化的应有之义。"②改革是全面的,这

---

① 习近平谈治国理政[M].北京:外文出版社,2014:71.

② 习近平谈治国理政[M].北京:外文出版社,2014:90.

是邓小平的改革思想,也是历届党中央都强调的重要思想。邓小平曾经讲过:"经济上进行改革,同时相应地进行社会其他领域的改革","深化改革,而且是综合性的改革"。习近平总书记坚持和发展了这一重要思想,把全面改革作为一项系统工程来部署和推进,"改革开放是一个系统工程,必须坚持全面改革,在各项改革协同配合中推进"①。习近平总书记多次指出,改革开放是中国特色社会主义的本质特征,"中国特色社会主义之所以具有蓬勃生命力,就在于是实行改革开放的社会主义";改革开放是当代中国发展进步的重要法宝,是坚持和发展中国特色社会主义的必由之路;解决我国发展面临的突出矛盾和问题,实现中国特色社会主义新发展,要求全面深化改革;改革开放是长期的,贯穿中国特色社会主义全过程;实践发展永无止境,解放思想永无止境,改革开放只有进行时,没有完成时;改革开放是中国特色社会主义顺应时代与时俱进的重要法宝。这些重要论述,从推进中国特色社会主义新发展、夺取中国特色社会主义新胜利的高度,赋予改革更深邃的时代意义。习近平总书记创新性地发展了邓小平的改革思想,提出全面深化改革的总目标,为中国特色社会主义新发展进一步指明了方向、提供了根本遵循。

进入新时代,中国还要不要进行改革? 如何通过改革夺取中国特色社会主义新的伟大胜利?"我们用改革的办法解决了党和国家事业发展中的一系列问题。同时,在认识世界和改造世界的过程中,旧的问题解决了,新的问题又会产生,制度总是需要不断完善,因而改革既不可能一蹴而就、也不可能一劳永逸。"②党的十八大以来,习近平总书记坚定不移地坚持和发展邓小平改革思想,明确指出:"当前,在改革开放问题上,党内外、国内外都很

---

① 习近平主持政治局集体学习:以更大的政治勇气和智慧深化改革[N]. 人民日报,2013 – 01 – 02.

② 习近平谈治国理政[M]. 北京:外文出版社,2014:71.

关注,全党上下和社会各方面期待很高。改革开放到了一个新的重要关头。全党要坚定改革信心,以更大的政治勇气和智慧、更有力的措施和办法推进改革。"①

在全面深化改革的进程中,各具体领域的推进也充分体现了习近平总书记对既往建设和改革思想的发展。如,关于共享发展和共同富裕,习近平总书记对新中国成立以来的建设和改革历史进行了高度概括,指出了今天的共享发展源于中国共产党的发展阶段目标:新中国成立初期,毛泽东同志就指出:"现在我们实行这么一种制度,这么一种计划,是可以一年一年走向更富更强的,一年一年可以看到更富更强些。而这个富,是共同的富,这个强,是共同的强,大家都有份。"在改革开放历史新时期,邓小平同志多次强调共同富裕。1990 年 12 月,他在同几位中央负责同志谈话时指出:"共同致富,我们从改革一开始就讲,将来总有一天要成为中心课题。社会主义不是少数人富起来、大多数人穷,不是那个样子。社会主义最大的优越性就是共同富裕,这是体现社会主义本质的一个东西。"江泽民同志强调:"实现共同富裕是社会主义的根本原则和本质特征,绝不能动摇。"胡锦涛同志也要求,"使全体人民共享改革发展的成果,使全体人民朝着共同富裕的方向稳步前进"。"经过长期艰苦奋斗,我国人民生活质量和社会共享水平显著提高,这是了不起的成就。"②再如,以改革中政府和市场关系的不断调整为例,习近平总书记指出,"从党的十四大以来的 20 多年间,对政府和市场关系,我们一直在根据实践拓展和认识深化寻找新的科学定位。党的十五大提出'使市场在国家宏观调控下对资源配置起基础性作用',党的十六大提出'在更大程度上发挥市场在资源配置中的基础性作用',党的十七大提出'从制度

① 习近平谈治国理政[M].北京:外文出版社,2014:86 – 87.
② 习近平在省部级主要领导干部学习贯彻党的十八届五中全会精神专题研讨班上的讲话[N].人民日报,2016 – 05 – 10.

上更好发挥市场在资源配置中的基础性作用',党的十八大提出'更大程度更广范围发挥市场在资源配置中的基础性作用'。可以看出,我们对政府和市场关系的认识也在不断深化"①。习近平总书记总结提出的加强顶层设计和摸着石头过河,也是对邓小平"摸着石头过河"的继承和发展。邓小平指出:"改革的意义,是为下一个十年和下世纪前五十年奠定良好的持续发展的基础。"习近平总书记强调了全面深化改革对民族复兴的重大意义。

(四)社会主义现代化国家治理体系在历史不断探索中定型

习近平总书记指出:"中国特色社会主义制度和国家治理体系具有深厚的历史底蕴。在几千年的历史演进中,中华民族创造了灿烂的古代文明,形成了关于国家制度和国家治理的丰富思想,包括大道之行、天下为公的大同理想,六合同风、四海一家的大一统传统,德主刑辅、以德化人的德治主张,民贵君轻、政在养民的民本思想,等贵贱均贫富、损有余补不足的平等观念,法不阿贵、绳不挠曲的正义追求,孝悌忠信、礼义廉耻的道德操守,任人唯贤、选贤与能的用人标准,周虽旧邦、其命维新的改革精神,亲仁善邻、协和万邦的外交之道,以和为贵、好战必亡的和平理念,等等。这些思想中的精华是中华优秀传统文化的重要组成部分,也是中华民族精神的重要内容。马克思主义传入中国后,科学社会主义的主张受到中国人民热烈欢迎,并最终扎根中国大地、开花结果,决不是偶然的,而是同我国传承了几千年的优秀历史文化和广大人民日用而不觉的价值观念融通的。"②"历史还告诉我们,历史和人民选择中国共产党领导中华民族伟大复兴的事业是正确的,必

---

① 秋石. 论正确处理政府和市场关系[J]. 求是,2018(1).

② 习近平. 坚持和完善中国特色社会主义制度 推进国家治理体系和治理能力现代化[J]. 求是,2020(1).

须长期坚持、永不动摇;中国共产党领导中国人民开辟的中国特色社会主义道路是正确的,必须长期坚持、永不动摇;中国共产党和中国人民扎根中国大地、吸纳人类文明优秀成果、独立自主实现国家发展的战略是正确的,必须长期坚持、永不动摇。"①

习近平总书记强调:"我国30多年来的发展成就得益于对外开放。一个国家能不能富强,一个民族能不能振兴,最重要的就是看这个国家、这个民族能不能顺应时代潮流,掌握历史前进的主动权。"②还强调,"怎样治理社会主义社会这样全新的社会,在以往的世界社会主义中没有解决得很好。马克思、恩格斯没有遇到全面治理一个社会主义国家的实践,他们关于未来社会的原理很多是预测性的;列宁在俄国十月革命后不久就过世了,没来得及深入探索这个问题;苏联在这个问题上进行了探索,取得了一些实践经验,但也犯下了严重错误,没有解决这个问题。我们党在全国执政以后,不断探索这个问题,虽然也发生了严重曲折,但在国家治理体系和治理能力上积累了丰富经验、取得了重大成果,改革开放以来的进展尤为显著……我们的国家治理体系和治理能力总体上是好的,是适应我国国情和发展要求的"③。

习近平总书记指出:"从形成更加成熟更加定型的制度看,我国社会主义实践的前半程已经走过了,前半程我们的主要历史任务是建立社会主义基本制度,并在这个基础上进行改革,现在已经有了很好的基础。后半程,我们的主要历史任务是完善和发展中国特色社会主义制度,为党和国家事业发展、为人民幸福安康、为社会和谐稳定、为国家长治久安提供一整套更完备、更稳定、更管用的制度体系。"④这一论述阐明了建立更完备、更稳定、

————————

　①　习近平.在庆祝中国共产党成立95周年大会上的讲话[J].求是,2021(8).

　②　习近平.在省部级主要领导干部学习贯彻党的十八届五中全会精神专题研讨班上的讲话[N].人民日报,2016 - 05 - 10.

　③　习近平.切实把思想统一到党的十八届三中全会精神上来[N].人民日报,2013 - 11 - 12.

　④　习近平.论坚持全面深化改革[M].北京:中央文献出版社,2018:93 - 94.

更管用的制度体系新的历史任务,明确了全面深化改革的历史方位。"改革开放以来历次三中全会都研究讨论深化改革问题,都是在释放一个重要信号,就是我们党将坚定不移高举改革开放的旗帜,坚定不移坚持党的十一届三中全会以来的理论和路线方针政策。说到底,就是要回答在新的历史条件下举什么旗、走什么路的问题。"①"一个国家选择什么样的治理体系,是由这个国家的历史传承、文化传统、经济社会发展水平决定的,是由这个国家的人民决定的。我国今天的国家治理体系,是在我国历史传承、文化传统、经济社会发展的基础上长期发展、渐进改进、内生性演化的结果。我国国家治理体系需要改进和完善,但怎么改、怎么完善,我们要有主张、有定力。中华民族是一个兼容并蓄、海纳百川的民族,在漫长历史进程中,不断学习他人的好东西,把他人的好东西化成我们自己的东西,这才形成我们的民族特色。没有坚定的制度自信就不可能有全面深化改革的勇气,同样,离开不断改革,制度自信也不可能彻底、不可能久远。我们全面深化改革,是要使中国特色社会主义制度更好;我们说坚定制度自信,不是要故步自封,而是要不断革除体制机制弊端,让我们的制度成熟而持久。"②

习近平总书记还提出了全面深化改革推进的"三阶段"论:"落实党的十八届三中全会以来中央确定的各项改革任务,前期重点是夯基垒台、立柱架梁,中期重点在全面推进、积厚成势,现在要把着力点放到加强系统集成、协同高效上来,巩固和深化这些年来我们在解决体制性障碍、机制性梗阻、政策性创新方面取得的改革成果,推动各方面制度更加成熟更加定型。"③"三个阶段"的阐述,明确了改革重点,呈现出明确清晰的改革路线图。前期"夯基垒台、立柱架梁",是要完成各领域标志性、支柱性的改革任务,为更大规

---

① 习近平谈治国理政[M].北京:外文出版社,2014:72.

② 习近平.论坚持全面深化改革[N].北京:中央文献出版社,2018:105-106.

③ 习近平在中央全面深改委员会第十次会议讲话.2019-09-09.

模的改革施工打下牢固基础；中期"全面推进、积厚成势"，是要不断攻坚拔寨，在改革的重要领域和关键环节取得突破性进展；现在"把着力点放到加强系统集成、协同高效上来"，是要加强改革配套组合，放大改革效果，形成实现全面深化改革总目标的合力。三个阶段环环相扣、步步深化，每个阶段的改革都为下一阶段打下良好基础、创造良好条件。

（五）与时俱进全面深化改革，改革永远在路上

根据改革开放的历史进程，我们可以得出以下三个判断：一是在四十多年的改革开放进程中，不管国内环境条件怎样变化，坚定不移地推进改革开放始终是中国共产党历次全国代表大会的重要内容；二是根据形势和任务的需要，改革开放在不同时期或阶段会有不同的侧重点，中国共产党适时召开全会审议和部署某一领域、某一方面的重大改革措施；三是改革开放的历史进程是由浅入深，由经济领域不断向政治领域、社会管理领域、文化领域、生态领域、党的建设领域、国防和军队建设领域等拓展，领域越来越宽、力度也越来越大。

党的十九大延续了上述三个判断。首先，党的十九大把坚持全面深化改革作为新时代坚持和发展中国特色社会主义的基本方略之一提出来，反映了中国共产党继续坚定不移地推进改革开放的决心。其次，党的十九大中根据变化了的国际国内环境，根据形势和任务的需要，研究、审议和部署了当前阶段的改革侧重点和重大改革措施，全面深化改革所部署的重点就是完善和发展中国特色社会主义制度、推进国家治理体系和治理能力现代化。最后，党的十九大所部署的全面深化改革不断向深层次推进，范围不断拓宽，不断推进国家治理体系和治理能力现代化，构建系统完备、科学规范、运行有效的制度体系，使深化改革达到前所未有的高度。"改革之路无坦

途。当前,改革又到了一个新的历史关头,很多都是前所未有的新问题,推进改革的复杂程度、敏感程度、艰巨程度不亚于四十年前,必须以更大的政治勇气和智慧,坚持摸着石头过河和加强顶层设计相结合,不失时机、蹄疾步稳深化重要领域和关键环节改革,更加注重改革的系统性、整体性、协同性,提高改革综合效能。"①同时,还对改革的落实者提出要求:"各级领导干部要加强对新发展理念的学习,结合历史学,多维比较学,联系实际学,深入把握新发展理念对发展经验教训的深刻总结,深入把握新发展理念对经济社会发展各项工作的指导意义。"②

在庆祝改革开放四十周年大会上,习近平总书记向世界再一次表明了中国不断改革的决心与信心。"全党全国各族人民要更加紧密地团结在党中央周围,高举中国特色社会主义伟大旗帜,不忘初心,牢记使命,将改革开放进行到底,不断实现人民对美好生活的向往,在新时代创造中华民族新的更大奇迹! 创造让世界刮目相看的新的更大奇迹!"③习近平总书记在庆祝改革开放四十周年大会上指出:"改革不停顿,开放不止步,在更高起点上推进改革开放,推动经济特区工作开创新局面,为全面建设社会主义现代化国家、实现第二个百年奋斗目标作出新的更大的贡献。"④2018 年 10 月,习近平总书记又一次到深圳,再一次向世人宣告:"再到广东、再到深圳来,我们就是要在这里向世界宣示:中国改革开放永不停步! 下一个四十年的中国,定当有让世界刮目相看的新成就!"⑤改革开放只有进行时没有完成时。习近

---

① 习近平. 在深圳经济特区建立 40 周年庆祝大会上的讲话[EB/OL]. http://www.gov.cn/xin-wen/2020 - 10/14/content_5551299. htm.

② 习近平. 在省部级主要领导干部学习贯彻党的十八届五中全会精神专题研讨班上的讲话[N]. 人民日报,2016 - 05 - 10.

③ 习近平. 论坚持全面深化改革[M]. 北京:中央文献出版社,2018:526.

④ 习近平. 在深圳经济特区建立 40 周年庆祝大会上的讲话[EB/OL]. http://www.gov.cn/xin-wen/2020 - 10/14/content_5551299. htm.

⑤ 习近平. 中国改革开放永不停步![N]. 人民日报,2018 - 10 - 25.

平同志强调,改革开放是一项长期的、艰巨的、繁重的事业,必须一代又一代人接力干下去,改革开放只有进行时没有完成时。这是从马克思主义历史观的高度,对改革开放持久性的规律作出的科学结论。"长风破浪会有时",在习近平总书记全面深化改革思想的引领下,中国一定能够通过改革扬帆远航,到达胜利的彼岸。

十三、改革的系统论

　　作为一项系统化工程,全面深化改革需要进行整体谋划,顶层设计。以习近平同志为核心的党中央,立足全局,作出一系列重大战略部署,根据唯物辩证法的要求,注重改革的系统性、整体性、协同性,抓好改革方案、改革落实、改革效果的协同,实现改革举措系统集成,加强和改革的配套、衔接,打出系列改革组合拳,重要改革压茬推进,前后呼应、相互配合。统筹谋划和协调推进经济、政治、文化、社会、生态文明等各领域体制机制改革,确保全面深化改革能在战胜各种风险和困难中不断深化,提高改革整体效益。习近平总书记强调:"全面深化改革是一项复杂的系统工程,需要加强顶层设计和整体谋划,加强各项改革关联性、系统性、可行性研究,要在基本确定主要改革措施的基础上,深入研究各领域改革关联性和各项改革举措耦合性,深入论证改革举措可行性,把握好全面深化改革的重大关系,使各项改革举措在政策取向上相互配合、在实施过程中相互促进、在实际成效上相得益彰。"①推进全面深化改革要树立系统思想,推动改革举措系统集成。要把住顶层设计和路线图,注重改革举措配套组合。对深化改革的"四梁八柱"如何构建、每一步"棋"如何下、每一项重大举措如何推进等,需要以系统思维进行统筹谋划,正确推进改革、准确推进改革、有序推进改革、协调推进改革,以避免改革走弯路,付出沉重代价。在庆祝改革开放四十周年大会上,习近平总书记总结道:"我们以巨大的政治勇气和智慧,提出全面深化改革总目标是完善和发展中国特色社会主义制度、推进国家治理体系和治理能力现代化,着力增强改革系统性、整体性、协同性,着力抓好重大制度创新,着力提升人民群众获得感、幸福感、安全感。"②

习近平总书记坚持系统思维,注重整体推进改革:"全面深化改革问题,不是推进一个领域改革,也不是推进几个领域改革,而是推进所有领域改革,就是从国家治理体系和治理能力的总体角度考虑的。"③全面深化改革突出的是整体性、系统性、协同性,"五位一体"以及党的建设等全方位改革,缺一不可。"注重系统性、整体性、协同性是全面深化改革的内在要求,也是推进改革的重要方法。改革越深入,越要注意协同,既抓改革方案协同,也抓改革落实协同,更抓改革效果协同,促进各项改革举措在政策取向上相互配合、在实施过程中相互促进、在改革成效上相得益彰,朝着全面深化改革总目标聚焦发力。"④"要注重增强系统性、整体性、协同性,使各项改革举措相

---

①　习近平主持中共中央党外人士座谈会并发表重要讲话[EB/OL]. http://cpc. people. com. cn/n/2013/1113/c64094 - 23532248. html.

②　习近平. 论坚持全面深化改革[M]. 北京:中央文献出版社,2018:505.

③　习近平. 切实把思想统一到党的十八届三中全会精神上来[J]. 求是,2014(1).

④　习近平主持召开中央全面深化改革领导小组第三十六次会议强调抓好各项改革协同发挥改革整体效应 朝着全面深化改革总目标聚焦发力[EB/OL]. http://news. 12371. cn/2017/06/26/ARTI1498465839365598. shtml.

互配合、相互促进、相得益彰。"①习近平总书记明确指出,在规划改革蓝图时,必须全面考虑矛盾平衡所涉及的各个方面,"加强对各项改革关联性的研判,把经济、政治、文化、社会、生态等方面的体制改革有机结合起来"②。在全面深化改革过程中,要加强宏观思考和顶层设计。要在纷繁复杂的现实中,处理好各领域矛盾关系,关键在于抓好"五位一体"的有机结合和"四个全面"有机衔接。正是由于全面深化改革坚持系统、整体和协同性,避免了改革中顾此失彼,使改革在成效上相得益彰,使不同领域的各项改革举措不断向改革总目标接近,在完善和发展中国特色社会主义制度与国家治理体系和治理能力的现代化上,形成总体效应,取得总体效果。

(一)以系统思维整体推进改革

系统思维就是从系统与要素、要素与要素以及系统与环境的相互联系、关系结构、相互作用中去把握事物、思考问题,以处理好整体与部分、结构与功能之间的关系。系统是由相互联系、相互作用和相互依赖的若干要素结合而成的具有特定功能的有机整体。对于中国改革发展而言,系统思维要求领导干部要具有全局意识、协同意识、整体意识,注重调结构、补短板,把握好事物的整体性、协调性和衔接性。习近平总书记强调全面深化改革必须具有系统思维。唯物辩证法的特征之一就是强调事物的普遍联系。普遍联系是以系统的、整体的观点而非局部的、片面的观点观察和分析问题。系统是指通过一定的结构将各个要素有机联系起来,使整体具备单个要素所不具备的功能。整体性是系统的基本特征,系统中各要素在系统中都处于

---

① 习近平. 在中央党校(国家行政学院)中青年干部培训班开班式上的讲话[EB/OL]. https://www.ccps.gov.cn/xtt/202010/t20201010_143788.shtml.

② 习近平关于全面深化改革论述摘编[M].北京:中央文献出版社,2014:37.

一定的位置上,并非孤立存在,每个要素都起着特定的作用。唯物辩证法认为,事物是普遍联系的,世界是相互联系的整体,事物各要素相互影响、相互制约。

毛泽东指出:"马克思主义者看问题,不但要看到部分,而且要看到全体。""懂得了全局性的东西,就更会使用局部性的东西,因为局部性的东西是隶属于全局性的东西的。"①习近平总书记也指出:"现在,重大改革都是牵一发而动全身的,更需要全面考量、协调推进。不能畸轻畸重,也难以单刀突进。对看准了的改革,要下决心推进,争取早日取得成效。对涉及面广泛的改革,要同时推进配套改革,聚合各项相关改革协调推进的正能量。"②"加强改革举措的系统集成、协同高效,打通淤点堵点,激发整体效应。"③加强统筹、系统、集成是全面深化改革的重点。"统筹"是各个方面体制与制度的深度革新,是全方位的改革;"系统"是各领域、各层次、各环节改革的系统推进;"集成"是要着眼于制度聚合与集成,形成总体性的制度成果和制度文明。正是因为具有系统性思维,改革中人们才能不为各种层出不穷的新问题所干扰,全面深化改革始终全面、系统、联系地推进。全面深化改革的论断是改革思想系统性特征的体现,强调要普遍联系地把握改革所涉及的各个领域和各个方面,注重从全局的高度和整体的宽度来谋划和推进具体的改革措施。习近平总书记紧密结合时代发展面临的新课题,指出:"我国改革已经进入攻坚期和深水区,进一步深化改革,必须更加注重改革的系统性、整体性、协同性,统筹推进重要领域和关键环节改革。这里,我想讲四句

---

① 毛泽东选集(第一卷)[M].北京:人民出版社,1991:175.

② 习近平.改革开放要找"最大公约数"[EB/OL].http://politics.rmlt.com.cn/2014/0804/301778.shtml.

③ 习近平主持召开中央全面深化改革委员会第十五次会议强调 推动更深层次改革实行更高水平开放 为构建新发展格局提供强大动力[EB/OL].https://www.12371.cn/2020/09/01/ARTI1598965669220472.shtml.

话,就是坚定信心,凝聚共识,统筹谋划,协同推进。"①通过"加强改革系统集成,激活高质量发展新动力。"②

党的十八大以来,中国共产党在领导我国改革事业的过程中,始终站在全局的高度来分析各种具体问题,始终把社会主义改革与发展作为一个大的系统进行综合考察。"全面深化改革需要加强顶层设计和整体谋划,加强各项改革的关联性、系统性、可行性研究。我们讲胆子要大、步子要稳,其中步子要稳就是要统筹考虑、全面论证、科学决策。经济、政治、文化、社会、生态文明各领域改革和党的建设改革紧密联系、相互交融,任何一个领域的改革都会牵动其他领域,同时也需要其他领域改革密切配合。如果各领域改革不配套,各方面改革措施相互牵扯,全面深化改革就很难推进下去,即使勉强推进,效果也会大打折扣。"③因此,全面深化改革打出了一系列改革"组合拳",促进了一大批重要改革压茬推进,前后呼应、相互配合、形成整体,提高了改革整体效益。经过全面深化改革不断推进,改革全面发力、多点突破、纵深推进,各领域都取得了显著成效。

坚持系统性、整体性、协同性是全面深化改革的内在要求。改革越深入,越要注意协同,抓好改革方案、改革落实、改革效果的协同。"国家治理体系是在党领导下管理国家的制度体系,包括经济、政治、文化、社会、生态文明和党的建设等各领域体制机制、法律法规安排,也就是一整套紧密相连、相互协调的国家制度;国家治理能力则是运用国家制度管理社会各方面事务的能力,包括改革发展稳定、内政外交国防、治党治国治军等各个方面。"④"各级各类党政机构是一个有机整体。推进国家治理体系和治理能力

---

① 习近平关于全面深化改革论述摘编[M].北京:中央文献出版社,2014:30.
② 习近平.在浦东开发开放30周年庆祝大会上的讲话[N].人民日报,2020-11-12.
③ 习近平谈治国理政[M].北京:外文出版社,2014:88.
④ 习近平.在中共十八届三中全会第二次全体会议上的讲话(2013年11月12日)[EB/OL].
https://www.12371.cn/special/xjpzyls/sgqm/3/.

现代化,必须统筹考虑党和国家机构设置,科学配置党政机构职责,理顺同群团、事业单位的关系,协调并发挥各类机构职能作用,形成适应新时代发展要求的党政群、事业单位机构新格局。"①以习近平同志为核心的党中央坚持突出重点、注重系统集成,避免了改革"碎片化"。

为进一步"加强宏观思考和顶层设计,更加注重改革的系统性、整体性、协同性",党的十八届三中全会决定中央成立全面深化改革领导小组,负责改革总体设计、统筹协调、整体推进、督促落实。全面深化改革涉及所有领域和方方面面,需要整体谋划。特别是党和国家机构改革,更要注重改革的整体性。习近平总书记指出:"深化党和国家机构改革是放在全面深化改革大盘子里谋划推进的,是我们打的一次全面深化改革的战略性战役。要用好机构改革创造的有利条件,推动全面深化改革向纵深发展。"②"这次深化机构改革是一场系统性、整体性、重构性的变革,力度规模之大、涉及范围之广、触及利益之深前所未有,既有当下'改'的举措,又有长久'立'的设计,是一个比较全面、比较彻底、比较可行的改革顶层设计。"③

(二)以系统观念统筹全局性问题

系统观念是马克思主义基本原理的重要内容。唯物史观对整个社会系统作出了最深刻、最完整、最科学的概括,为我们提供了系统认识和把握人类社会发展规律的方法。系统观念也是中国共产党一以贯之强调的认识和解决问题的基础性的科学思想方法和工作方法。运用系统观念推进革命、建设、改革,是中国共产党的优良传统和宝贵经验。改革开放的总设计师邓

---

① 习近平.论坚持全面深化改革[M].北京:中央文献出版社,2018:432-433.
② 习近平谈治国理政(第三卷)[M].北京:外文出版社,2020:107.
③ 习近平.论坚持全面深化改革[M].北京:中央文献出版社,2018:445-446.

小平,坚持把建设有中国特色的社会主义作为系统工程进行设计,系统谋划。科学发展观突出了对发展的全面、协调、可持续的要求。党的十八大以来,系统观念一直是党中央系统谋划、统筹推进党和国家各项事业的思想和工作方法,指导全党全国人民取得了历史性成就,有效防范并科学应对了一系列重大风险挑战,使国家与社会保持了安全与稳定。

党的十八大以来,习近平总书记就坚持系统观念作出一系列重要论述和指示要求,为我们提供了思想和行动上的根本遵循。习近平总书记指出:"全面深化改革是关系党和国家事业发展全局的重大战略部署,不是某个领域某个方面的单项改革。'不谋全局者,不足谋一域。'大家来自不同部门和单位,都要从全局看问题,首先要看提出的重大改革举措是否符合全局需要,是否有利于党和国家事业长远发展。要真正向前展望、超前思维、提前谋局。"①坚持系统观念,也是党的十九届五中全会提出的"十四五"时期经济社会发展必须遵循的原则之一:"坚持系统观念。加强前瞻性思考、全局性谋划、战略性布局、整体性推进,统筹国内国际两个大局,办好发展安全两件大事,坚持全国一盘棋,更好发挥中央、地方和各方面积极性,着力固根基、扬优势、补短板、强弱项,注重防范化解重大风险挑战,实现发展质量、结构、规模、速度、效益、安全相统一。"②习近平总书记在十九届中央政治局第二十七次集体学习时强调,完整、准确、全面贯彻新发展理念,必须坚持系统观念,统筹国内国际两个大局、"五位一体"总体布局和"四个全面"战略布局,加强前瞻性思考、全局性谋划、战略性布局、整体性推进。

全面深化改革涉及面之广、变革之深、难度之大,前所未有。因此改革需要配套举措组合出台,推动改革前后呼应、相互配合,形成整体效应。在

---

① 习近平谈治国理政[M].北京:外文出版社,2014:88.
② 中共中央关于制定国民经济和社会发展第十四个五年规划和二〇三五年远景目标的建议[EB/OL].http://www.gov.cn/zhengce/2020 – 11/03/content_5556991.htm.

广度上，"不是推进一个领域改革，也不是推进几个领域改革，而是推进所有领域改革"；在深度上，改革已经进入攻坚期和深水区，"容易的、皆大欢喜的改革已经完成了，好吃的肉都吃掉了，剩下的都是难啃的硬骨头"；①在难度上，全面深化改革的复杂程度、敏感程度、艰巨程度一点都不亚于四十年前。改革是突破利益固化藩篱的深层次的改革，是触动利益和灵魂的高难度的改革，是根治顽瘴痼疾和体制机制弊端的深层次变革，因此必须权衡各方，系统谋划，协同推进。

同时，习近平总书记指出，积极回应人民群众新要求新期待，也要"系统研究谋划和解决法治领域人民群众反映强烈的突出问题，不断增强人民群众获得感、幸福感、安全感，用法治保障人民安居乐业"②。要"加强前瞻性思考、全局性谋划、战略性布局、整体性推进。要统筹中华民族伟大复兴战略全局和世界百年未有之大变局，立足国内，放眼世界，深刻认识错综复杂的国际局势对我国的影响，既保持战略定力又善于积极应变，既集中精力办好自己的事，又积极参与全球治理、为国内发展创造良好环境"③。《中共中央关于制定国民经济和社会发展第十四个五年规划和二〇三五年远景目标的建议》中，提出了"坚持系统观念"。习近平总书记指出："建议稿提出，'十四五'时期经济社会发展必须遵循坚持系统观念的原则。党的十八大以来，党中央坚持系统谋划、统筹推进党和国家各项事业，根据新的实践需要，形成一系列新布局和新方略，带领全党全国各族人民取得了历史性成就。在

---

① 习近平谈治国理政[M].北京:外文出版社,2014:101.

② 习近平在中央全面依法治国工作会议上的讲话[EB/OL].http://www.gov.cn/xinwen/2020 - 11/17/content_5562085.htm.

③ 习近平在中共中央政治局第二十七次集体学习时强调 完整准确全面贯彻新发展理念 确保"十四五"时期我国发展开好局起好步[EB/OL].https://www.12371.cn/2021/01/29/AR-TI1611912644133877.shtml.

这个过程中，系统观念是具有基础性的思想和工作方法。"①

（三）把握全面深化改革的关联性、协同性

改革不是针对某个具体环节就事论事地做出简单的变更，而是必须做系统谋划和整体推进。我国的全面深化改革重点之一是结构性改革，包括经济结构、政治结构、文化结构、社会结构，以及政治、经济、社会之间的结构等。习近平总书记深刻揭示了改革开放的大脉络和各领域的关联性。强调既要研究经济体制，又要研究政治体制、文化体制、社会体制、生态文明体制及其内在关系；既要研究理论创新、制度创新，又要研究科技创新、文化创新以及其他各方面创新。要深刻把握改革开放各领域之间的相互作用与影响，深刻洞察推进改革开放的动因和合力。习近平总书记深刻分析和揭示了全面深化改革既不是局部性的调整，也不是把整个社会的一切方面都予以变更。"我们要统筹谋划深化改革各个方面、各个层次、各个要素，注重推动各项改革相互促进、良性互动、协同配合。要坚持整体推进，加强不同时期、不同方面改革配套和衔接，注重改革措施整体效果，防止畸重畸轻、单兵突进、顾此失彼。"②

系统具有协同性，即一个系统是其构成要素的集合，而要素是按照一定的结构模式联系在一起并实现互动的。要素之间相互联系、相互制约，通过协调、协作形成拉动效应，推动事物共同发展。系统的每一个要素都影响着整体，反过来整体又制约着每一个要素。所以对系统内部诸要素的组成、序列、功能、相互关系等，要进行总体考量，深入分析，注重系统各要素的微观

---

① 习近平.关于《中共中央关于制定国民经济和社会发展第十四个五年规划和二○三五年远景目标的建议》的说明[N].人民日报,2020-11-04.

② 习近平.论坚持全面深化改革[M].北京:中央文献出版社,2018:60.

机制的构建,关注其对整体的影响。正如毛泽东指出的,"'一着不慎,满盘皆输',乃是说的带全局性的,即对全局有决定意义的一着"①。随着改革的不断深入,各个领域各个环节改革的关联性和互动性明显增强,每一项改革都会对其他改革产生重要影响,每一项改革又都需要其他改革协同配合。习近平总书记高屋建瓴地指出,全面深化改革不是单打一,不是头痛医头、脚痛医脚,而是十根手指弹钢琴,"统筹兼顾、综合平衡,突出重点、带动全局,有的时候要抓大放小、以大兼小,有的时候又要以小带大、小中见大,形象地说,就是要十个指头弹钢琴"②。

习近平总书记强调:"改革越深入,越要注意协同,既抓改革方案协同,也抓改革落实协同,更抓改革效果协同,促进各项改革举措在政策取向上相互配合、在实施过程中相互促进、在改革成效上相得益彰,朝着全面深化改革总目标聚焦发力。"③"要把着力点放到加强系统集成、协同高效上来,巩固和深化这些年来我们在解决体制性障碍、机制性梗阻、政策性创新方面取得的改革成果。"④"在全面深化改革中,我们要坚持以经济体制改革为主轴,努力在重要领域和关键环节改革上取得新突破,以此牵引和带动其他领域改革,使各方面改革协同推进、形成合力,而不是各自为政、分散用力。"⑤"协同推进,就是要增强改革措施的协调性。我们的改革历来就是全面改革。我不赞成那种笼统认为中国改革在某个方面滞后的说法。在某些方面、某个时期,快一点、慢一点是有的,但总体上不存在中国改革哪些方面改了,哪些

---

① 毛泽东选集(第一卷)[M].北京:人民出版社,1991:175.
② 习近平谈治国理政[M].北京:外文出版社,2014:101.
③ 习近平主持召开中央全面深化改革领导小组第三十六次会议强调抓好各项改革协同发挥改革整体效应 朝着全面深化改革总目标聚焦发力[EB/OL].http://news.12371.cn/2017/06/26/ARTI1498465839365598.shtml.
④ 习近平谈治国理政[M].北京:外文出版社,2014:179.
⑤ 习近平.切实把思想统一到党的十九届三中全会精神上来[J].求是,2014(1).

方面没有改。"①通过改革的协同,实现改革举措系统集成,提高了改革整体效益。

习近平总书记指出,党和国家机构改革更要体现整体性、协同性。党的十九届三中全会着力解决这些问题,整体设计、统筹推进党和国家机构改革,"坚持统筹党政军群机构改革,站在新的历史起点上,突出改革的系统性、整体性、协同性"②。党中央历来高度重视党和国家机构的建设与改革。新中国成立后,在中国共产党领导下,我国逐步建立了具有中国特色的党和国家机构职能体系。改革开放以来,党中央机构集中进行了四次改革,国务院机构进行了七次改革,我国的机构职能逐步规范,完成了从计划经济向社会主义市场经济体制下的机构职能体系的转变,也为中国特色社会主义建设提供了体制机制保障。但面对新时代新任务提出的新要求,党和国家机构设置和职能配置存在着与同统筹推进"五位一体"总体布局、协调推进"四个全面"战略布局的总要求不完全适应,也同实现国家治理体系和治理能力现代化总要求不完全适应。通过本次机构改革,我们"重构性健全党的领导体系、政府治理体系、武装力量体系、群团工作体系,系统性增强党的领导力、政府执行力、武装力量战斗力、群团组织活力,适应新时代要求的党和国家机构职能体系主体框架初步建立,为完善和发展中国特色社会主义制度、推进国家治理体系和治理能力现代化提供了有力组织保障。"③

习近平总书记还对领导干部提出了要求:"中央政治局的同志要善于思考涉及党和国家工作大局的根本性、全局性、长远性问题,加强战略性、系统性、前瞻性研究谋划,做到在重大问题和关键环节上头脑特别清醒、眼睛特

---

① 习近平.改革开放要找"最大公约数"[EB/OL]. http://politics. rmlt. com. cn/2014/0804/301778. shtml.

② 习近平.论坚持全面深化改革[M].北京:中央文献出版社,2018:429-430.

③ 习近平谈治国理政[M].北京:外文出版社,2014:105.

别明亮,善于从一般事务中发现政治问题,善于从倾向性、苗头性问题中发现政治端倪,善于从错综复杂的矛盾关系中把握政治逻辑,坚持政治立场不移、政治方向不偏。"①"要统筹制度改革和制度运行,处理好顶层设计和分层对接的关系,搞好上下左右、方方面面的配套,注重各项改革协调推进,使各项改革相得益彰,发生'化学反应',把制度优势转化为治理效能。"②

习近平总书记还在不同领域或方面的改革提出了强化改革的系统性、整体性、协同性的要求。如,"现代化经济体系,是由社会经济活动各个环节、各个层面、各个领域的相互关系和内在联系构成的一个有机整体"③。"要统筹发展和安全,善于预见和预判各种风险挑战,做好应对各种'黑天鹅''灰犀牛'事件的预案,不断增强发展的安全性。"④"要善于运用系统科学、系统思维、系统方法研究解决问题,既要加强顶层设计又要坚持重点突破,既要抓好当前又要谋好长远,强化需求对接,强化改革创新,强化资源整合,向重点领域聚焦用力,以点带面推动整体水平提升,加快形成全要素、多领域、高效益的军民融合深度发展格局。"⑤"全面依法治国是一个系统工程,必须统筹兼顾、把握重点、整体谋划,更加注重系统性、整体性、协同性。依法治国、依法执政、依法行政是一个有机整体,关键在于党要坚持依法执政、

---

① 中共中央政治局召开民主生活会 习近平主持会议并发表重要讲话[EB/OL]. http://www. gov. cn/xinwen/2020 − 12/25/content_5573420. htm.

② 习近平主持召开中央全面深化改革委员会第十次会议强调 加强改革系统集成协同高效 推动各方面制度更加成熟更加定型 [EB/OL]. https://www. 12371. cn/2019/09/09/AR-TI1568033653122502. shtml.

③ 习近平. 深刻认识建设现代化经济体系重要性 推动我国经济发展焕发新活力迈上新台阶[EB/OL]. http://news. 12371. cn/2018/01/31/ARTI1517393066970480. shtml.

④ 习近平在中共中央政治局第二十七次集体学习时强调 完整准确全面贯彻新发展理念 确保"十四五"时期我国发展开好局起好步[EB/OL]. https://www. 12371. cn/2021/01/29/AR-TI1611912644133877. shtml.

⑤ 习近平主持召开中央军民融合发展委员会第二次全体会议强调,向军民融合发展重点领域聚焦用力,以点带面推动整体水平提升[EB/OL]. http://www. xinhuanet. com/2017 − 09/22/c_1121709942. htm.

各级政府要坚持依法行政。"①"社会治理是一门科学,管得太死,一潭死水不行;管得太松,波涛汹涌也不行。要讲究辩证法,处理好活力和秩序的关系,全面看待社会稳定形势,准确把握维护社会稳定工作,坚持系统治理、依法治理、综合治理、源头治理。"②"要坚持整体谋划、系统重塑、全面提升,改革疾病预防控制体系,提升疫情监测预警和应急响应能力,健全重大疫情救治体系,完善公共卫生应急法律法规,深入开展爱国卫生运动,着力从体制机制层面理顺关系、强化责任。"③"加快形成以国内大循环为主体、国内国际双循环相互促进的新发展格局,是根据我国发展阶段、环境、条件变化作出的战略决策,是事关全局的系统性深层次变革。"④等等。

(四)统筹发展和安全

在中央政治局第二十六次集体学习时,习近平总书记强调,要"把国家安全贯穿到党和国家工作各方面全过程,同经济社会发展一起谋划、一起部署,坚持系统思维,构建大安全格局"⑤。党的十九届五中全会提出,"加强前瞻性思考、全局性谋划、战略性布局、整体性推进,实现发展质量、结构、规

---

① 习近平.加强党对全面依法治国的领导[J].求是,2019(4).

② 加强和创新社会治理,完善中国特色社会主义社会治理体系[EB/OL].http://theory.people.com.cn/n1/2018/0209/c416915-29814531.html.

③ 习近平在参加习近平在参加湖北代表团审议时强调,整体谋划系统重塑全面提升,织牢织密公共卫生防护网[EB/OL].http://www.gov.cn/xinwen/2020-05/24/content_5514486.htm.

④ 习近平主持召开中央全面深化改革委员会第十五次会议强调 推动更深层次改革实行更高水平开放 为构建新发展格局提供强大动力[EB/OL].https://www.12371.cn/2020/09/01/ARTI1598965669220472.shtml.

⑤ 习近平在中央政治局第二十六次集体学习时强调 坚持系统思维构建大安全格局 为建设社会主义现代化国家提供坚强保障[EB/OL].https://www.12371.cn/2020/12/12/ARTI1607759816535313.shtml.

模、速度、效益、安全相统一"①。构建大安全格局是推进和贯彻落实总体国家安全观顶层设计的具体体现,标志着我国安全问题已经从观念层面落实到安全治理体系建设方面,体现了国家安全从观念到治理、从指导思想到具体行动的变化。构建大安全格局,要充分认识总体安全发展过程中各领域间的关联性、协同性。一方面必须坚持总体国家安全观,做好新时代国家安全工作,把国家安全贯穿党和国家工作各方面全过程;另一方面,每一领域的安全问题都要高度重视,统筹传统安全和非传统安全。大安全格局中,既包括政治安全、国土安全、军事安全等传统安全,也包括经济安全、文化安全、社会安全、科技安全、网络安全、生态安全、资源安全、核安全、海外利益安全,以及太空安全、深海安全、极地安全和生物安全等新型安全领域的非传统安全。

以习近平同志为核心的党中央把国家安全工作作为党治国理政的重要工作,将安全上升到前所未有的战略高度,强调"安全是发展的前提,发展是安全的保障","没有安全和稳定,一切都无从谈起",并创造性地提出总体国家安全观,对国家安全工作进行顶层设计,成立国家安全委员会,加强了党对国家安全工作的集中统一领导,把总体国家安全观纳入中国特色社会主义的基本方略,并写入《党章》,从全局对国家安全作出了一系列重大决策部署,国家安全法律法规相继出台,一系列重大风险挑战得以有效应对,国家安全大局保持稳定。特别是,党的十九届五中全会将"坚持系统观念"作为"十四五"时期我国经济社会发展必须遵循的五项原则之一,提出"办好发展安全两件大事",实现发展质量、结构、规模、速度、效益、安全相统一。

习近平总书记关于系统观念、系统思维、系统方法的一系列论述,创新

---

① 中共中央关于制定国民经济和社会发展第十四个五年规划和二〇三五年远景目标的建议[EB/OL]. http://www.gov.cn/zhengce/2020－11/03/content_5556991.htm.

性地发展了马克思主义学说,也是我国实践中解决重大问题不可或缺的方式。尤其是在国家安全方面,系统观念对于有效应对传统安全和非传统安全等各种安全问题具有战略指导意义。构建大安全格局,一是必须以系统观念为指导,贯彻系统观念的原则,充分体现系统的特征,统筹办好发展安全两件大事,运用系统思维构建大安全格局。二是要整体推进多种安全,将安全系统中的各要素有机统一起来,全面推进。三是要协同推进每一个领域的安全,把大安全体系中的各局部安全综合起来推进。四是要统筹国内国际安全两个大局。五是强调发展和安全并重,强化完善集中统一、高效权威的国家安全领导体制,通过健全国家安全法治体系、战略体系、政策体系、人才体系和运行机制,完善重要领域的国家安全立法、制度、政策,保障总体国家安全观落到实处。

十四、改革的行动论

中国改革的实践与理论相互推动、相得益彰。实践证明,改革必须有强大的执行力,沉下心来抓落实才行,否则再好的目标、再好的蓝图也只能是空中楼阁。在习近平总书记关于全面深化改革的系列重要论述中,强调真抓实干、突出务求实效的内容分量极重。习近平总书记在不同场合对各级干部提出了落实工作本领和执行能力的要求。在党的十九大报告中,习近平总书记提出,各级干部要"增强政治领导本领,坚持战略思维、创新思维、辩证思维、法治思维、底线思维,科学制定和坚决执行党的路线方针政策,把党总揽全局、协调各方落到实处"①;要"增强落实本领,坚持说实话、谋实事、出实招、求实效,把雷厉风行和久久为功有机结合起来,勇于攻坚克难,以钉钉子精神做实做细做好各项工作"②。在中央党校 2020 年中青班开班式上,习近平总书记提出,"年轻干部要提高抓落实能力。干事业不能做样子,必须脚踏实地,抓工作落实要以上率下、真抓实干。特别是主要领导干部,既

---

① 习近平谈治国理政(第三卷)[M].北京:外文出版社,2020:68.
② 习近平谈治国理政(第三卷)[M].北京:外文出版社,2020:69.

要带领大家一起定好盘子、理清路子、开对方子，又要做到重要任务亲自部署、关键环节亲自把关、落实情况亲自督查，不能高高在上、凌空蹈虚，不能只挂帅不出征。干事业就要有钉钉子精神，抓铁有痕、踏石留印，稳扎稳打向前走，过了一山再登一峰，跨过一沟再越一壑，不断通过化解难题开创工作新局面"①。在中央政治局民主生活会上，习近平总书记提出"政治三力"要求："我们党要始终做到不忘初心、牢记使命，把党和人民事业长长久久推进下去，必须增强政治意识，善于从政治上看问题，善于把握政治大局，不断提高政治判断力、政治领悟力、政治执行力。"②

（一）改革的关键在于落实

习近平总书记强调，"反对空谈、强调实干、注重落实，是我们党的一个优良传统。对于抓落实的极端重要性，我们党和党的主要领导同志先后都有过很多精辟的阐述"：毛泽东同志要求共产党员一定要有"认真实干"的精神，强调"一件事不做则已，做则必做到底，做到最后胜利"，"什么东西只有抓得很紧，毫不放松，才能抓住。抓而不紧，等于不抓"。邓小平同志强调，"少说空话、多干实事"，凡事都"要落在实处"，"开会、讲话都要解决问题"。江泽民同志强调，"落实，落实，再落实，因为这是做好一切工作的关键环节"，"不要在层层表态、层层开会、层层造声势上做文章，而要在层层抓落实、层层抓解决问题上下功夫"。胡锦涛同志强调"要坚持发扬共产党人的革命精神和坚持科学求实态度的统一，脚踏实地，埋头苦干，坚决反对形式

---

① 习近平. 年轻干部要提高解决实际问题能力 想干事能干事干成事［EB/OL］. https://www. ccps. gov. cn/tpxw/202010/t20201011_143791. shtml.

② 中共中央政治局召开民主生活会 习近平主持会议并发表重要讲话［EB/OL］. http://www. gov. cn/xinwen/2020－12/25/content_5573420. htm.

主义和官僚主义"。"这些论述,把抓落实的重要意义和基本要求讲得很清楚很深刻,我们在领导工作中要始终遵循和认真贯彻。"①

深化改革将触及深层次利益格局的调整和制度体系的变革。能否攻坚克难,确保各项改革举措落地生根,直接决定改革成败。邓小平提出,"任何事情都是人干的,不过,世界上的事情都是干出来的,不干,半点马克思主义也没有"②;习近平总书记也强调,"社会主义是干出来的,新时代也是干出来的!"③。在2014年2月省部级主要领导干部学习贯彻十八届三中全会精神专题研讨班上,习近平总书记指出,"制定出一个好文件,只是万里长征走完了第一步,关键还在于落实文件"④。习近平总书记多次提出,"一分部署九分落实",改革的关键在于落实。尤其是在历次深改小组/委会议上,习近平总书记几乎每次都强调落实的重要性。他一再指明,"改革重在落实,也难在落实"⑤。在2011年中央党校春季学期开学典礼上,习近平总书记强调:"我们的所有成就,都是干出来的。这里的关键,就是始终注重抓落实。"⑥"四十年来取得的成就不是天上掉下来的,更不是别人恩赐施舍的,而是全党全国各族人民用勤劳、智慧、勇气干出来的! 我们用几十年时间走完了发达国家几百年走过的工业化历程。在中国人民手中,不可能成为了可能。我们为创造了人间奇迹的中国人民感到无比自豪、无比骄傲!"⑦

习近平总书记多次强调抓落实的重要意义,指出"抓落实,是我们党执

①⑥　习近平.关键在于落实[J].求是,2011(6).

②　邓小平文选(第二卷)[M].北京:人民出版社,1994:221.

③　习近平出席开通仪式并宣布港珠澳大桥正式开通[EB/OL].http://www.xinhuanet.com/2018-10/23/c_1123600843.htm.

④　习近平在省部级主要领导干部学习贯彻十八届三中全会精神全面深化改革专题研讨班开班式上发表重要讲话[EB/OL].http://pic.people.com.cn/n/2014/0218/c1016-24387045.html.

⑤　习近平主持召开中央全面深化改革委员会第四次会议[EB/OL].http://www.12371.cn/2018/09/20/ARTI1537443632163988.shtml

⑦　习近平.论坚持全面深化改革[M].北京:中央文献出版社,2018:511-512.

政能力的重要展现,也是对各级领导干部工作能力的重要检验"①。"崇尚实干、狠抓落实是我反复强调的。如果不沉下心来抓落实,再好的目标,再好的蓝图,也只是镜中花、水中月。"②习近平总书记指出了现实中存在的问题:"中央的一些方针政策和重大部署,口头上讲了、文件上也写了,而贯彻落实得却不好;一些中央三令五申、明令禁止的事情,依然我行我素、屡禁不止。"③因此习近平总书记提出,要"狠抓落实,把改革重点放到解决实际问题上来。"④"要抓实、再抓实,不抓实,再好的蓝图只能是一纸空文,再近的目标只能是镜花水月。"⑤习近平总书记明确提出:"改革进行到今天,抓改革、抓落实的有利条件越来越多,改革的思想基础、实践基础、制度基础、民心基础更加坚实,要投入更多精力、下更大气力抓落实,加强领导,科学统筹,狠抓落实,把改革重点放到解决实际问题上来。"⑥习近平总书记还把抓落实上升到哲学层面,强调抓落实"是把决策变为人们的实践行动、由认识世界到改造世界的过程"⑦,提出要"着力补短板、强弱项、激活力、抓落实",⑧"推动改革往实里走,确保改革方案成色和实施成效"⑨。在 2017 年新年贺词中,习近平总书记提出了"撸起袖子加油干!"要求改革开放先行区的广大干部群众要在新起点上,"坚定不移贯彻落实党中央决策部署,永葆'闯'的精神、'创'的劲头、'干'的作风,努力续写更多'春天的故事',努力创造让世界刮

①③⑦ 习近平.关键在于落实[J].求是,2011(6).

② 习近平对全国党委秘书长会议作出重要批示强调 狠抓中央决策部署的贯彻落实 确保中央政令畅通、决策落地生根[EB/OL]. http://politics. people. com. cn/n/2014/1011/c1024 - 25814828. html.

④ 习近平谈治国理政(第三卷)[M].北京:外文出版社,2020:178.

⑤ 习近平参加湖南代表团审议[EB/OL]. http://cpc. people. com. cn/n1/2016/0308/c64094 - 28182682. html.

⑥ 习近平主持召开中央全面深化改革委员会第四次会议强调:加强领导科学统筹狠抓落实 把改革重点放到解决实际问题上来[EB/OL]. http://www. 12371. cn/2018/09/20/ARTI1537443632163988. shtml.

⑧ 习近平谈治国理政第三卷[M].北京:外文出版社,2020:179.

⑨ 习近平谈治国理政第三卷[M].北京:外文出版社,2020:108.

目相看的新的更大奇迹!"①

(二)强化制度执行力

邓小平指出:"社会主义国家有个最大的优越性,就是干一件事情,一下决心,一做出决议,就立即执行,不受牵扯。我们搞经济体制改革,全国就立即执行,我们决定建设经济特区,就可以立即执行。没有那么多互相牵扯,议而不决,决而不行。就这个范围来说,我们的效率是高的,我讲的是总的效率。这方面是我们的优势。"②习近平总书记更是多次强调制度执行力的重要性,指出"党内法规不少,主要问题在于执行不力,有的是缺乏执行能力,有的是缺乏执行底气。要强化法规制度执行,不能打折扣"③。"我们总体上已进入有规可依的阶段,目前的主要问题是有规不依、落实不力。一些部门执行制度先紧后松、上紧下松、外紧内松,制度成了'橡皮筋''稻草人',产生'破窗效应'。要带头学习、遵守、执行党章党规,从基本制度严起、从日常规范抓起。中央和国家机关工委要加强督促检查,对党内法规制度执行不力、落实不好、问题突出的,要敢于亮黄牌、掏红牌。"④

在制度执行力问题上,我们党积累了宝贵的经验,同时也有深刻的教训。例如制度出台后并不付诸执行,或者执行一段时间便不了了之,只停留在表面的宣传、走形式。⑤ 为此,党的十九届四中全会突出强调了"制度的生

---

① 习近平在深圳经济特区建立 40 周年庆祝大会上的讲话[EB/OL]. http://www.gov.cn/xinwen/2020 – 10/14/content_5551299.htm.

② 邓小平文选(第三卷)[M].北京:人民出版社,2001:177.

③ 习近平在内蒙古考察并指导开展"不忘初心、牢记使命"主题教育时强调:牢记初心使命贯彻以人民为中心发展思想 把祖国北部边疆风景线打造得更加亮丽[EB/OL]. http://www.gov.cn/xinwen/2019 – 07/16/content_5410342.htm.

④ 习近平. 在中央和国家机关党的建设工作会议上的讲话[J].求是,2019(21).

⑤ 郭广银. 以执行力永葆制度治党的生命力[J].红旗文稿,2016(14).

命力在于执行"①。"制度的生命力在于执行。要强化制度执行力,加强制度执行的监督,切实把我国制度优势转化为治理效能。"②习近平总书记对各级干部提出要求:"严格遵守和执行制度。""各项制度制定了,就要立说立行、严格执行,不能说在嘴上、挂在墙上、写在纸上,把制度当'稻草人'摆设,而应落实在实际行动上,体现在具体工作中。"③习近平总书记明确提出,必须强化制度执行力,"坚决杜绝制度执行上做选择、搞变通、打折扣的现象,严肃查处有令不行、有禁不止、阳奉阴违的行为,确保制度时时生威、处处有效"④。针对落实不力、执行不到位现象,习近平总书记严正指出:"现在,有的人对制度缺乏敬畏,根本不按制度行事,甚至随意更改制度;有的人千方百计钻制度空子、打擦边球;有的人不敢也不愿遵守制度,极力逃避制度的约束和监管,等等。"⑤因此,习近平总书记提出要求:"各级党委和政府以及领导干部要增强制度意识,善于在制度的轨道上推进各项事业。广大党员、干部要做制度执行的表率,引领全社会增强制度意识,自觉维护制度权威。"⑥"要坚持制度面前人人平等、执行制度没有例外,不留'暗门'、不开'天窗',坚决维护制度的严肃性和权威性,坚决纠正有令不行、有禁不止的行为,使制度成为硬约束而不是橡皮筋。"⑦在政治局民主生活会上,习近平总书记要求领导干部,"讲政治必须提高政治执行力。领导干部特别是高级干部要经常同党中央精神对表对标,切实做到党中央提倡的坚决响应,党中央决定的坚决执行,党中央禁止的坚决不做,坚决维护党中央权威和集中统

---

① 习近平谈治国理政(第三卷)[M].北京:外文出版社,2020:128.

②⑥ 习近平在中央政治局第十七次集体学习时强调,继续沿着党和人民开辟的正确道路前进,不断推进国家治理体系和治理能力现代化[EB/OL]. https://www. 12371. cn/2019/09/24/AR-TI1569330531427696. shtml.

③ 习近平.之江新语[M].浙江:浙江人民出版社,2007.

④⑤ 习近平谈治国理政(第三卷)[M].北京:外文出版社,2020:128.

⑦ 习近平. 在党的群众路线教育实践活动总结大会上的讲话[EB/OL]. http://www. xinhuanet. com/politics/2014 - 10/08/c_1112740663. htm.

一领导,做到不掉队、不走偏,不折不扣抓好党中央精神贯彻落实。要把坚持底线思维、坚持问题导向贯穿工作始终,做到见微知著、防患于未然。要强化责任意识,知责于心、担责于身、履责于行,敢于直面问题,不回避矛盾,不掩盖问题,出了问题要敢于承担责任"①。

(三)以钉钉子精神狠抓改革落实

习近平总书记指出:"加强党对改革工作的领导,不仅要体现在议事决策上,也要体现在抓落实、见成效上。各地区各部门特别是一把手要拿出敢于担当的勇气和决心来,越是难度大的改革,越要动真碰硬,一抓到底。对群众反映强烈的突出问题,必须坚决改、马上改。对事关战略全局、事关长远发展、事关人民福祉的紧要问题,要科学统筹、优先解决。"②"我们要有钉钉子的精神,钉钉子往往不是一锤子就能钉好的,而是要一锤一锤接着敲,直到把钉子钉实钉牢,钉牢一颗再钉下一颗,不断钉下去,必然大有成效。如果东一榔头西一棒子,结果很可能是一颗钉子都钉不上、钉不牢。"③习近平总书记强调,"抓落实,贵在持之以恒,也难在持之以恒。有些地方、部门和单位抓落实之所以成效不佳,往往与缺乏经常抓、反复抓、持久抓有关。如果抓一阵子松一阵子,热一阵子冷一阵子,不能一抓到底,那怎么能把工作落实好呢? 抓落实,一定要防止虎头蛇尾。目标确定了,任务明确了,就

---

① 中共中央政治局召开民主生活会 习近平主持会议并发表重要讲话[EB/OL]. http://www. gov. cn/xinwen/2020 – 12/25/content_5573420. htm.

② 习近平主持召开中央全面深化改革委员会第四次会议强调:加强领导科学统筹狠抓落实 把改革重点放到解决实际问题上来 [EB/OL]. http://www. 12371. cn/2018/09/20/AR-TI1537443632163988. shtml.

③ 习近平:发扬钉钉子的精神,一张好的蓝图一干到底[EB/OL]. http://theory. people. com. cn/n/2014/1225/c391839 – 26275167. html.

要咬定青山不放松,不达目的不罢休。"①要求领导干部"既当改革促进派、又当改革实干家,以钉钉子精神抓好改革落实,扭住关键、精准发力,敢于啃硬骨头,盯着抓、反复抓,直到抓出成效"②。

在《切实学懂弄通做实党的十九大精神》讲话中,习近平总书记强调:"清谈误国、实干兴邦……要拿出实实在在的举措,一个时间节点一个时间节点往前推进,以钉钉子精神全面抓好落实……找准工作方案,排出任务表、时间表、路线图,对做好工作提出明确要求,重点是质量要求。"③要求"要拿出抓铁有痕、踏石留印的韧劲,以钉钉子精神抓好落实,确保各项重大改革举措落到实处。我们既要敢为天下先、敢闯敢试,又要积极稳妥、蹄疾步稳,把改革发展稳定统一起来,坚持方向不变、道路不偏、力度不减,推动新时代改革开放走得更稳、走得更远"④。对抓好十九届四中全会精神贯彻落实,习近平总书记突出强调:"要抓好 3 件事,一是坚持和巩固,二是完善和发展,三是遵守和执行。"⑤

习近平总书记对干部提出,抓落实要从自身做起,常抓不懈。在重庆专题调研脱贫攻坚时,习近平总书记说:"我提倡钉钉子精神,这得从我做起啊! 这件事我要以钉钉子精神反反复复地去抓。"⑥"有些地方、部门和单位抓落实之所以成效不佳,往往与缺乏经常抓、反复抓、持久抓有关……抓落实,一定要防止虎头蛇尾。目标确定了,任务明确了,就要咬定青山不放松,

---

① 习近平.关键在于落实[J].求是,2011(6).

② 习近平主持召开中央全面深化改革领导小组第二十一次会议[EB/OL].http://news.12371.cn/2016/02/23/ARTI1456231106586609.shtml

③ 习近平:切实学懂弄通做实党的十九大精神 努力在新时代开启新征程续写新篇章[EB/OL].http://www.xinhuanet.com/politics/19cpcnc/2017-10/28/c_1121870721.htm.

④ 习近平.论坚持全面深化改革[M].北京:中央文献出版社,2018:522.

⑤ 习近平.坚持和完善中国特色社会主义制度 推进国家治理体系和治理能力现代化[J].求是,2020(1).

⑥ 习近平:这件事我要以钉钉子精神反反复复地去抓[N].人民日报.2019-04-19.

不达目的不罢休。"①习近平总书记指出,贯彻党中央精神不是喊口号,"不要换一届领导就兜底翻,更不要为了显示所谓政绩去另搞一套,不要空洞的新口号满天飞。很多时候,有没有新面貌,有没有新气象,并不在于制定一打一打的新规划,喊出一个一个的新口号,而在于结合新的实际,用新的思路、新的举措,脚踏实地把既定的科学目标、好的工作蓝图变为现实"②。全面深化改革必须弘扬求真务实精神,理解、谋划、落实改革都要实。习近平总书记还特别提出,"要把调查研究突出出来,把存在的矛盾和困难摸清摸透,把工作做实做深做好"。因此要多听基层和一线声音,多触第一手材料,做到重要情况、矛盾问题、群众期盼心中有数。

(四)注重知行合一

习近平总书记高度重视"知行合一"。"知行合一"是中国传统文化的重要命题,是理论和实践的辩证关系,也是认识论和方法论的统一。习近平总书记指出:"我国古人关于知行合一的论述,强调的也是认识和实践的关系。如荀子的'不闻不若闻之,闻之不若见之,见之不若知之,知之不若行之';西汉刘向的'耳闻之不如目见之,目见之不如足践之,足践之不如手辨之';宋代陆游的'纸上得来终觉浅,绝知此事要躬行';明代王夫之的'知行相资以为用',等等。我们推进各项工作,根本的还是要靠实践出真知。"③在与北京大学师生座谈时,习近平总书记指出:"纸上得来终觉浅,绝知此事要躬行。""学到的东西,不能停留在书本上,不能只装在脑袋里,而应该落实到行动

① 习近平.关键在于落实[J].求是,2001(6).

② 发扬钉钉子的精神,一张好的蓝图一干到底[EB/OL].http://cpc.people.com.cn/xuexi/n/2015/0721/c397563-27338737.html.

③ 习近平.辩证唯物主义是中国共产党人的世界观和方法论[J].求是,2019(1).

上,做到知行合一、以知促行、以行求知,正所谓'知者行之始,行者知之成'。每一项事业,不论大小,都是靠脚踏实地、一点一滴干出来的。'道虽迩,不行不至;事虽小,不为不成。'这是永恒的道理。"①

习近平总书记多次在重要讲话中倡导"知行合一"。早在 2009 年,时任中共中央政治局常委、中央书记处书记、国家副主席的习近平到河南大学调研,来到学生自发组织的以"知行合一、报效祖国"为主题的理论研讨会会场,勉励大家注重科学理论学习和社会实践的锻炼,扎实打好各方面基础。②2014 年习近平主席在法国《费加罗报》发表署名文章指出,"中国人讲'知行合一',法国人讲'打铁方能成铁匠',都强调要把思想转化成为行动"③。在河北省调研指导党的群众路线教育实践活动时,习近平总书记强调:"以'知'促'行'、以'行'促'知'、知行合一。"④在党的群众路线教育实践活动第一批总结暨第二批部署会议上,习近平总书记指出:"知是基础、是前提,行是重点、是关键,必须以知促行、以行促知,做到知行合一,既解决认识提高问题,又解决行动自觉问题。"⑤在北京大学,习近平总书记鼓励大学生,要"扎扎实实干事、踏踏实实做人,立志报效祖国、服务人民,于实处用力,从知行合一上下功夫"⑥。在上海考察时,习近平总书记强调:"培育和践行社会主义核心价值观,贵在坚持知行合一、坚持行胜于言,在落细、落小、落实上

---

① 习近平. 在北大师生座谈会上的讲话[N]. 人民日报,2018 – 05 – 03.

② 习近平在河南调研:扎实搞好学习实践科学发展观活动[EB/OL]. http://www.ce.cn/xwzx/gnsz/szyw/200904/03/t20090403_18711257.shtml.

③ 习近平在法国《费加罗报》发表署名文章[EB/OL]. http://www.xinhuanet.com/world/2014 –03/26/c_119941373.htm.

④ 习近平在河北省调研指导党的群众路线教育实践活动[EB/OL]. http://www.xinhuanet.com/politics/2013 – 07/12/c_116518771_2.htm.

⑤ 习近平总书记在党的群众路线教育实践活动第一批总结暨第二批部署会议上的讲话[EB/OL]. https://www.lpssy.edu.cn/qzlxbgs/2014/0320/c224a943/page.htm.

⑥ 习近平在北京大学考察时强调,青年要自觉践行社会主义核心价值观 与祖国和人民同行努力创造精彩人生[EB/OL]. http://www.xinhuanet.com/politics/2014 – 05/04/c_126460590.htm.

下功夫。"①在二十国集团杭州峰会开幕辞中指出,二十国集团应"知行合一,采取务实行动。我们应该让二十国集团成为行动队,而不是清谈馆"②。习近平总书记在北京市八一学校考察时强调:"教育要注重以人为本、因材施教,注重学用相长、知行合一,着力培养学生的创新精神和实践能力,促进学生德智体美全面发展。"③在纪念刘少奇同志诞辰 120 周年座谈会上讲话时指出:"学习本领是领导干部必须具备的第一位本领,同时要善于把学到的本领运用到实际工作中去,努力做到知行合一、以知促行、以行求知。"④对于各级领导干部,习近平总书记要求,"各级领导班子和领导干部一定要按照中央要求,牢记'空谈误国,实干兴邦',积极进取,奋发有为,做出经得起实践、人民、历史检验的实绩"⑤。习近平总书记在中央党校中青班讲话时对年轻干部谆谆嘱托:要"在常学常新中加强理论修养,在知行合一中主动担当作为","在学思践悟中牢记初心使命,在细照笃行中不断修炼自我,在知行合一中主动担当作为","要牢记空谈误国、实干兴邦的道理,坚持知行合一、真抓实干,做实干家"⑥。"在学思践悟中牢记初心使命,在细照笃行中不断修炼自我,在知行合一中主动担当作为……做到学、思、用贯通,知、信、行统一……要牢记空谈误国,实干兴邦的道理,坚持知行合一、真抓实干,做实

①　习近平在上海考察[EB/OL]. http://www.xinhuanet.com/photo/2014 - 05/24/c_126543488.htm.

②　习近平.在二十国集团领导人杭州峰会上的开幕辞(全文)[EB/OL]. http://www.xinhuanet.com/world/2016 - 09/04/c_129268987.htm.

③　习近平在北京市八一学校考察时强调 全面贯彻落实党的教育方针 努力把我国基础教育越办越好[EB/OL]. http://www.gov.cn/xinwen/2016 - 09/09/content_5107047.htm.

④　中共中央举行纪念刘少奇同志诞辰 120 周年座谈会 习近平发表重要讲话[EB/OL]. http://www.gov.cn/xinwen/2018 - 11/23/content_5342845.htm.

⑤　习近平谈治国理政[M].北京:外文出版社,2014:399.

⑥　习近平.在常学常新中加强理论修养 在知行合一中主动担当作为[N].人民日报,2019 - 03 - 02.

干家。"①

（五）树立正确政绩观，强化担当意识

习近平总书记指出："在抓落实过程中，不同的政绩观会有不同的抓法、不同的结果……把抓落实的落脚点放到办实事、求实效上，而不是追求表面政绩，搞华而不实、劳民伤财的'形象工程'；把抓落实的重点放到立足现实、着眼长远、打好基础上，而不是盲目攀比、竭泽而渔。"②要"充分认识抓落实在党的领导工作中的重要意义：抓落实必须牢固树立党的宗旨意识和正确政绩观；抓落实必须具有知难而进、锲而不舍的奋斗精神；抓落实必须发扬求真务实、真抓实干的优良作风；抓落实必须树立正确的用人导向和形成完善的工作机制"③。提出，"要充分调动广大干部积极性，不断提升工作精气神。干部干部，干是当头的，既要想干愿干积极干，又要能干会干善于干，其中积极性又是首要的"④。强调"抓落实是领导工作中一个极为重要的环节，是党的思想路线和群众路线的根本要求，也是衡量党员领导干部世界观正确与否和党性强不强的一个重要标志"⑤。

习近平总书记在 2017 年中央政治局民主生活会讲话中指出："抓落实，是党的政治路线、思想路线、群众路线的根本要求，也是衡量领导干部党性和政绩观的重要标志……抓落实来不得花拳绣腿，光喊口号、不行动不行，单单开会、发文件不够，必须落到实处。要有真抓的实劲、敢抓的狠劲、善抓

---

① 习近平.在常学常新中加强理论修养 在知行合一中主动担当作为[N].人民日报,2019 - 03 - 02.

②③⑤ 习近平.关键在于落实[J].求是,2011(6).

④ 习近平治国理政关键词(42)：为政之要,莫先于用人[N].人民日报(海外版),2016 - 09 - 12.

的巧劲、常抓的韧劲,抓铁有痕、踏石留印抓落实。"①"如果落实工作抓得不好,再好的方针、政策、措施也会落空,再伟大的目标任务也实现不了。"②因此主要领导要做到"重要改革亲自部署、重大方案亲自把关、关键环节亲自协调、落实情况亲自督查。要加大改革创新在干部考核和任用中的权重,培养想干事、能干事、干成事的干部,推动形成允许改革有失误、但不允许不改革的鲜明导向。"③"有了重视抓落实、善于抓落实的一把手,才能带出抓落实的好班子、好团队。"④

习近平总书记强调:"改革面临的矛盾越多、难度越大,越要坚定与时俱进、攻坚克难的信心,越要有进取意识、进取精神、进取毅力,越要有'明知山有虎,偏向虎山行'的勇气。改革既不可能一蹴而就,也不可能一劳永逸。全面深化改革,啃硬骨头、涉险滩,更需要领导干部敢于担当,尤其要牢固树立进取意识、机遇意识、责任意识。"强化改革的执行力,要以实事求是遵循规律的精神、敢破敢立自我革新的勇气、愚公移山滴水穿石的韧劲、一不怕苦二不怕累的干劲,在改革征程上奋勇前进。制度的生命力在于执行,落实重在强化担当意识。落实党的十九大和十九届二中、三中、四中全会精神,将全面深化改革推进纵深,实现新的突破,尤其需要各级干部担当作为。习近平总书记指出:"改革越到深处,越要担当作为、蹄疾步稳、奋勇前进,不能有任何停一停、歇一歇的懈怠。"⑤"在贯彻落实上,要防止徒陈空文、等待观望、急功近利,必须有时不我待的紧迫意识和夙夜在公的责任意识抓实、再抓实。""中国特色社会主义根本制度、基本制度、重要制度……各级党委(党

---

① 中共中央政治局召开民主生活会 习近平主持并发表重要讲话[N].人民日报,2017-12-27.

②④ 习近平.关键在于落实[J].求是,2011(6).

③ 习近平主持召开中央全面深化改革领导小组第三十二次会议强调 党政主要负责同志要亲力亲为抓改革扑下身子抓落实[EB/OL].http://news.12371.cn/2017/02/06/ARTI1486380475197147.shtml.

⑤ 习近平谈治国理政(第三卷)[M].北京:外文出版社,2020:179.

组)发挥领导、把关作用,关键就是看所领导的地方、部门、单位在各项工作中是否执行和落实了这些制度。真正执行和落实了,方向上就没有问题,政治上就不会出问题。"①提出要通过"激发制度活力,激活基层经验,激励干部作为,扎扎实实把全面深化改革推向深入"②。特别强调要"在防范化解重大矛盾和突出问题上出实招硬招","确保干一件成一件,为全面完成党的十八届三中全会部署的改革任务打下决定性基础"。③

习近平总书记还提出:"要在选人用人上体现讲担当、重担当的鲜明导向,把敢不敢扛事、愿不愿做事、能不能干事作为识别干部、评判优劣、奖惩升降的重要标准,把干部干了什么事、干了多少事、干的事组织和群众认不认可作为选拔干部的根本依据,选拔任用敢于负责、勇于担当、善于作为、实绩突出的干部……要多选一些在重大斗争中经过磨砺的干部,这对优化干部队伍结构、提高科学决策水平和政策执行力大有好处。"④要强化主体责任,增强推进改革的思想和行动自觉。"抓落实,一把手是关键,要把责任扛在肩上,勇于挑最重的担子,敢于啃最硬的骨头,善于接最烫的山芋,把分管工作抓紧抓实、抓出成效。"⑤

(六)抓落实关键是要见成效,力戒形式主义

习近平总书记对各级干部提出要求:"领导干部要脚踏实地、实干苦干,求真知、说真话、办实事、求实效。"⑥抓落实的过程,必然会遇到许多矛盾和

①　习近平谈治国理政(第三卷)[M].北京:外文出版社,2020:126.
②　习近平谈治国理政(第三卷)[M].北京:外文出版社,2020:177.
③　习近平谈治国理政(第三卷)[M].北京:外文出版社,2020:178.
④⑤　中共中央政治局召开民主生活会 习近平主持并发表重要讲话[N].人民日报,2017 - 12 - 27.
⑥　习近平在重庆调研时强调 落实创新协调绿色开放共享发展理念 确保如期实现全面建成小康社会目标[N].人民日报,2016 - 01 - 07.

问题,只有努力解决好各种矛盾和问题,才能把落实工作真正抓好、抓出成效。① 习近平总书记强调,要"实现改革举措的有机衔接、融会贯通,确保取得扎扎实实的成效"②。要"拿出具体的工作措施,抓好落实,取得实效。这样,我们就能够较好地防止方法上的不当,游刃有余、有条不紊地推进工作"③。"要拿出实实在在的行动,在抓改革落实上下更大气力,关键是找准问题、抓住问题、解决问题。既要关注整体面上改革推进落实情况,也要善于从小处切口、点上发力,确保问题发现一个就能解决一个。地方抓落实要从全局高度把握党中央战略意图,使地方改革更好融入国家改革发展大局,把党中央要求搞准,把存在突出问题搞准,做实改革举措,提高改革效能,切忌形式主义、官僚主义。"④

习近平总书记指出:"贯彻党中央精神不是喊口号,要结合当地实际、经过深入调研形成符合党中央精神的一系列具体举措,并在实施中早见成效、大见成效。"⑤改革的成效是根据能否促进经济社会发展、是否促进了社会公平正义、是否给人民群众带来实实在在的获得感为评价标准的。因此必须坚持从人民利益出发谋划改革,人民群众关心什么、期盼什么,改革就抓住什么、推进什么,使改革符合人民群众意愿、得到人民群众拥护,真正践行"不忘初心"。要"以更加坚定的思想自觉、精准务实的举措、真抓实干的劲头,推动构建新发展格局取得扎扎实实成效……绝不能脱离实际硬干,更不

---

① 习近平. 关键在于落实[J]. 求是,2011(6).

② 习近平谈治国理政(第三卷)[M]. 北京:外文出版社,2020:180.

③ 习近平. 掌握正确的工作方法. 之江新语[M]. 浙江:浙江人民出版社,2006:243.

④ 习近平主持召开中央全面深化改革委员会第五次会议[EB/OL]. http://www.12371.cn/2018/11/15/ARTI1542236867182989.shtml.

⑤ 习近平在海口市参观海南建省办经济特区30周年成就展[EB/OL]. http://www.xinhuanet.com/2018-04/13/c_129850262.htm.

能为了出政绩不顾条件什么都想干"①。强调"只有以提高党的执政能力为重点,尽快把我们各级干部、各方面管理者的思想政治素质、科学文化素质、工作本领都提高起来,尽快把党和国家机关、企事业单位、人民团体、社会组织等的工作能力都提高起来,国家治理体系才能更加有效运转"②。

习近平总书记多次对落实中的形式主义提出尖锐批评:"形式主义的背后是功利主义、实用主义作祟""只想当官不想干事,只想出彩不想担责,满足于做表面文章,重显绩不重潜绩,重包装不重实效。"③提出,"要把干部从一些无谓的事务中解脱出来。现在,'痕迹管理'比较普遍,但重'痕'不重'绩'、留'迹'不留'心';检查考核名目繁多、频率过高、多头重复;'文山会海'有所反弹。这些问题既占用干部大量时间、耗费大量精力,又助长了形式主义、官僚主义……这种状况必须改变"④。要求"减轻基层负担,让基层把更多时间用在抓工作落实上来"⑤。针对疫情防控工作中有些地方出现形式主义、官僚主义现象,习近平总书记指出:"一些基层干部反映,抗疫工作中最典型的形式主义、官僚主义问题莫过于重复报送各类表格。有的地方市县卫健局、应急局、政府办、县委办、妇联、教育局、农业农村局等都各自制作一份或几份表格,要求基层干部填写并迅速上报,这些表格的内容其实相差无几,但没有一个文件、一个部门帮乡镇解决急需的哪怕一个口罩、一瓶消毒水的问题……对那些不作为、乱作为的干部,对那些工作不投入、不深

---

① 习近平主持召开中央全面深化改革委员会第二十次会议强调 统筹指导构建新发展格局 推进种业振兴 推动青藏高原生态环境保护和可持续发展[EB/OL]. https://www.12371.cn/2021/07/09/ARTI1625831229455850.shtml.

② 习近平.完善和发展中国特色社会主义制度 推进国家治理体系和治理能力现代化[N].人民日报,2014−02−18.

③⑤ 习近平谈治国理政(第三卷)[M].北京:外文出版社,2020:502.

④ 习近平谈治国理政(第三卷)[M].北京:外文出版社,2020:501.

入的干部,对那些不会干、不能干的干部,要及时问责,问题严重的要就地免职。"①针对抗击疫情暴露出来的短板和不足,习近平总书记强调,要"抓紧补短板、堵漏洞、强弱项,该坚持的坚持,该完善的完善,该建立的建立,该落实的落实"。"把落实党中央要求、满足实践需要、符合基层期盼统一起来,把解决问题、务实管用、简便易行统一起来。要坚持结果导向,聚焦重点、紧盯实效,开展重要领域改革进展情况评估检查,克服形式主义、官僚主义,一个领域一个领域盯住抓落实。"②为此,习近平总书记提出:"要坚持实事求是、求真务实,从实际出发谋划事业和工作,使提出的点子、政策、方案符合实际情况、符合客观规律、符合科学精神,以创造性工作把党中央决策部署落到实处。要坚持真抓实干、狠抓落实,一切工作都要往实里做、做出实效,不好高骛远、不脱离实际,力戒形式主义、官僚主义。"③"过去常说'上面千条线、下面一根针',现在基层干部说'上面千把锤、下面一根钉','上面千把刀、下面一颗头'。这种状况必须改变!……不能简单以留痕多少、上报材料多少来评判工作好坏……把基层从提供材料的忙乱中解放出来……让基层把更多时间用在抓工作落实上来。"④对于"十四五"规划的落实,习近平总书记也提出要求:"对党的十九届五中全会提出的一系列改革任务和举措,要科学统筹、分类推进。对党中央已经部署、已经出台改革方案的举措,要结合实际深入抓好落实,不搞形式主义;对新提出的改革,要提前布局、主动

---

① 习近平.在中央政治局常委会会议研究应对新型冠状病毒肺炎疫情工作时的讲话[J].求是,2020(4).

② 习近平主持召开中央全面深化改革委员会第十二次会议[EB/OL].https://www.12371.cn/2020/02/14/ARTI1581684197364143.shtml.

③ 习近平.在中央党校(国家行政学院)中青年干部培训班开班式上讲话[EB/OL].http://www.gov.cn/xinwen/2021-03/01/content_5589536.htm.

④ 习近平.努力造就一支忠诚干净担当的高素质干部队伍[EB/OL].https://www.12371.cn/2019/01/15/ARTI1547562750669417.shtml.

作为。"①

  对于在落实工作中干部可能出现的失误问题,习近平总书记指出:"干部管理是一门科学,要敢抓善管、精准施策,体现组织的力度;也是一门艺术,要撑腰鼓劲、关爱宽容,体现组织的温度。组织敢于担当,干部才会有底气。要在强化责任约束的同时鼓励创新、宽容失误。探索就有可能失误,做事就有可能出错,洗碗越多摔碗的几率就会越大。我们要正确把握失误的性质和影响,坚持我讲的'三个区分开来',切实保护干部干事创业的积极性。"②

---

  ① 习近平主持召开中央全面深化改革委员会第十六次会议[EB/OL]. https://www.12371.cn/2020/11/02/ARTI1604319222417265.shtml.

  ② 中共中央政治局2018年11月26日就中国历史上的吏治举行第十次集体学习讲话[EB/OL]. http://www.gov.cn/xinwen/2018−11/26/content_5343441.htm.

十五、改革的方法论

　　全面深化改革不仅要有正确的立场,而且要有正确的方法。中国共产党在深入把握改革规律、系统谋划改革方面,形成了丰富、全面、系统的改革方法论,为全面深化改革提供了科学指导和行动指南。毛泽东早在 1934 年就指出:"组织革命战争,改良群众生活,这是我们的两大任务。在这里,工作方法的问题,就严重地摆在我们的面前。我们不但要提出任务,而且要解决完成任务的方法问题。我们的任务是过河,但是没有桥或没有船就不能过。不解决桥或船的问题,过河就是一句空话。不解决方法问题,任务也只是瞎说一顿。"①习近平总书记更是高度重视改革的方法论,指出:"改革开放是前无古人的崭新事业,必须坚持正确的方法论,在不断实践探索中前进"②;"在推进改革中,要坚持正确的思想方法,坚持辩证法"③;"改革也要辨证施治,既要养血润燥、化瘀行血,又要固本培元、壮筋续骨,使各项改革

---

①　毛泽东选集(第一卷)[M].北京:人民出版社,1991:139.
②　习近平关于全面深化改革论述摘编[M].北京:中央文献出版社,2014:34.
③　习近平关于全面深化改革论述摘编[M].北京:中央文献出版社,2014:47.

发挥最大效能"①。改革不是社会局部性的变革，而是具有长远战略意义的总体谋划。改革是在马克思主义唯物辩证法的方法论指导下进行的。随着改革的任务越来越繁重，改革就越需要以科学的改革方法论为指导。全面深化改革以来，我们坚持和发展了马克思主义的立场、观点和方法，为全面深化改革提供了根本方法论，在实践中形成了改革开放以来最为丰富、全面、系统的改革方法论。面对新的历史环境和复杂局面，习近平总书记对全面深化改革的内在规律和科学方法论进行了深入分析，提出不能孤立地、抽象地理解各项改革，要正视解放思想和实事求是的关系，处理好顶层设计与基层探索的关系，处理好改革、发展、稳定的关系，解决好整体推进和重点突破、主要矛盾与次要矛盾、全局和局部的关系、胆子要大和步子要稳的关系，要把握当前和长远、力度和节奏关系。

（一）遵循规律，把握全面深化改革的科学方法

中国的改革实践反复证明，能否深刻把握改革的基本规律，直接关系到改革的成败。全面深化改革必须按照中国改革的内在规律推进。习近平总书记指出："我国的改革面临十分复杂的国内国际环境，各种思想观念和利益诉求互相激荡。要从纷繁复杂的事物表象中把准改革脉搏，在众说纷纭中开好改革药方。"②在中央政治局第二次集体学习时，习近平总书记提出了要认识改革规律性的问题。在湖北调研期间，明确提出要研究深化改革开放的内在规律和五大关系，要求必须从纷繁复杂的事物表象中把准改革脉搏，把握全面深化改革的内在规律，特别是要把握全面深化改革的重大关

① 习近平关于全面深化改革论述摘编[M].北京:中央文献出版社,2014:32.
② 习近平.论坚持全面深化改革[M].北京:中央文献出版社,2018:56.

系,处理好解放思想和实事求是的关系、整体推进和重点突破的关系、顶层设计和摸着石头过河的关系、胆子要大和步子要稳的关系、改革发展稳定的关系。稳中求进,协同推进,把改革的力度、发展的速度和社会可承受的程度统一起来。上述方法论为全面深化改革提供了基本指导。习近平总书记关于全面深化改革的重要思想,体现了以习近平同志为核心的党中央对我国国情的准确把握,对中国特色社会主义建设规律的深刻认识,对改革开放实践的精深总结,对推进全面深化改革的远见卓识。从马克思主义方法论高度,对全面深化改革的规律作出了科学结论。

改革发展稳定的关系贯穿中国改革开放的全过程。在习近平总书记提出的处理好五大关系中,十分重要的是要善于处理好改革、发展、稳定这三者关系。习近平总书记多次把"发展中国"与"稳定中国"联系起来。在论述全面深化改革的时候,又反复强调稳定是改革和发展的前提,必须坚持改革发展稳定的统一。"必须坚持辩证唯物主义和历史唯物主义世界观和方法论,正确处理改革发展稳定关系。"①改革是经济社会发展的主要动力;发展是目的,是解决经济社会一切问题的关键;稳定是前提,是改革发展的前提和保证。三者应当保持合理张力,实现动态平衡。习近平总书记指出:"稳定是改革发展的前提,必须坚持改革发展稳定的统一。只有社会稳定,改革发展才能不断推进;只有改革发展不断推进,社会稳定才能具有坚实基础。要坚持把改革的力度、发展的速度和社会可承受的程度统一起来,把改善人民生活作为正确处理改革发展稳定关系的结合点。"②这不仅明确指出了处理改革发展稳定关系的价值指向,而且为处理好改革发展稳定的关系提供了一把金钥匙。全面深化改革要啃硬骨头、涉险滩,归根结底是为了克服既

---

① 习近平.论坚持全面深化改革[M].北京:中央文献出版社,2018:521.
② 习近平谈治国理政[M].北京:外文出版社,2014:68.

得利益的掣肘,破除各方面体制机制弊端,促进更好发展、增进人民福祉。发展要以实现好、维护好、发展好最广大人民根本利益为价值指向,是以人为本的科学发展。稳定要考虑人民群众最大、最根本的利益,没有稳定,一切都无从谈起。只有紧紧围绕改善人民生活深化改革、推动发展、维护稳定,才能达到改革发展稳定三者之间最大限度的统一,才能让改革红利释放到最大限度,发展绩效达到最高水平。①

改革是一场全面而深刻的社会变革,全面深化改革系统性强、风险性大,遇到的复杂矛盾和尖锐问题可能是前所未有的,因此必须坚持正确的方法。随着全面深化改革进程的不断深化及其面临环境的日益复杂,各个领域各个环节改革的关联性互动性不断增强,许多重大改革政策的出台都会牵一发而动全身。习近平总书记始终坚持以战略思维、历史思维、辩证思维、创新思维、底线思维,从中国客观实际出发,谋划改革、推进改革。如,"摸着石头过河"与"加强顶层设计"相结合,就是对中国改革内在规律的探索。中国改革已经进入深水区,"漩涡"越来越多,仍然需要"摸着石头过河",但绝不意味无规律地瞎摸索。习近平总书记指出,"摸着石头过河就是摸规律,从实践中获得真知"②。"要按照已经认识到的规律来办,在实践中再加深对规律的认识,创造可复制、可推广的经验和制度,而不是脚踩西瓜皮,滑到哪里算哪里。"③摸着石头过河就是从实践中获得真知;摸规律、获真知是顶层设计的认识前提。顶层设计是必需的,但由于发展不平衡、各地情况千差万别,在全面深化改革中,还需要摸着石头过河,在探索中前行。这

---

① 杜飞进. 深刻把握和自觉运用全面深化改革的辩证法[N]. 光明日报,2014 – 02 – 13.

② 习近平在中共中央政治局第二次集体学习时强调:以更大的政治勇气和智慧深化改革 朝着十八大指引的改革开放方向前进[EB/OL]. http://news. 12371. cn/2013/01/01/AR-TI1357035183393838. shtml.

③ 习近平在中共十八届三中全会第二次全体会议上的讲话(2013 年 11 月 12 日)[EB/OL]. https://www. 12371. cn/special/xjpzyls/sgqm/3/.

就需要做好调查研究。调查研究是谋事之基、成事之道。只有深入调查研究，才能认识事物的内在规律。习近平总书记强调："没有调查，就没有发言权，更没有决策权。研究、思考、确定全面深化改革的思路和重大举措，刻舟求剑不行，闭门造车不行，异想天开更不行，必须进行全面深入的调查研究。"①

改革的过程实际上也就是不断处理各种矛盾的探索过程。在科学分析和正确把握改革所面临矛盾的关系基础上，要推进改革均衡发展，既不能忽视矛盾而一味盲动，也不规避矛盾而停滞不前。为此，习近平总书记指出："要反复研究、反复论证，但也不能因此就谨小慎微、裹足不前，什么也不敢干、不敢试。搞改革，现有的工作格局和体制运行不可能一点都不打破，不可能都是四平八稳、没有任何风险。只要经过了充分论证和评估，只要是符合实际、必须做的，该干的还是要大胆干。"②只有正确认识和准确地把握各种关系，才能做到心中有数，大胆推进改革，避免谨小慎微、裹足不前。

（二）坚持解放思想与实事求是相统一

全面深化改革既要解放思想，勇于冲破思想观念的障碍；又要实事求是，不能脱离实际，坚持解放思想与实事求是相统一。2013 年习近平总书记在湖北考察时提出了要处理好"解放思想和实事求是的关系、整体推进和重点突破的关系、顶层设计和摸着石头过河的关系、胆子要大和步子要稳的关系、改革发展稳定的关系"③明确指出："在深化改革问题上，一些思想观念障碍往往不是来自体制外而是来自体制内。思想不解放，我们就很难看清各

---

① ③　习近平在湖北武汉主持召开部分省市负责人座谈会［EB/OL］. http://www. gov. cn/ldhd/
2013 – 07/24/content_2454544. htm.

②　习近平关于全面深化改革论述摘编［M］. 北京：中央文献出版社，2014：39 – 40.

种利益固化的症结所在,很难找准突破的方向和着力点,很难拿出创造性的改革举措。"①解放思想是最根本的解放,是解放和发展生产力、解放和增强社会活力的总开关。全面深化改革要有新突破,就必须进一步解放思想。②一方面,冲破思想观念的障碍、破除体制机制弊端,需要思想解放,开创全面深化改革新局面,绝不能思想僵化、故步自封。另一方面,当前的改革不仅要解放禁锢的头脑,而且要击碎固化的利益。这更需要解放思想。思想不解放,很难看清各种利益固化的症结所在,很难找准突破的方向和着力点,也很难拿出创造性的改革举措。

实事求是是解放思想的根本目的。习近平总书记指出,"实事求是是毛泽东思想活的灵魂之一"③,是党的基本思想方法、工作方法、领导方法。正确处理解放思想和实事求是的关系,就要善于在解放思想中实事求是、在实事求是中解放思想,把二者在更高层次上有机统一起来,推动改革向着纵深发展。也唯有如此,才能使改革开放不断取得新进展。实践一再证明,坚持实事求是,就能兴党兴国;违背实事求是,就会误党误国。解放思想与实事求是是辩证统一的,解放思想就是找出症结、寻找答案、探索规律、追求真理的过程;而要做到实事求是,就必须坚持解放思想,勇于突破思想观念的障碍和利益固化的藩篱,勇于打破思想的僵化和利益的羁绊。中国的改革取得历史性成就是解放思想的成果。

(三)突出顶层设计与基层探索良性互动

实践证明,中国共产党正是通过顶层设计与鼓励大胆试验相结合,才不

---

① 十八大以来重要文献选编(上)[M].北京:中央文献出版社,2014:509.
② 杜飞进.深刻把握和自觉运用全面深化改革的辩证法[N].光明日报,2014－02－13.
③ 习近平.在纪念毛泽东同志诞辰120周年座谈会上的讲话[N].人民日报,2013－12－27.

断把改革推向深入。全面深化改革既涉及重大利益关系的调整，又涉及各方面体制机制的完善。特别是在改革不断深化、形成全面推进态势的今天，每一项改革都会对其他改革产生重要影响，每一项改革又都需要其他改革的协同配合。因此必须坚持全面改革，加强顶层设计和整体谋划。习近平总书记指出："改革推进到现在，必须在深入调查研究的基础上提出全面深化改革的顶层设计和总体规划，提出改革的战略目标、战略重点、优先顺序、主攻方向、工作机制、推进方式，提出改革总体方案、路线图、时间表。"①突出顶层设计是全面深化改革的重要特征。但强调顶层设计，不是不要基层探索。习近平总书记多次强调，要重视基层探索，推动改革顶层设计和基层探索的良性互动。顶层设计与摸着石头过河，不是非此即彼或厚此薄彼，而是有机统一、互相促进的关系。"改革方法论"之一就是要把"摸着石头过河"与"加强顶层设计"结合起来。"顶层设计"与"摸着石头过河"相统一是全面深化改革的科学方法论。习近平总书记在总结改革开放四十年的经验时指出："我们坚持加强党的领导和尊重人民首创精神相结合，坚持'摸着石头过河'和顶层设计相结合，坚持问题导向和目标导向相统一，坚持试点先行和全面推进相促进，既鼓励大胆试、大胆闯，又坚持实事求是、善作善成，确保了改革开放行稳致远。"②"摸着石头过河和加强顶层设计是辩证统一的，推进局部的阶段性改革开放要在加强顶层设计的前提下进行，加强顶层设计要在推进局部的阶段性改革开放的基础上来谋划。"③"顶层设计"是在"摸着石头过河"取得经验的基础上进行的，否则就是闭门造车；"摸着石头过河"是在"顶层设计"的指引下进行的，否则就会碎片化。

---

① 习近平.把握全面深化改革的内在规律，坚持正确的方法论[EB/OL].http://politics.rmlt.com.cn/2014/0804/301778.shtml.

② 习近平.论坚持全面深化改革[M].北京:中央文献出版社,2018:521.

③ 习近平关于全面深化改革论述摘编[M].北京:中央文献出版社,2014:35.

摸着石头过河是中国特色的改革方法。通过试点探索,投石问路,看准了再推开,是避免出现颠覆性失误的方法。习近平总书记强调,"鼓励大胆探索、勇于开拓,允许摸着石头过河"①。"对看得还不那么准、又必须取得突破的改革,可以先进行试点,摸着石头过河,尊重实践、尊重创造,鼓励大胆探索、勇于开拓,在实践中开创新路,取得经验后再推开。"②改革要对准发展所需、基层所盼、民心所向,就要善于从群众关注的热点寻找突破口。改革要在"自上而下"和"自下而上"的有机结合中推进。习近平总书记深刻指出,改革开放在认识和实践上的每一次突破和发展,无不来自人民群众的实践和智慧。在深改组第十七次会议上,习近平总书记指出,全面深化改革任务越重,越要重视基层探索实践。在深改组第二十五次会议上,习近平总书记强调,地方是推进改革的重要力量。顶层设计重全局,而基层探索"摸着石头过河"瞄准的是纵深,要在没有先例的前提下"摸寻"规律,弥补经验短板。同时也要注意到,"摸着石头过河"并非限于基层。中央和地方,顶层和基层,都存在"顶层设计"的问题,也都存在"摸着石头过河"的问题。全面深化改革的总体思路、总体安排既要进行"顶层设计",但由于矛盾的错综复杂,许多问题牵一发而动全身,中央也需要"摸着石头过河";而地方和基层虽然"摸着石头过河"是其基本的改革方法论,但也需要进行总体性设计③。这就要求我们,一是鼓励解放思想,采取试点探索。发挥试点对全局性改革的示范带动作用,是中国共产党推进改革的一个重要方法。以习近平同志为核心的党中央立足改革全局,科学组织试点工作,形成了一大批可复制可推广的经验。二是要重视发挥地方、基层、群众首创精神,鼓励差别化探索,

---

① 习近平关于全面深化改革论述摘编[M].北京:中央文献出版社,2014:39 – 40.

② 习近平.把握全面深化改革的内在规律,坚持正确的方法论[EB/OL].http://politics. rmlt. com.cn/2014/0804/301778.shtml.

③ 陈曙光.全面深化改革的若干方法论误区辨正[N].光明日报,2015 – 11 – 25.

及时总结典型经验,推动面上改革。

(四)强调蹄疾步稳推进改革

改革是一场深刻的革命,涉及重大利益关系调整,会遇到棘手而又无法回避的问题。因此全面深化改革要处理好胆子要大与步子要稳的关系。习近平总书记多次强调,推进改革步子要稳。"改革进入攻坚期和深水区,凝聚改革共识难度加大,但不改不行,改慢了不行,过于激进也不行。"[①]"要有序推进改革,该中央统一部署的不要抢跑,该尽早推进的不要拖延,该试点的不要仓促推开,该深入研究后再推进的不要急于求成,该得到法律授权的不要超前推进。"[②]党中央每一次重大改革的推进都是分阶段、有步骤地,夯基垒台、立柱架梁。全面深化改革既有"变"的一面,也有"稳"的一面。习近平总书记强调:"'稳'也好,'改'也好,是辩证统一、互为条件的。一静一动,静要有定力,动要有秩序,关键是要把握好这两者之间的度。"[③]全面深化改革,踌躇不前不行,一味求快更不行。"变"与"稳"既对立又统一,变中有不变,不变中有变。今天,站在新的历史起点上,全面深化改革面临的形势更加复杂,更需要我们把握好变与稳的辩证法,不能不变,更不能乱变。全面深化改革要掌握好节奏,对条件已经成熟、各方面要求强烈的改革,要下定决心加快推进;对各方面认识还不一致、但又必须突破的改革,要处理好各方面利益关系,尽可能寻求最大公约数、凝聚改革共识;对实践发展有要

---

① 中央经济工作会议在北京举行[EB/OL]. http://news.12371.cn/2012/12/16/VIDE1355657762083183.shtml.

② 习近平山东调研:稳步推进改革 不要盲目抢跑[EB/OL]. http://news.youth.cn/gn/201311/t20131129_4299440.htm.

③ 中央经济工作会议举行 习近平、李克强作重要讲话[EB/OL]. http://www.gov.cn/ldhd/2013-12/13/content_2547546.htm.

求、但操作上一时还不那么有把握的改革，可以先行试点，取得经验后再推开。①

中国的改革之所以取得成功，一个重要原因就在于有所变，有所不变，能变的大胆地变，不能变的绝对不变。"改革是社会主义制度自我完善和发展，怎么改、改什么，有我们的政治原则和底线，要有政治定力"；改革不是改向，要保持战略定力，坚持社会主义市场经济改革方向；改革要循序渐进，"坚持改革的力度、发展的速度与社会可承受的程度相统一"；改革要有定力，"我国国家治理体系需要改进和完善，但怎么改、怎么完善，我们要有主张、有定力"；改革不能乱套，"中国是一个大国，决不能在根本性问题上出现颠覆性错误"；改革不能瞎改，"科学社会主义基本原则不能丢，丢了就不是社会主义"；改革的胆子要大、步子要稳，"提出改革举措当然要慎重，要反复研究、反复论证，但也不能因此就谨小慎微、裹足不前，什么也不敢干、不敢试"，等等。习近平这些科学论断充分体现了"变"与"稳"相统一的辩证法思想。这就要求我们，一是战略上勇于进取，战术上稳扎稳打。只要是符合实际并经过充分论证和评估的，要大胆干。二是必须稳妥审慎，不能蛮干。尤其是对于一些攻坚难度大的改革，需要久久为功。三是重大改革举措要系统配套，集中力量逐项抓好落实，确保改革稳步有序推进。

（五）强化以法治思维和法治方式推进改革

习近平总书记在中央全面依法治国委员会第一次会议上强调："'改革与法治如鸟之两翼、车之两轮'，要坚持在法治下推进改革，在改革中完善法

---

① 中央党校习近平新时代中国特色社会主义思想研究中心. 全面深化改革必须坚持正确方法论[N]. 光明日报, 2018－07－30.

治。"①在全面深化改革中,习近平总书记高度重视运用法治思维和法治方式推进改革,要求任何重大改革都必须于法有据。在第二次会议上,习近平总书记强调:"凡属重大改革都要于法有据。在整个改革过程中,都要高度重视运用法治思维和法治方式,发挥法治的引领和推动作用,加强对相关立法工作的协调,确保在法治轨道上推进改革。"②在参加黑龙江代表团审议时他指出,"要提高领导干部运用法治思维和法治方式开展工作、解决问题、推动发展的能力,引导广大群众自觉守法、遇事找法、解决问题靠法,深化基层依法治理,让依法办事蔚然成风"③。改革和法治,要一体考虑,一体推进,不可偏废。要"坚持改革决策和立法决策相衔接,不断提高改革决策的科学性"④。习近平总书记对领导干部也提出要求,"各级领导干部要提高运用法治思维和法治方式深化改革、推动发展、化解矛盾、维护稳定能力,努力推动形成办事依法、遇事找法、解决问题用法、化解矛盾靠法的良好法治环境,在法治轨道上推动各项工作"⑤。在党的十九届四中全会上,习近平总书记再一次强调:"提高运用法治思维和法治方式深化改革、推动发展、化解矛盾、维护稳定、应对风险的能力。"⑥为此,2019 年 2 月 25 日,习近平总书记在主持召开中央全面依法治国委员会第二次会议时强调:"改革开放四十年的经验告诉我们,做好改革发展稳定各项工作离不开法治,改革开放越深入越要

---

① 习近平.加强党对全面依法治国的领导[J].求是,2019(4).

② 习近平主持召开中央全面深化改革领导小组第二次会议强调 把抓落实作为推进改革工作的重点 真抓实干蹄疾步稳务求实效[EB/OL].http://news.12371.cn/2014/02/28/ARTI139359142970 1628.shtml.

③ 习近平参加黑龙江代表团审议:冰天雪地也是金山银山[EB/OL].http://cpc.people.com.cn/n1/2016/0307/c64094 - 28178832.html.

④ 习近平.论坚持全面深化改革[M].北京:中央文献出版社,2018:522.

⑤ 习近平谈治国理政[M].北京:外文出版社,2014:142.

⑥ 中共中央关于坚持和完善中国特色社会主义制度、推进国家治理体系和治理能力现代化若干重大问题的决定[N].人民日报,2019 - 11 - 06.

强调法治。"①

改革总是一马当先,冲破束缚生产力发展的旧的体制和制度;法治则紧随其后,建立适应生产力发展的新的体制和机制。每一次重大改革突破都伴随着法治的进步,每一项重大法治成就都极大地推动了改革进程。例如,1992 年 7 月,第七届全国人大常委会第二十六次会议作出了授予深圳市经济特区立法权的决定后,1993 年深圳颁布《深圳经济特区有限责任公司条例》《深圳经济特区股份有限公司条例》等法规,有力规范了市场主体,推动了社会主义市场经济体制改革。② 再以党和国家机构改革为例,党和国家机构改革充分体现了"坚持改革和法治相统一"。习近平总书记指出:"改革和法治是两个轮子,这就是全面深化改革和全面依法治国的辩证关系。深化党和国家机构改革,要做到改革和立法相统一、相促进,发挥法治规范和保障改革的作用,做到重大改革于法有据、依法依规进行。同时,要同步考虑改革涉及的立法问题,需要制定或修改法律的要通过法定程序进行,做到在法治下推进改革,在改革中完善法治。"③

全面深化改革必须尊重宪法权威,在宪法范围内活动,任何组织和个人都不得有超越宪法法律的特权。为此,党的十九届二中全会审议通过了《中共中央关于修改宪法部分内容的建议》。习近平总书记指出:"党中央考虑启动这次宪法修改的一个重要因素就是深化国家监察体制改革的需要。深化国家监察体制改革是党中央决策和推进的重大政治体制改革。"④强调"宪法修改是国家政治生活中的一件大事,是党中央从新时代坚持和发展中国特色社会主义全局和战略高度作出的重大决策,也是推进全面依法治国、推

---

① 习近平主持召开中央全面依法治国委员会第二次会议[EB/OL]. http://www.gov.cn/xin-wen/2019 – 02/25/content_5368425. htm.
② 吴洁. 在法治下推进改革 在改革中完善法治[J]. 红旗文稿,2019(5).
③ 习近平. 论坚持全面深化改革[M]. 北京:中央文献出版社,2018:434.
④ 习近平. 论坚持全面深化改革[M]. 北京:中央文献出版社,2018:418.

进国家治理体系和治理能力现代化的重大举措"①。2014 年 11 月 1 日,十二届全国人大常委会第十一次会议表决通过决定,将每年 12 月 4 日设立为"国家宪法日"。在 2018 年 12 月 4 日第五个宪法日,习近平总书记做出重要指示:"我国现行宪法是在党的领导下,在深刻总结我国社会主义革命、建设、改革实践经验基础上制定和不断完善的,实现了党的主张和人民意志的高度统一,具有强大生命力,为改革开放和社会主义现代化建设提供了根本法治保障。"②2020 年 5 月 28 日,十三届全国人大三次会议通过《中华人民共和国民法典》于 2021 年 1 月 1 日施行。这是新中国第一部以法典命名的法律,在法律体系中居于基础性地位,也是市场经济的基本法,被称为"社会生活的百科全书",被誉为"新时代人民权利的宣言书"。中共中央政治局还就切实实施《民法典》举行了第二十次集体学习,习近平总书记在讲话时强调,"《民法典》在中国特色社会主义法律体系中具有重要地位,是一部固根本、稳预期、利长远的基础性法律……对推进国家治理体系和治理能力现代化,都具有重大意义。"③

党的十八大以来,在改革实践中注重研究改革方案和改革措施时同步考虑所涉及的立法问题,及时提出立法需求和建议。实践证明行之有效的改革成果,及时上升为法律;实践条件还不成熟、需要先行先试的,按照法定程序作出授权;对不适应改革要求的法律法规,及时修改和废止。法治的引领和推动,是新时代改革蹄疾步稳的重要原因之一。在改革实践中,一是要高度重视运用法治思维和法治方式推动改革;二是要发挥法治的引领和推

① 中国共产党第十九届中央委员会第二次全体会议公报[EB/OL]. http://www. gov. cn/xin-wen/2018 - 01/19/content_5258601. htm.

② 习近平在第五个国家宪法日之际作出重要指示[EB/OL]. http://www. xinhuanet. com//poli-tics/2018 - 12/04/c_1123805460. htm.

③ 习近平. 充分认识颁布实施民法典重大意义 依法更好保障人民合法权益[N]. 人民日报,2020 - 05 - 30.

动作用,加强相关立法工作,确保在法治轨道上推进改革;三是在出台改革方案和措施时同步考虑相关立法问题;四是在实践中证明行之有效的改革成果要及时上升为法律,实践条件还不成熟、需要先行先试的也要按法定程序作出授权;五是要及时修改和废止不适应改革要求的法律法规。

(六)处理好政府和市场的关系

全面深化改革,核心问题是处理好政府与市场的关系。2013 年,习近平总书记在湖北省武汉市主持召开部分省市负责人座谈会,征求对全面深化改革的意见和建议,重点围绕政府与市场的关系展开,从市场体系、经济发展活力、宏观调控水平、社会发展活力、社会公平正义、党的领导等六个方面提出了全面深化改革需要深入调查研究的重大问题。而处理好政府和市场的关系就是其中一个重要问题。健全社会主义市场经济体制必须遵循市场决定资源配置的市场经济一般规律,着力解决市场体系不完善、政府干预过多和监管不到位问题。为此,党的十八届三中全会提出"着力解决市场体系不完善、政府干预过多和监管不到位的问题",鲜明地提出"使市场在资源配置中起决定性作用"。习近平总书记指出,"作出'使市场在资源配置中起决定性作用'的定位,有利于在全党全社会树立关于政府和市场关系的正确观念,有利于转变经济发展方式,有利于转变政府职能,有利于抑制消极腐败现象。"[①]这是"我们党对中国特色社会主义建设规律认识的一个新突破,是马克思主义中国化的一个新的成果,标志着社会主义市场经济发展进入了一个新阶段。"[②]习近平总书记强调,"坚持社会主义市场经济改革方向,核心

---

① 习近平谈治国理政[M].北京:外文出版社,2014:77.
② 习近平谈治国理政[M].北京:外文出版社,2014:116.

问题是处理好政府和市场的关系,使市场在资源配置中起决定性作用和更好发挥政府作用。这是我们党在理论和实践上的又一重大推进"①。

政府与市场、宏观调控与市场调节,是驾驭现代经济运行的"两只手"。宏观调控意味着"管",但不是管得越多越好;市场调节意味着"放",但不等于不管。市场不是万能的,市场管不了交给政府;政府不是全能的,政府管不好的交给市场。"管"与"放"充满辩证法精神。"管"与"放"的问题,说到底是"政府"与"市场"的关系问题。"使市场在资源配置中起决定性作用、更好发挥政府作用,既是一个重大理论命题,又是一个重大实践命题。科学认识这一命题,准确把握其内涵,对全面深化改革、推动社会主义市场经济健康有序发展具有重大意义。在市场作用和政府作用的问题上,要讲辩证法、两点论,'看不见的手'和'看得见的手'都要用好,努力形成市场作用和政府作用有机统一、相互补充、相互协调、相互促进的格局,推动经济社会持续健康发展。"②习近平总书记强调:"使市场在资源配置中起决定性作用和更好发挥政府作用,二者是有机统一的,不是相互否定的,不能把二者割裂开来、对立起来,既不能用市场在资源配置中的决定性作用取代甚至否定政府作用,也不能用更好发挥政府作用取代甚至否定使市场在资源配置中起决定性作用。"③习近平总书记指出,要"把政府不该管的事交给市场,让市场在所有能够发挥作用的领域都充分发挥作用,推动资源配置实现效益最大化和效率最优化"④。而"科学的宏观调控,有效的政府治理,是发挥社会主义市场经济体制优势的内在要求。更好发挥政府作用,就要切实转变政府职能,深化行政体制改革,创新行政管理方式,健全宏观调控体系,加强市场

---

① 十八大以来重要文献选编(上)[M].北京:中央文献出版社,2014:551.
② 习近平谈治国理政[M].北京:外文出版社,2014:116.
③ 习近平.切实把思想统一到党的十八届三中全会精神上来[J].求是,2014(1).
④ 习近平谈治国理政[M].北京:外文出版社,2014:117.

活动监管,加强和优化公共服务,促进社会公平正义和社会稳定,促进共同富裕。各级政府一定要严格依法行政,切实履行职责,该管的事一定要管好、管到位,该放的权一定要放足、放到位,坚决克服政府职能错位、越位、缺位现象"①。并且,对各级干部提出了要求:"新形势下,各级干部特别是领导干部要坚持在实践中深化学习、在学习中深化实践,不断研究新问题、总结新经验,学会正确运用'看不见的手'和'看得见的手',成为善于驾驭政府和市场关系的行家里手。"

(七)坚持整体推进与重点突破相统一

习近平总书记指出,全面深化改革要"坚持全局和局部相配套、治本和治标相结合、渐进和突破相促进"②。改革的整体推进是党的十八届三中全会提出全面深化改革的重要特点。唯物辩证法认为,世界上的一切事物都处在普遍联系之中,世界是由各种事物相互联系组成的统一体。"不谋全局者,不足谋一域。"全面深化改革是关系党和国家事业发展全局的重大战略部署,不是某个领域某个方面的单项改革,因此要"凝聚共识、统筹谋划、协同推进"③。过去,我们也提出过改革目标,但大多是从具体领域提的。但全面深化改革必须整体推进,才能取得更好的效果。习近平总书记强调,"如果各领域改革不配套,各方面改革措施相互牵扯,全面深化改革就很难推进下去,即使勉强推进,效果也会大打折扣"④。因此要整体谋划、配套改革、形成合力。要从改革的系统性出发,各项制度、政策和措施要协同推进。

① 习近平谈治国理政[M].北京:外文出版社,2014:117–118.
② 中央经济工作会议在北京举行[EB/OL]. http://news. 12371. cn/2012/12/16/VIDE1355657762083183. shtml.
③ 习近平关于全面深化改革论述摘编[M].北京:中央文献出版社,2014:30.
④ 习近平.论坚持全面深化改革[M].北京:中央文献出版社,2018:60.

党的十八届三中全会提出全面深化改革的总目标，并在总目标统领下明确了经济体制、政治体制、文化体制、社会体制、生态文明体制和党的建设制度深化改革的分目标。随着改革开放不断深入，改革开放的关联性和互动性明显增强，每一项改革都会对其他改革产生重要影响，又都需要其他改革协同配合。因此全面深化改革必须更加注重各项改革的相互促进、良性互动。经济、政治、文化、社会、生态文明、党的建设等各领域改革紧密联系、相互交融。随着各领域的关联度和依存度不断增强，改革就越需要深入，而任何一个领域的改革都会对其他领域产生影响，任何一项改革又都需要其他改革协同配合。改革系统各要素既有各自的地位，又相互关联、相互影响，共同构成具有复合联动关系的系统工程。从系统的整体出发进行整体谋划，全方位推进各要素发展是全面深化改革的关键。"这项工程极为宏大，必须是全面的系统的改革和改进，是各领域改革和改进的联动和集成，在国家治理体系和治理能力现代化上形成总体效应、取得总体效果。"①因为这是改革进程本身向前拓展提出的客观要求，也体现了中国共产党对改革认识的深化和系统化。习近平总书记指出："如果各领域改革不配套，各方面改革措施相互牵扯，全面深化改革就很难推进下去，即使勉强推进，效果也会大打折扣。"②但是"整体推进不是平均用力、齐头并进，而是要注重抓主要矛盾和矛盾的主要方面，注重抓重要领域和关键环节，努力做到全局和局部相配套、治本和治标相结合、渐进和突破相衔接，实现整体推进和重点突破相统一。"③全面深化改革要突出重点。从改革全局来看，重点领域"牵一发而动全身"，关系到改革大局，是改革的重中之重；关键环节"一子落而满盘活"，关系到改革成效，是改革的有力支点。以经济建设为中心仍然是发

---

① 习近平.论坚持全面深化改革[M].北京:中央文献出版社,2018:94.
② 十八大以来重要文献选编(上)[M].北京:中央文献出版社,2014:510.
③ 习近平.论坚持全面深化改革[M].北京:中央文献出版社,2018:60.

展重中之重。以重点领域和关键环节为突破口,可以对全面改革起到牵引和推动作用。"该中央统一安排的各地不要抢跑,该尽早推进的不要拖延,该试点的不要面上仓促推开,该深入研究后再推进的不要急于求成,该先得到法律授权的不要超前推进。要避免在时机尚不成熟、条件尚不具备的情况下一哄而上,欲速而不达。"①

---

① 习近平. 在中央经济工作会议上的讲话[EB/OL]. http://www.xinhuanet.com/politics/leaders/2020 – 07/15/c_1126241149. htm.

参考文献

一、著作类

1. 马克思恩格斯全集(第 40 卷)[M]. 人民出版社,1982.

2. 马克思恩格斯选集(第二卷)[M]. 人民出版社,1995.

3. 列宁选集(第二卷)[M]. 人民出版社,1972.

4. 列宁全集(第 23 卷)[M]. 人民出版社,1957.

5. 毛泽东选集(第一卷)[M]. 人民出版社,1991.

6. 邓小平文选(第二卷)[M]. 人民出版社,1994.

7. 邓小平文选(第三卷)[M]. 人民出版社,1993.

8. 习近平. 之江新语[M]. 浙江人民出版社,2007.

9. 习近平关于全面深化改革论述摘编[M]. 中央文献出版社,2014.

10. 习近平谈治国理政[M]. 外文出版社,2014.

11. 习近平谈治国理政(第二卷)[M]. 外文出版社,2017.

12. 习近平谈治国理政(第三卷)[M]. 外文出版社,2020.

13. 习近平. 在党的群众路线教育实践活动总结大会上的讲话[M]. 人民

出版社,2014.

14.习近平.为建设世界科技强国而奋斗——在全国科技创新大会、两院院士大会、中国科协第九次全国代表大会上的讲话[M].人民出版社,2016.

15.习近平.在哲学社会科学工作座谈会上的讲话[M].人民出版社,2016.

16.习近平总书记系列重要讲话读本[M].学习出版社、人民出版社,2016.

17.习近平.决胜全面建成小康社会 夺取新时代中国特色社会主义伟大胜利——在中国共产党第十九次全国代表大会上的报告[M].人民出版社,2017.

18.习近平.论坚持全面深化改革[M].中央文献出版社,2018.

19.习近平.论党的宣传思想工作[M].中央文献出版社,2020.

20.习近平.论坚持全面依法治国[M].中央文献出版社,2020.

21.中共中央关于全面深化改革若干重大问题的决定[M].人民出版社,2013.

22.中共中央关于深化党和国家机构改革的决定[M].人民出版社,2018.

23.中共中央关于坚持和完善中国特色社会主义制度、推进国家治理体系和治理能力现代化若干重大问题的决定[M].人民出版社,2019.

24.三中全会以来重要文献选编(下)[M].人民出版社,1982.

25.十八大以来重要文献选编(上)[M].中央文献出版社,2014.

26.陈曙光、李海青主编.改革开放改变中国:中国改革的成功密码.人民出版社,2018.

27.郭强.新时代全面深化改革基本问题研究.中共中央党校出版

社,2021.

28.武力主编.中国改革开放40年——历程与经验.当代中国出版社,2020.

29.谢伏瞻、蔡昉.中国改革开放:实践历程与理论探索.中国社会科学出版社,2021.

30.中共广东省委宣传部、广东省社会科学院组织编写,慎海雄主编.习近平改革开放思想研究.人民出版社,2018.

二、文章类

1.习近平.关键在于落实[J].求是,2011(6).

2.习近平.全面贯彻落实党的十八大精神要突出抓好六个方面的工作[J].求是,2013(1).

3.习近平.切实把思想统一到党的十八届三中全会精神上来[J].求是,2014(1).

4.习近平.关于《中共中央关于全面推进依法治国若干重大问题的决定》的说明[J].理论学习,2014(12).

5.习近平主持召开中央全面依法治国委员会第一次会议强调 加强党对全面依法治国的集中统一领导 更好发挥法治固根本稳预期利长远的保障作用[J].实践(思想理论版),2018(9).

6.习近平.辩证唯物主义是中国共产党人的世界观和方法论[J].求是,2019(1).

7.习近平.加强党对全面依法治国的领导[J].求是,2019(4).

8.习近平.坚定文化自信 建设社会主义文化强国[J].求是,2019(12).

9.习近平.在中央政协工作会议暨庆祝中国人民政治协商会议成立70周年大会上的讲话[J].中国政协,2019(18).

10. 习近平. 在中央和国家机关党的建设工作会议上的讲话[J]. 求是, 2019(21).

11. 习近平. 坚持和完善中国特色社会主义制度 推进国家治理体系和治理能力现代化[J]. 求是. 2020(1).

12. 习近平. 坚持历史唯物主义不断开辟当代中国马克思主义发展新境界[J]. 求是, 2020(2).

13. 习近平. 在中央政治局常委会会议研究应对新型冠状病毒肺炎疫情工作时的讲话[J]. 求是, 2020(4).

14. 习近平. 中国共产党领导是中国特色社会主义最本质的特征[J]. 求是, 2020(14).

15. 习近平. 在庆祝中国共产党成立95周年大会上的讲话[J]. 求是, 2021(8).

16. 习近平主持政治局集体学习:以更大的政治勇气和智慧深化改革[N]. 人民日报, 2013 - 01 - 02.

17. 习近平. 更加科学有效地防治腐败 坚定不移把反腐倡廉建设引向深入[N]. 人民日报, 2013 - 01 - 23.

18. 习近平. 顺应时代前进潮流 促进世界和平发展——习近平在莫斯科国际关系学院的演讲[N]. 人民日报(海外版), 2013 - 03 - 25.

19. 习近平在天津考察时强调:稳中求进推动经济发展 持续努力保障改善民生[N]. 人民日报, 2013 - 05 - 16.

20. 习近平在鄂考察:全面深化改革要处理好五大关系[N]. 武汉晚报, 2013 - 07 - 24.

21. 习近平在山东考察时强调,认真贯彻党的十八届三中全会精神,汇聚起全面深化改革的强大正能量[N]. 光明日报, 2013 - 11 - 29.

22. 习近平. 在纪念毛泽东同志诞辰120周年座谈会上的讲话[N]. 人民

日报,2013 - 12 - 27.

23.习近平.完善和发展中国特色社会主义制度 推进国家治理体系和治理能力现代化[N].人民日报,2014 - 02 - 18.

24.习近平在中共中央政治局第十三次集体学习时强调把培育和弘扬社会主义核心价值观作为凝魂聚气强基固本的基础工程[N].人民日报,2014 - 02 - 26.

25.习近平.青年要自觉践行社会主义核心价值观——在北京大学师生座谈会上的讲话[N].人民日报,2014 - 05 - 04.

26.习近平.在十八届中央政治局第十五次集体学习时的讲话[N].人民日报,2014 - 05 - 28.

27.习近平.在庆祝全国人民代表大会成立六十周年大会上的讲话[N].人民日报,2014 - 09 - 06.

28.习近平.牢记历史经验历史教训历史警示 为国家治理能力现代化提供有益借鉴[N].人民日报,2014 - 10 - 14.

29.习近平.在常学常新中加强理论修养 在知行合一中主动担当作为[N].人民日报,2019 - 03 - 02.

30.习近平:这件事我要以钉钉子精神反反复复地去抓[N].人民日报,2019 - 04 - 19.

31.习近平.充分认识颁布实施民法典重大意义 依法更好保障人民合法权益[N].人民日报,2020 - 05 - 30.

32.习近平.在中央全面深化改革委员会第十五次会议上的讲话[N].人民日报,2020 - 09 - 02.

33.习近平.在浦东开发开放30周年庆祝大会上的讲话[N].人民日报,2020 - 11 - 12.

34.包心鉴.从邓小平改革思想到习近平改革论述[J].光明日报,2014 -

08 – 20.

35. 陈力、王亦然. 从"死亡之海"变"经济绿洲"——内蒙古库布其沙漠整体治理记事[N]. 经济日报. 2017 – 09 – 12.

36. 陈曙光. 全面深化改革的若干方法论误区辨正[N]. 光明日报,2015 – 11 – 25.

37. 陈卫东. 中国司法体制改革的经验——习近平司法体制改革思想研究[J]. 法学研究,2017(5).

38. 杜飞进. 深刻把握和自觉运用全面深化改革的辩证法[N]. 光明日报,2014 – 02 – 13.

39. 杜飞进. 党的创新理论引领全面深化改革[J]. 求是,2017(8).

40. 傅达林 岳智慧. 坚持党的领导人民当家作主依法治有机统一[N]. 解放军报,2018 – 01 – 22.

41. 高小平. 新时代行政体制改革的基本思路[J]. 人民论坛,2017(S2).

42. 郭广银. 以执行力永葆制度治党的生命力[J]. 红旗文稿,2016(14).

43. 韩玉芳、何军. 全面深化改革的方法论特征[J]. 前线,2015(7).

44. 侯悦、柳建辉. 试论习近平全面深化改革重要论述的基本特点[J]. 当代中国马克思主义,2021(3).

45. 姜辉. 坚持马克思主义在意识形态领域指导地位的根本制度[J]. 红旗文稿,2020(5).

46. 李君如. 初心和使命推动改革开放行稳致远[N]. 人民日报,2019 – 07 – 19.

47. 李君如. 全面深化改革的伟大纲领[J]. 天津日报,2013 – 11 – 25.

48. 李克强. 在全国深化"放管服"改革优化营商环境电视电话会议上的讲话[N],人民日报,2020 – 09 – 11.

49. 李琳琳. 习近平总书记关于创新发展的重要论述及其意义[N]. 中国

社会科学报,2020 – 10 – 15.

50. 罗来军."坚持全面深化改革"的内涵和实质[J].前线,2018(1).

51. 马宝成、吕洪业、王君琦、安森东.党的十八大以来政府职能转变的重要进展与未来展望[J].行政管理改革,2017(10).

52. 欧阳雪梅.新时代中国特色社会主义文化建设的理论与实践创新[J].党的文献,2019(1).

53. 秋石.论正确处理政府和市场关系[J].求是,2018(1).

54. 任理轩.坚持开放发展——"五大发展理念"解读之四[N].人民日报,2015 – 12 – 23.

55. 任理轩.坚持协调发展——"五大发展理念"解读之二[N].人民日报,2015 – 12 – 21.

56. 王利明、黄文艺.中国共产党领导法治中国建设的伟大成就和成功经验[J].中国人民大学学报,2021(3).

57. 吴洁.在法治下推进改革 在改革中完善法治[J].红旗文稿.2019(5).

58. 肖捷.加快转变政府职能[N].人民日报,2020 – 12 – 03.

59. 徐振光.党的十八大以来人大制度的理论与实践创新[J].上海党史与党建,2017(10).

60. 臧乃康、张士威.人民性:习近平全面深化改革重要思想的价值归依[J].党政研究,2018(11).

61. 赵凌云、苏娜.习近平同志关于全面深化改革的十个重要论点[J].红旗文稿,2014(23).

62. 郑涛.中国司法改革七十年的逻辑与进路[J].哈尔滨工业大学学报(人文社科版),2020(2).

三、网络类

1. 习近平等十八届中共中央政治局常委同中外记者见面［EB/OL］. http://www. xinhuanet. com/politics/2012 – 11/15/c_113697411. htm.

2. 习近平在广东考察时强调：做到改革不停顿开放不止步［EB/OL］. http://www. xinhuanet. com/politics/2012 – 12/11/c_113991112. htm.

3. 习近平在参观《复兴之路》展览时强调：承前启后 继往开来 继续朝着中华民族伟大复兴目标奋勇前进［EB/OL］. https://news. 12371. cn/2012/11/30/ARTI1354224003616762. shtml.

4. 习近平在中共中央政治局第二次集体学习时强调：以更大的政治勇气和智慧深化改革 朝着十八大指引的改革开放方向前进［EB/OL］. http://news. 12371. cn/2013/01/01/ARTI1357035183393838. shtml.

5. 习近平在十八届中央纪委二次全会上发表重要讲话［EB/OL］. http://cpc. people. com. cn/n/2013/0122/c64094 – 20289660. html.

6. 习近平. 科学有效防治腐败 坚定不移把反腐倡廉建设引向深入［EB/OL］. http://cpc. people. com. cn/n/2013/0123/c64094 – 20292472. html.

7. 习近平. 在第十二届全国人民代表大会第一次会议上的讲话［EB/OL］. http://www. xinhuanet. com/2013lh/2013 – 03/17/c_115055434. htm.

8. 习近平在天津考察［EB/OL］. http://politics. people. com. cn/n/2013/0515/c1001 – 21496513. html.

9. 习近平在中共中央政治局第六次集体学习时强调，坚持节约资源和保护环境基本国策 努力走向社会主义生态文明新时代［EB/OL］. http://news. 12371. cn/2013/05/24/ARTI1369397485200941. shtml.

10. 习近平在中共中央政治局第七次集体学习时强调 在对历史的深入思考中更好走向未来 交出发展中国特色社会主义合格答卷［EB/OL］. ht-

tp://news. 12371. cn/2013/06/26/ARTI1372232018282789. shtml.

11. 习近平在河北省调研指导党的群众路线教育实践活动［EB/OL］. ht-tp://www. xinhuanet. com/politics/2013 – 07/12/c_116518771_2. htm.

12. 习近平在中国科学院考察［EB/OL］. http://www. gov. cn/jrzg/2013 – 07/18/content_2450195. htm.

13. 习近平在湖北武汉主持召开部分省市负责人座谈会［EB/OL］. ht-tp://www. gov. cn/ldhd/2013 – 07/24/content_2454544. htm.

14. 习近平在欧美同学会成立100周年庆祝大会上的讲话［EB/OL］. ht-tp://www. gov. cn/ldhd/2013 – 10/21/content_2511441. htm.

15. 习近平在中共十八届三中全会第二次全体会议上的讲话［EB/OL］. https://www. 12371. cn/special/xjpzyls/sgqm/3/.

16. 习近平主持中共中央党外人士座谈会并发表重要讲话［EB/OL］. ht-tp://cpc. people. com. cn/n/2013/1113/c64094 – 23532248. html.

17. 习近平山东调研:稳步推进改革 不要盲目抢跑［EB/OL］. http://news. youth. cn/gn/201311/t20131129_4299440. htm.

18. 中央经济工作会议举行 习近平、李克强作重要讲话［EB/OL］. ht-tp://www. gov. cn/ldhd/2013 – 12/13/content_2547546. htm.

19. 习近平. 在全国政协新年茶话会上的讲话(全文)［EB/OL］. http://www. xinhuanet. com/politics/2013 – 12/31/c_118787458. htm.

20. 习近平在省部级主要领导干部学习贯彻十八届三中全会精神全面深化改革专题研讨班开班式上发表重要讲话［EB/OL］. http://pic. people. com. cn/n/2014/0218/c1016 – 24387045. html.

21. 习近平在十八届中央政治局第十三次集体学习时的讲话［EB/OL］. http://www. gov. cn/ldhd/2014 – 02/25/content_2621669. htm.

22. 习近平. 发扬钉钉子的精神,一张好的蓝图一干到底［EB/OL］. ht-

tp://theory. people. com. cn/n/2014/1225/c391839 – 26275167. html.

23. 习近平主持召开中央全面深化改革领导小组第十次会议强调,科学统筹突出重点对准焦距 让人民对改革有更多获得感[EB/OL]. http://news. 12371. cn/2015/02/27/ARTI1425026203771933. shtml.

24. 习近平. 健全城乡发展一体化体制机制 让广大农民共享改革发展成果[EB/OL]. http://www. gov. cn/xinwen/2015 – 05/01/content _2856122. htm.

25. 习近平. 加强反腐倡廉法规制度建设 让法规制度的力量充分释放[EB/OL]. http://cpc. people. com. cn/n/2015/0627/c64094 – 27217702. html.

26. 习近平. 共同维护和发展开放型世界经济——在二十国集团领导人峰会第一阶段会议上关于世界经济形势的发言[EB/OL]. http://syss. 12371. cn/2015/07/01/ARTI1435713358423139. shtml.

27. 发扬钉钉子的精神,一张好的蓝图一干到底(习近平在中共十八届二中全会第二次全体会议上讲话)[EB/OL]. http://cpc. people. com. cn/xuexi/n/2015/0721/c397563 – 27338737. html.

28. 习近平致信祝贺第二十二届国际历史科学大会开幕[EB/OL]. http://www. gov. cn/guowuyuan/2015 –08/23/content_2918448. htm.

29. 习近平总书记在中央扶贫开发工作会上的讲话[EB/OL]. http://zqb. cyol. com/html/2015 –11/29/nw. D110000zgqnb_20151129_2 –01. htm.

30. 习近平在气候变化巴黎大会开幕式上的讲话(全文)[EB/OL]. http://www. xinhuanet. com/politics/2015 –12/01/c_1117309642. htm.

31. 习近平在中央城市工作会议上的讲话[EB/OL]. http://www. xinhuanet. com//politics/2015 –12/22/c_128556772. htm.

32. 习近平在全国政协新年茶话会上的讲话[EB/OL]. http://www. xin-

huanet. com/politics/2015 – 12/31/c_1117643035. htm.

33. 习近平. 坚定不移走中国特色自主创新道路[EB/OL]. http://www. cssn. cn/glx/glxtt/201602/t20160229_2887944. shtml.

34. 习近平主持召开中央全面深化改革领导小组第二十一次会议[EB/OL]. http://news. 12371. cn/2016/02/23/ARTI1456231106586609. shtml.

35. 习近平参加黑龙江代表团审议:冰天雪地也是金山银山[EB/OL]. http://cpc. people. com. cn/n1/2016/0307/c64094 – 28178832. html.

36. 习近平参加湖南代表团审议[EB/OL]. http://cpc. people. com. cn/n1/2016/0308/c64094 – 28182682. html.

37. 习近平主持召开中央全面深化改革领导小组第二十三次会议强调 改革既要往增添发展新动力方向前进 也要往维护社会公平正义方向前进 [EB/OL]. http://news. 12371. cn/2016/04/18/ARTI1460977522717365. sht-ml.

38. 习近平主持召开中央全面深化改革领导小组第二十四次会议强调 坚定改革信心注重精准施策 提高改革效应放大制度优势[EB/OL]. http://news. 12371. cn/2016/05/20/ARTI1463732967356941. shtml.

39. 习近平. 坚持节约资源和保护环境基本国策 努力走向社会主义生态文明新时代[EB/OL]. http://jhsjk. people. cn/article/21608764.

40. 习近平. 创新是从根本上打开增长之锁的钥匙[EB/OL]. http://www. china. com. cn/v/news/2016 – 09/03/content_39226054. htm.

41. 习近平. 中国发展新起点 全球增长新蓝图——在二十国集团工商峰会开幕式上的主旨演讲[EB/OL]. http://cpc. people. com. cn/n1/2016/0905/c64094 – 28690521. html.

42. 习近平在北京市八一学校考察时强调 全面贯彻落实党的教育方针努力把我国基础教育越办越好[EB/OL]. http://www. gov. cn/xinwen/2016

－09/09/content_5107047. htm.

43. 习近平主持召开中央全面深化改革领导小组第二十九次会议强调,全面贯彻党的十八届六中全会精神 抓好改革重点落实改革任务[EB/OL]. http://news. 12371. cn/2016/11/01/ARTI1477997383305757. shtml.

44. 习近平. 对党员、干部来说,思想上的滑坡是最严重的病变[EB/OL]. http://cpc. people. com. cn/xuexi/n1/2017/0112/c385476 – 29016799. html.

45. 习近平. 抓整治"四风"就是起徙木立信的作用[EB/OL]. http://cpc. people. com. cn/xuexi/n1/2017/0120/c385474 – 29037249. html.

46. 习近平主持召开中央全面深化改革领导小组第三十二次会议强调党政主要负责同志要亲力亲为抓改革扑下身子抓落实[EB/OL]. http://news. 12371. cn/2017/02/06/ARTI1486380475197147. shtml.

47. 习近平在中共中央政治局第四十一次集体学习时强调 推动形成绿色发展方式和生活方式 为人民群众创造良好生产生活环境[EB/OL]. http://news. 12371. cn/2017/05/27/ARTI1495877970701984. shtml.

48. 习近平. 绿水青山就是金山银山[EB/OL]. http://theory. people. com. cn/gb/n1/2017/0608/c40531 – 29327210. html.

49. 习近平. 小康不小康,关键看老乡[EB/OL]. http://theory. people. com. cn/n1/2017/0608/c40531 – 29327226. html.

50. 习近平主持召开中央全面深化改革领导小组第三十六次会议强调抓好各项改革协同发挥改革整体效应 朝着全面深化改革总目标聚焦发力[EB/OL]. http://news. 12371. cn/2017/06/26/ARTI1498465839365598. shtml.

51. 习近平主持召开中央全面深化改革领导小组第三十七次会议强调,敢于担当善谋实干锐意进取,深入扎实推动地方改革工作[EB/OL]. http://news. 12371. cn/2017/07/19/ARTI1500466453866106. shtml.